JN439624

심상필의 反자서전

다시 찾은 시간

도서출판 계간문예

심상필의 反자서전

다시 찾은 시간

■ 작가의 말

우리가 1950년대 후반 대학 재학 중일때 갑자기 부조리(不條理)라는 말이 지식인 사이에서 사용되었다. 나는 그 당시 유행하던 실존주의라는 철학에 관해서도 이해가 부족한 상태였는데, 또 다른 철학의 물결이 넘쳐흐르니 우리는 그저 어리벙벙할 따름이었다. 지금도 사르트르의 '존재 와 무' 를 손에 잡으면 짜증부터 난다.

이 부조리(absurdite)는 실존주의와는 달리 일상적인 언어라서 그런지 그것이 철학적이라는 생각을 갖지 않았다. 그저 보통 사람들이 평상시 사용하는 말인데, 어떤 철학적인 합의(合意)가 있는 것이 아닌가 하는 정도로 생각했다.

여하튼간에 이 부조리는 어처구니없는, 이성이 없는, 앞뒤가 맞지 않는, 불합리한, 터무니없는 또는 바보 같은 뜻을 가진 말로써 노상 대화에서 사용된다. 프랑스인들은 "자식 바보 같아" 할 때 "Il est absurde."라고 해버린다. 한반도에서 있었던 전쟁, 즉 형제가 형제에게 소련제 탱크와 대포를 앞세워 야밤에 남쪽으로 쳐들어와서 정복자로 군림하는 짓거리도 그들은 "그저 미친 짓이지(C'est absurde)"하고 잘라 말한다. 그러니까 부조리란 지중해 해변에서 태양이 뜨거웠기 때문에 들고 있던 권총으로 사람을 쏴 죽인 '이방인'의 뫼르소 같은 한 인물에 국한된 것이 아니고 세상전체가 원래 비합리적으로 구성되어 있다는 것이다. 사람들 가운데는 부조리한 행동을 하는 사람들도 있다는 이야기다. 그래서 부조리는 존재의 진실한 모습이라고 말한다.

카뮈(A. Camus)는 상상이 아닌 실존인물에서 위의 명제를 설명하기 위해 칼리귤라(Caligula)라는 로마황제를 모델로 삼는다. 로마의 황제 가운데 이상한 사람도 많지만 이 폭군은 아이들도 웃지 못할 어처구니없는 행동을 계속한다. 그는 젊어서 황제로 선택되었고 처음에는 사회복지에도 심혈을 기울인 비범한 황제였다. 그러던 그가 어느 날 갑자기 태도를 바꾸기 시작한다. 기분이 나빠지면 닥치는 대로 사람을 죽인다. 매일 파티를 여는데 포도주와 닭다리, 캐비어와 뱀장어 등 산해진미를 산더미처럼 쌓아놓고 공신들을 초대하면서 반드시 부인을 동반하게 한다. 파티 도중 자기 눈에 뜨이는 부인이 있으면 옆방으로 데리고 가서 추행을 일삼지만 부인의 남편은 마음이 쓰려도 항의를 하지 못한다. 항의는 곧 죽음이기 때문이다. 황제는 또 저녁노을이 지기 시작하면 단신으로 궁을 나선다. 달(月)을 따오겠다는 것이다. 그는 밤새도록 어디를 쏘다니는지 아침에 돌아올 때는 파김치가 되어 맥없이 궁전 문 앞에 쓰러진다. 카뮈는 이 황제가 정말로 부조리한 사람이라고 생각하고 그를 소재로 희곡을 썼다.

한반도 북쪽에도 그와 비슷한 사람이 한 명 있다. 그는 세계의 비판을 받으면서도 원자탄을 만들겠다고 돈을 무진장 쓰고 있다. 나는 그곳 수령 동지에게 원자탄 보다 차라리 달을 따오라는 제안을 하고 싶다. 달까지 오르려면 인민들로 인간 사다리를 쌓아야할 텐데, 북한 인민 2,500만이 모두 동원되고 한국에서도 지성인, 사상가, 목사, 신부, 스님, 교사, 교육감 그리고 국회의원 일부도 참여하면 아마 국민 중 6~700만은 확실히 동원되리라고 본다. 한국인들은 영양상태가 좋으니까 사다리 밑 부분에 서서 무등 태워 올리는 기초가 되고, 정은 대장은 맨 꼭대기 바로 아래에서 아버지 장군을 무등 태워야겠지만 무게가 너무 나가니까 밑 부분에서 기초가 돼야 할 것이다.

나는 이런 달따기 운동이 시작되는 날이 진정한 한국의 평화가 정착되는 날이라고 생각한다. 그들이 제2의 6 · 25를 일으킨다 해도 동무들은 원자탄 대신 하늘에서 따온 달을 손에 들고 어떻게 해보려고 할 것이기 때문이다. 이 어찌 태평성대가 아니겠는가!

나는 항상 소설가를 존경해왔다. 상상력과 그것을 세상에 있는 것처럼 묘사하는 능력은 모두가 천재적이다. 이들은 상상과 현실을 부단히 넘나든다. 인물을 창조하고 세계를 창조한다.

내가 존경하는 작가들 가운데 카프카(Kafka)라는 괴이하고도 천재적인 인물이 있다. 그는 1918년 가을에 소설 '재판'을 발표했는데, 소설의 내용이 내가 1967년에 경험했던 사건과 흡사하다는 사실에 나는 깜짝 놀랐다. '재판'에서는 요셉 K라는 한 시민이 고발을 당한다.

누구로부터 무엇 때문에 고소를 당했는지 본인은 아무것도 모른다. K는 워낙 착실한 사무직 근로자였기 때문에 그의 생활패턴은 매일 매일이 똑같다. 어느 날 출근하려는데 옷을 깔끔하게 차려입은 두 신사가 그를 연행하고, 창고 같은 허름한 장소에서 심문을 받는다. 그들은 잊을만하면 나타나서 K를 심문하러 끌고 간다. 심문이 없는 날은 직장에 다녀와서 커피도 끓여 마시고 책이나 신문을 읽으면서 고소당하기 전처럼 K는 생활한다. 그러던 어느 날 심문자로부터 "당신에게 사형이 선고되었습니다."라는 말을 듣고 K는 변명을 해보려 하지만 무엇을 어떻게 해야 할지 모른다. 왜냐하면 자신이 무엇 때문에 고발당했는지 모르기 때문이다. 사형언도가 내려지고 얼마 후, 말쑥한 차림의 두 신사가 역시 예의도 바르게 K에게 따라오라고 한다. 그들은 교외의 채석장으로 K를 데리고 가서 칼로 심장을 찔러 죽인다. 사형이 집행된 것이다.

나와 똑같은 방법으로 파리에서 서울까지 그리고 다시 파리로 내동댕이쳐진 한철수 씨는 그 후 정신병원을 전전하다가 저 세상으로 갔다.

나는 죽기 싫어서 깨어진 의식(무의식)을 원상복구시키느라 무진장 애를 썼다. 나를 도와준 고마운 사람들, 그 중 정신과의 조두영 박사가 항상 곁에 있다는 것이 나를 든든하게 한다.

카뮈는 카프카의 세계를 부조리한 세계라고 본다. 카프카가 상상 속에서 이런 세계를 구성했다면 1968년 파리에서 있었던 데모 — 국민의 영웅 드골을 끌어내린 좌파적 학생운동은 — 또 하나의 부조리다. 파리대학 분교가 있는 낭테르의 기숙사에서 여학생과 남학생 공간을 분리시켜놓은 것이 일차적 원인이 되었던 학생데모 사건은 보수적이고 구세대(舊世代)적인 프랑스인의 의식도 원인을 제공했다고 볼 수 있다. 여학생 기숙사에 남학생 출입을 금지시킨 데서 시작된 이 장난 같은 소동은 프랑스 전국으로 퍼졌고, 드골 정권이 무너지는 황당한 사건으로 번진 것이 '68학생 소요로부터 드골대통령의 퇴진까지' 의 내용이다. 프랑스 사회는 좌파적 무질서 속에서 사회의 저속화만 가속시켰다.

지금의 파리는 60년대의 파리와는 전혀 다른 모습을 갖고 있다.

내가 아마 퇴직 후 집에 들어앉아 짜증을 많이 냈었나 보다. 아내가 마음속에 품고 있는 것을 글로 쏟아내면 병이 낫지 않겠느냐고 했다. 그럴듯하다 싶어 다시 원고지를 펼쳤다.

나는 컴맹이기 때문에 원고지에 쓰고 아내가 워드로 옮기는 작업 방식을 택했다. 이 과정에서 내자와 무수히 다퉜다. 교정을 본다고 하면서 부적절하다 싶은 말은 고쳤으면 하고 자기 의견을 제시한다. 내가 쓴 원고를 누가 손대면 — 비록 아내라도 — 화부터 난다. 그렇게 하기를 몇 달, 난고 끝에 탈고 되었지만, 일단 원고가 끝나자, 내자는 그것을 자기 소유처럼 엄격히 관리한다. 유럽의 작가들은 작품이 끝나면 친구들에게 돌려가며 원고를 읽히고 평도 받아보는데, 내가 그런 흉내를 내보려하니 아내가 딱 가로막는다. 아무튼 내 원고를 간난아이처럼 껴안고 있다. 내가 슬금슬금 몇 개를 친구들에게 우편으로 보낸 것을 알게 되면 며칠은 화를 내고 우리관계가 서먹해진다.

나의 친구들, 그 중에 특히 서너 사람이 이것을 발표하라고 거의 강압적으로 압력을 가한다. 원고를 보관만 한다면 자기들이 직접 발표하겠다 고도 한다. 여하튼 이 작품은 우여곡절 끝에 세상을 보게 되었으며, 이것은 나의 아내 장의순이 같이 쓴 작품이라고 보는 것이 좋겠다.

이 작품을 미리 읽고 격려해준 많은 친구들과 이 책의 출판을 선뜻 받아준 백시종 선생님께 진심으로 감사한다.

2011년 5월, 沈相弼

TO THE HAPPY FEW

차례

심상필의 反자서전 — 다시 찾은 시간

제2부 · 1967년 6월

그 해 여름에 있었던 일, 동백림사건

제3부 · 1968년 5월

68학생소요로부터 드골대통령의 퇴진까지

제4부 · 잡기장

1950년 6월

나의 6·25, 중학교 2학년생이 겪었던 한국전쟁

빼앗긴 서울

그날은 일요일이었다.

하늘은 높고 푸르렀으며 덥지 않은 상쾌한 날이었다. 휴일이라 학교를 가지 않기 때문에, 이른 아침에 우리는 복진이네 집 처마 밑에 모여서 잡담을 나누고 있었다. 갑자기 하늘에서 기관총소리가 요란하게 들려왔다. 소리가 너무 커서 바로 우리들 머리 위에서 쏘는 것 같았다. 선전포고도 없이 수도 서울에 쳐들어와 총을 마구 쏴대는 비행기는 어느 나라 비행기인가? 어쨌건 동포인 북한 공산군? 이런 소리를 우리는 처음 들어 보았다. 그렇기 때문에 놀라움도 그만큼 컸다. 또한 서울은 그 당시만 해도 아침에는 조용했었기 때문에 상대적으로 파열음도 더 크게 들렸을 것이다. 우리는 서로 얼굴을 마주 보고 영문을 모르겠다는 표정을 건넨 뒤 말없이 집으로 돌아왔다.

집에서는 라디오를 틀어 놓고 있었다. 아나운서가 흥분되고 다급한 목소리로 25일 새벽 38선 전역에 걸쳐 북한 괴뢰군이 총공격을 가하였다고 하면서 국군이 그들을 맞아 잘 싸우고 있다는 말을 덧붙이는 것을 잊지 않았다. 그것이 3차 대전이라고 할 수 있는 대규모의 전쟁의 시초라는 것을 아무도 짐작하지 못했다.

당시 우리나라는 평화를 구가하고 있었다. 해방 직후의 혼란기를 겪고 합법적이고 민주적인 정부도 수립되어 있었다. 북조선이 소련형 공산 독재체제를 택하였다면 남한은 자유민주주의를 택하였다. 따라서 서울의 거리는 희망과 활기를 띠었다. 공장도 재가동되기 시작했고 일인(日人)들이 놓고 간 회사도 부분적으로나마 다시 문을 열었다. 따라서 서울은 물질적 여유를 다시 찾기 시작했다. 한반도를 해방시킨 미국의 무제한적 식량지원도 사회 안정에 큰 역할을 하였다. 이렇게 매일 매일의 생활이 안정되어가는 시점에서 우리는 전쟁이 일어나야 할 이유를 전혀 모르고 있었다. 더욱이 그 때에는 38선에서 국군과 북한 괴뢰군 사이에 국지적인 총격전이 끊임없이 있었는데 이 소규모 전투는 총 갖고 있는 젊은 군인들이 상대방에게 총 한번 쏴 보는 그런 정도로 가볍게 인식되고 있었다. 남쪽에서는 북한의 인민군을 북한 괴뢰군이라고 불렀었고 북한에서는 국군을 남조선 괴뢰군이라고 불렀다. 마치 애들이 싸울 때 상대방을 도깨비라고 놀리며 대드는 정도로 알고 있었다. 어쨌거나 우리는 새로 탄생한 국군을 신뢰하였다. 또한 국군은 많은 영웅담을 낳기도 했고 이 영웅담은 연극으로 공연되기도 하였다. 한 번은 중앙극장에서 공연되는 '육탄 십 용사' 를 단체 관람하였는데 국군 병사 10명이 폭탄 한 개씩을 가슴에 안고 적진지로 쳐들어가 자폭, 산화하면서 적을 무찌른다는 내용이었다. 한국판 가미가제 특공대인 것이다.

연극 공연 도중 상사가 10명의 용사를 일렬로 세워 놓고 한 사람, 한 사람 이름을 호명하면서 격려하는 장면이 있었는데, 상사가 이름을 또박또박 부르지 못했다. 그가 세 번째인가 네 번째인가 호명을 하려는 찰나, 관객석에서 어느 학생이 "김 어물어물" 하고 큰소리로 끼어들었다. 이름을 대신 불러주었던 것이다. 순간 장내에 폭소가 터졌다. 그러자 한 학생이 흥분된 어조로 "조용해" 하고 신경질적으로 외쳤고 장내는 물 끼얹은 듯 조용해졌다. 숙연해지기까지 했다. 상사는 다시 특공대원의 이름을 불러 내려가며 연기를 계속했다. 장난을 쳤던 학생은 물론 무안했을 것이다. 그는 상사가 10명 용사의 이름을 확실히 외우지 않고 나와서 시늉만 내는 것으로 착각했던 듯하다. 이것은 하나의 해프닝이었지만 그 당시 우리들의 국군에 대한 믿음과 기대는 대단했었다. 그렇기 때문에 인민군이 어떤 공격을 해 온다 하더라도 그들을 막을 수 있을 것이라는 막연한 기대를 갖고 있었다. 그런데 이번만은 돌아가는 분위기가 심상치가 않았다.

26일 월요일, 전과 다름없이 우리는 학교에 갔지만 분위기는 산만했고 조회도 없었다. 선생님도 나타나지 않았다. 그런 가운데 또 한번 비행기의 기총소사 소리가 요란하게 들렸다. 얼마 지난 뒤 담임선생님이 들어와서 모두들 집에 돌아가 다시 연락이 있을 때까지 쉬라고 하였다. 무슨 일이 일어나기는 났구나 하면서도 공부하지 않고 논다는 것만 좋아서 우리는 발걸음도 가볍게 집으로 돌아왔다.

그날이 우리에게는 이 학교 건물에서의 '마지막 수업' 이 될 것이라는 것을 아는 학생은 아무도 없었을 것이다.

집에 돌아오니 어머니의 얼굴은 불안, 근심으로 가득 차 있었다. 전쟁이 발발하자 24일 토요일 저녁 휴가 나왔던 군 장병 모두가 귀대 명령을 받았었다. 나의 형님은 18연대 의무대 소속 군의관이었는데 그도 토요일에 휴가 나왔다가 25일 일요일에 급히 귀대하였다. 어머니는 형님이 걱정되었던 것이다. 그리하여 26일 월요일 오후 전쟁터로 나가는 형님의 얼굴을 다시 보겠다는 일념에서 어머니는 나를 앞세우고 병영이 있는 용산으로 무작정 길을 나섰다. 우리는 물론 18연대가 어디에 있는지 알 수도 물을 수도 없었다.

용산의 병영에서는 군인을 잔뜩 실은 트럭이 줄을 이으며 영문을 빠져 나와 전선을 향해 분주히 떠났다. 병영 앞에는 우리처럼 배웅 나온 사람들이 많이 있었고 그들은 그저 앞으로 지나가는 트럭을 보고 있을 뿐이었다. 우리도 길거리에 서 있었다. 혹시 형님을 만날 수 있을지도 모른다는 희망을 가지고. 그러나 그 많은 병사들 행렬에서 어떻게 그를 만난다는 것인가! 이 병사들의 출전행렬 앞에서 나를 답답하게 만든 것은 우선 그들의 우울한 표정이었다. 물론 전쟁터에 나가는 것이 즐거울 수는 없지만, 그들에게는 적을 쳐부수겠다는 비장한 각오나 전의에 불타는 긴장감 같은 것이 없었다. '육탄 10용사'의 씩씩한 모습이 전혀 보이지를 않았다. 무기라고 총 한 자루 달랑 들고 트럭에 앉아 있는 모습은 초라하기까지 하였다. 보통 전선으로 향하는 군 행렬에는 거대한 전차와 기타 중장비가 앞서고 그 뒤를 따라 보병이 이동하는 모습이 연상되는데, 그날 출발하는 트럭 앞에는 탱크도 대포도 없었다. 이들은 순전히 몸으로 적을 방어하기 위해 길을 나서는 것처럼 보였다. 만일 우리가 인민군의 전력을 미리 알았었다면 우리는 절망감에 주저앉았을 것이다. 그런데 병사들은 무엇인가를 예감하고 있는 듯했고 전쟁터에 가기도 전에 이미 사기가 죽어 있었다. 그들은 승산 없는 싸움이라는 것을 육감으로 알고 있는 것처럼 보였다. 어머니와 나는 군인 수송 트럭 행렬을 길거리에 서서 한참 보다가 집으로 돌아왔다. 물론 형님을 만나지 못한 채로…….

전쟁 둘째 날은 이렇게 지나갔다.

6월 27일 전쟁이 터진 지 사흘째. 우리에게 엄청난 일이 일어나기 하루 전이다. 그러나 이 날은 여느 때와 같이 밝아왔다.

아침부터 분위기가 어수선했고 긴장감이 감돌기 시작했다. 이 셋째 날은 확실히 무슨 변화가 있었다고는 말할 수 없는 가운데, 사람들은 목적 없이 우왕좌왕하는 것 같았다. 우리 집안 식구들이 특히 그러했다. 우리는 국군이 북한군을 물리칠 것인지, 또는 전쟁에 지면 어떻게 될 것인지 이런 것들에 관한 구체적인 해답을 갖고 있지 못한 가운데, 마음만 흔들리고 있었다.

오전에는 라디오에서 계속 국군이 잘 싸우고 있으며 일진은 적군을 격퇴, 거꾸로 38선을 넘어서 옹진반도로 진격하고 있다는 보도를 하였다. 여기에 덧붙여 시민들은 당황하지 말고 생업에 종사하라는 당부를 잊지 않았다.

유일한 정보 수단이었던 국영방송이 우리를 안심시키는데 이를 마다할 이유가 없지 않은가!

오후가 되면서 포성이 들려오기 시작했고 그 소리가 점점 더 크게 들려오자 마음 한구석에 불안감이 자리잡았다. 근원지가 어디인지도 모르는 소문이 돌기 시작했다.

인민군이 창동까지 쳐들어왔다는 것이다. 서울은 불안해지기 시작했다. 그러면서도 사람들은 막연히 좋은 결과만을 기대하는 모습이었다. 국군을 계속 믿고 있었다. 오후 서너 시경, 우리 집 앞으로 검은 승용차 한 대가 지나갔다. 종로 경찰서장 가족이 몸만 차에 타고 서울을 황급히 빠져나가고 있었던 것이다. 어둠이 깔리면서 서울은 포성으로 덮이기 시작했다. 도시는 본격적으로 술렁이기 시작했다. 사람들이 보따리를 옆에 끼고 움직이는 모습도 눈에 띄었다. 저녁 먹을 때쯤, 아버지와 평소 가깝게 지내던 이 씨네 가족 7~8명이 모두 보따리를 한 개씩 들고 우리 집으로 들이닥쳤다. 그들은 돈암동에 살고 있었는데, 그들 말에 의하면 인민군이 미아리 고개까지 왔다고 하였다. 이어서 성북 동에 살고 있는 누이네 가족이 또 보따리 하나씩 들고 모두 우리 집으로 들이닥쳤다. 이들은 모두 미아리 고개와 멀지 않은 곳에 살기 때문에 인민군과 국군의 총격 소리를 옆에서 듣고 위협을 느끼면서 우선 전투현장을 피해온 것이다. 인민군이 자신들의 집 근처까지 왔다는 것을 알고 엉겁결에 뛰쳐나왔던 것이다. 우리 집이라야 종로이니, 돈암동에서 종로로 피난 와 보았자 걸어서 1시간여, 그것이 무슨 피난이 되랴마는 우선 물밀듯이 밀려오는 인민군을 피하고 싶었던 듯했다.

공산군 침공 3일 만에 서울은 전쟁터의 한복판에 자리하고 있었다. 국군이 어디에서 어떻게 적을 방어하고 있다는 뉴스는 거의 없었지만 시민들은 그들이 그렇게 쉽게 무너지리라고는 생각하지 않았다. 그러나 국군은 세계대전이라도 치를 수 있는 장비와 10만 대군이라는 인민군 대부대 앞에서 맥없이 무너져 버렸다.

밤이 되자 졸지에 난민 수용소가 된 우리 집에서도 포 소리를 비롯한 다른 총소리가 아주 가까이 들리기 시작했다. 미아리 쪽 밤하늘에는 마치 불꽃놀이처럼 총알 지나가는 빨간 선이 수없이 포물선을 그리며 시내 쪽으로 오다가 사라졌다. 포 소리는 우리들의 귀청을 때렸다. 장난이 아니었다. 전쟁놀이도 아니었다. 인민군은 마치 한반도를 단숨에 집어삼킬 듯한 기세로 서울을 향해 물밀듯이 달려 들어오고 있었다.

라디오에서는 계속 "국군이 잘 싸우고 있으며" 등등을 내보냈다. 시민은 동요하지 말고 침착하게 생업에 종사하라는 방송을 내보냈다. 포가 우리 앞에서 터지는 소리가 들리는데 방송은 아랑곳없이 계속되었다. 방송국에서 녹음기를 틀어놓고 방송요원은 모두 내뺐다는 것을 우리는 모르고 있었다. 또한 그때 녹음기라는 기계가 있는 것을 아는 사람이 많지 않았다. 사람 목소리가 직접 들리니 긴가민가하면서도 거기에 매달리고 있었다. 지푸라기라도 잡는 심정이란 바로 이런 것이 아닐까! 나는 이 방송 사기가 대한민국 건국 이래 최대의 사기 사건이라고 생각한다. 그리고 지금도 그 생각에는 변함이 없다. 이 방송으로 인하여 너무나 많은 사람이 피해를 입었다. 이 방송은 많은 사람을 죽음으로 몰아넣는데 한 몫을 했다. 이제 서울의 함락은 시시각각 현실적인 문제가 되고 있었다. 총소리도 바로 우리 앞에서 쏘는 것처럼 요란하게 들렸다. 도시 전체가 들떠 있었고 사람들은 어찌할 바를 몰랐다. 그러면서도 마음을 딱 잡고 피난길에 나서지도 못했다. 그것은 사태가 너무 급작스럽게 전개되어 어떻게 대처하여야 할지 감을 잡지 못했기 때문일 것이다. 더욱이 서울 시민들은 수십 년 또는 그 이상 대를 물려가며 서울에 정착하고 살던 사람들이었기 때문에 긴박한 사태가 일어났다고 해서 곧바로 짐 꾸려서 안전한 곳으로 피신하는 그런 유동적인 사람들이 아니었다. 한군데 정착하며 사는 정착민의 기질이 너무 강했다고 하겠다.

국군은 미아리를 최후 방어선으로 삼고 필사의 노력을 한 흔적이 남아 있었다. 이 미아리 고개는 그 당시 양편의 야산에 공동묘지가 들어서 있었고 그 가운데로 좁은 언덕길이 있었는데 비교적 가파르고 길도 좁았다. 탱크 두 대가 지나면 길이 꽉 막힐 정도여서 국군처럼 화력이 약한 소총부대가 서울을 방어하기에는 최적의 장소였다. 또 인민군은 이 고개를 넘어야 서울로 진입할 수 있었다. 그리하여 이 언덕을 가운데 두고 양측이 격전을 벌였던 것 같다. 우리가 훗날 퇴계원을 가기 위하여 이 고개를 넘어 다녔는데, 고개 정상에 소련제 인민군 탱크 한 대가 폭파되어 길거리에 서 있는 것을 보았다. 이것은 대전차포로 폭파시킨 것이 아니고, 국군 병사 둘이서 특공작전으로 폭파시킨 것이라고 했다. 한 사람은 서까래 굵기의 몽둥이를 들고 뛰어들어 인민군 전차의 바퀴에 쑤셔 넣어 차를 정지시키고, 동시에 또 한 사람은 탱크 위로 올라가 위에 있는 뚜껑을 열고 수류탄을 넣은 다음 뚜껑을 닫아 폭파시켰다고 했다. 이것은 물론 그 근원을 알 수 없는 곳에서부터 주워들은 무용담이지만 인민군이 미아리 고개에서 탱크 한 대를 국군에 바치고 그곳을 통과한 것만은 사실이다. 인민군의 포 소리는 아주 가까이에서 들렸다. 소리가 너무 커서 방송이 잘 들리지 않을 정도인데도 방송은 계속되었다. 우리는 그것이 아나운서가 직접 방송하는 것으로 알고 있었기 때문에 비록 포 소리가 집 앞에까지 와서 터지는 듯하여도 방송을 붙들고 늘어졌다. 작렬하는 포성, 총성, 난민의 물결, 이런 혼란 속에 저녁 9시경 형님이 위생병 둘을 데리고 집으로 들어섰다. 의정부로 떠났던 육군 18연대가 후퇴하여 서울까지 밀려온 것이 틀림없었다. 잠시 휴가를 얻어 휴식을 취하고 다시 전쟁터로 나갈 것인지, 부대가 괴멸되면서 지휘 명령 계통이 와해되어 군인 각자가 편할 대로 행동하게 된 것인지 아니면 의무대는 후방부대이기 때문에 서울 시내까지 밀려온 것이 아닌지 등등 여러 가지 생각이 들었다. 그러나 전투 중에 군인이 부대를 떠나서 집에 왔다는 것이 좀 이상스럽기는 했다. 아무튼, 확실한 것은 부대가 전선에서 밀려 서울 근교까지 후퇴하였다는 사실이다. 집에 있던 사람들이 놀란 것은 두말할 필요도 없다. 모두가, 특히 어머니가 그들을 반겼고 저녁상을 잘 차려서 들여보냈지만 다른 식구들은 전쟁이 올 때까지 왔다고 느꼈다. 군인이 밀려서 서울까지 왔는데 생업에 종사하고 동요하지 말라는 방송을 믿으려는 서울 시민들이 딱한 사람들이었다. 미아리 쪽에서는 포성, 총성 등이 뒤섞여서 마치 지옥의 문을 연출하는 것 같았다. 형님과 위생병은 저녁을 먹고 곧 잠자리에 들었다. 그들은 사흘간의 전투에 고단했던지 이내 코 고는 소리가 들렸다. 우리는 대청마루에 모두 앉아 있었는데 한밤중에 갑자기 소나기가 억수처럼 퍼부었다. 소나기치고는 꽤 한참 내렸는데, 무섭게 비를 쏟아 내렸다. 하늘도 무심치 않은 것 같았다. 그리고는 자정에 예고도 없이 5분 가량 사이렌이 울렸다. 군인들이 자고 있던 건넌방에서 잠이 깨어 수군거리는 소리가 들렸다. 아무도 그것이 무슨 의미인지 모르는 듯했다. 우리도 그것이 무슨 신호인지 어떻게 하라는 것인지 모르고 있었다. 다음날 아침 형님과 위생병은 아침을 일찍 먹고 총들을 메고 집을 나섰다. 그런데 집을 나선지 얼마 되지 않아 형님이 발가벗은 몸에 팬티 하나만 걸치고 집으로 뛰어들었다. 군복을 모두 벗어 버리고 집 안으로 몸을 피해 들어온 것이다. 위생병들도 각자 알아서 가도록 해산했다고 하였다. 그는 평복으로 갈아입고 어른들과 몇 마디 나눈 뒤 어디론가 사라졌다. 우리는 모두 당황했다. 어머니는 서둘러서 보따리를 쌌다. 우리는 그것을 하나씩 옆에 끼고 길을 나섰다. 한강을 건너 남쪽으로 빠져나갈 요량이었다. 되도록이면 뒷골목을 이용하여 노량진으로 갈 계획으로 인사동 쪽으로 나갔다. 그런데 거리에는 벌써 인민군이 여기저기 널려 있었다. 우리는 겁도 나고 맥도 빠져서 보따리를 안고 다시 집으로 돌아왔다. 그로부터 난생 처음 겪는 '고난의 행군' 이 시작된 것이다.

결국 삼일 만에 서울은 함락되었다. 전투다운 전투도 해보지 못하고, 화력이 월등한 인민군 부대가 일방적으로 개성에서 서울까지 밀어붙인 것이 틀림없었다. 파죽지세라는 말은 이런 경우를 위하여 생긴 것이리라. 세상이 바뀌었고 주인도 바뀌었다. 사람들은 누가 시키지 않았어도 집집마다 막대기에 붉은 색 천을 달아서 문밖에 걸어놓았다. 이것은 적군에게 항복을 알리는 표시이자 우리를 해치지 말아달라는 메시지인데, 백기 대신에 붉은 기를 달았다는 점이 특이했다. 피난 짐을 들고 다시 집에 돌아온 우리는 점심을 먹고 모두가 안방에 모여 드러누웠다. 쓸데없이 낮에 눕지 않던 어머니를 비롯해서 모든 식구들이 드러누워 버렸다. 이것은 패배와 절망 뒤에 따르는 자연스러운 행동처럼 생각되었다. 나도 드러누웠지만 얼마 지나지 않아 답답한 마음이 들어서 벌떡 일어나 밖으로 나가 보았다. 동네는 조용했다. 오로지 집집마다 걸려있는 붉은 기만이 눈에 이상하게 들어왔다. 나는 한 친구를 불러내어 이곳저곳을 기웃거려 보았으나 사람 모일만한 곳에 사람이 없었다. 우리는 낙원시장으로 가 보았지만 항상 붐비던 그 곳에도 개미새끼 한 마리 안 보였다. 상인들은 가게 문을 모두 닫고 어디론가 사라졌다. 이른바 철시를 한 것이었다. 서울은 이렇게 함락되었다. 보통 전쟁이 일어나면 쳐들어오는 적을 피하기 위하여 피난을 가게 마련인데 서울시민은 완전히 갇혀 모두 인민군의 포로가 되었다. 첫날은 기습공격을 받고 얼떨떨한 하루였다면 둘째 날은 맞았다는 것을 깨달으면서 하루를 보냈고 셋째 날은 맞고 쓰러지느라고 하루를 보냈다. 이러한 급박한 상황에서 정부는 방송을 통하여 사람들이 서울에서 움직이지 못하도록 계속 신경 안정제를 쓰다가 인민군이 서울로 들어오는 결정적인 순간에 한강 다리를 끊어버린 것이다. 앞서 자정에 있었던 5분간 사이렌은 다리를 끊는다는 사이렌이었다는 것을 뒤에 알게 되었다. 그들이 사이렌을 울린 것은 시민들에게 미안해서 그런 것일까? 피난 가는 정부에 의한 인도교 폭파는 대 참사였다. 적을 피해 남쪽으로 가려던 사람들과 차량들이 이미 한강 다리에 진입한 상황에서, 교량이 두 동강 나는 바람에 차와 사람이 뒤엉켜서 다리 밑으로 떨어졌다고 했다. 뿐만 아니라 끊어진 다리로 인해 퇴로를 차단당한 국군 부대들은 미아리를 최종 방어선으로 싸우다가 퇴각을 하면서 서울로 밀려오게 되었는데 이들은 서울 시내에서 각자 개별 행동을 한 것으로 알려졌다. 부대는 이미 와해되었기 때문이다. 일설에 의하면 패잔병의 일부는 미아리에서 돈암동으로 후퇴하면서 창경원으로 들어갔고 그들은 모두 잡혀서 몰살당했다고 했다. 만일 국군 패잔병이 창경원으로 들어갔다면 그것은 스스로 우리 안에 갇히는 격이 되는데, 지방 출신 병사의 입장에서 보면, 이 행동은 일리가 있다고 보인다. 이들이 서울지리를 생판 모르는 상황에서 든든한 돌담으로 뻥 둘러싸인 창경원은 급한 사람에게 있어서는 우선 피신처가 될 수 있다고 판단될 수 있기 때문이다. 마땅히 갈 데도 숨을 곳도 없는데 우선 들어가고 보자는 심리가 작용했는지도 모른다. 그리고 이 곳에 일단 피신하고 있으면 무슨 수가 날 수 있을지도 모를 것이라고 희망을 가졌을 듯싶다. 어쨌거나 이들은 불행한 최후를 맞이했다. 또 다른 일부는 남산으로 피했다고 하는데, 28일 오후까지 그 곳을 중심으로 전투가 벌어졌다고 했다. 실제로 그쪽에서 산발적으로 총성이 들려오기도 했다. 이들 중 서울 출신으로 서울 지리를 잘 아는 군인은 샛길과 뒷골목을 이용하여 집으로 돌아와 죽음을 면한 사람들도 있다. 그리고 또 많은 수가 노량진과 뚝섬 사이로 빠져나가 뗏목을 이용하거나 헤엄을 쳐서 강을 건너 구사일생으로 살아났다고 하였다. 또 그들은 후방으로 가서 재편되는 국군 부대에 복귀하였다고 했다. 그러나 그 수가 얼마나 되겠는가! 우리 동네에 용구라는 사람이 있었는데 그는 전쟁 발발 며칠 전에 군에 입대하였다가 훈련도 제대로 받지 못하고 전투에 투입됐었다. 그도 의정부 전선으로 갔다가 후퇴하여, 남산에 숨어 있다 뒷골목을 통하여 집으로 돌아왔다.

아무튼 적군의 총공세에 수도 시민을 붙잡아 놓고 퇴로를 차단하는 이 기괴한 작전은 세계 전쟁사에 기록될 만한 큰 사건이다. 우리 정부는 이렇게 함으로써 적에게 인적 물적 자원을 고스란히 넘겨 주었다. 이 작전은 아무리 이해하려 해도 이해가 안 되는 작전이다. 적의 대규모 공격에 정면 대결할 능력이 없으면 일단 후퇴하여야 할 것이다. 당시 우리 정부와 군에는 이런 것을 총괄 지휘할 유능한 전략가가 없었다. 이 바보 같은 군사작전은 나폴레옹이 30만 정예군을 모스크바 공격에 투입했을 때 도시를 완전히 비워 버리고 오지로 후퇴한 쿠트조프 장군(Koutouzov)의 전략과 비교가 된다. 서울 시민을 묶어놓으려고 방송을 동원한 우리 정부의 전술 전략은 영화에서도 볼 수 없는 코미디와 같았고 이런 어이없는 작전 때문에 백여만 서울 시민이 공산군의 포로가 되었다. 이로 인해 수많은 젊은이가 공산군 의용군으로 잡혀 갔고 수많은 사람들이 '반동' '부르주아' '인민의 적' 으로 몰려서 죽음을 당했다. 우리 사회에서 중요한 역할을 했던 각 분야의 인사들, 관리들이 마구잡이로 납북됐었다. 28일 저녁 한강철교 폭파의 책임을 물어 공병대장을 사형에 처했지만 공병대장에게 폭파를 명한 사람이 누구였는지는 오리무중으로 남아 있다.

포로가 된 서울시민은 전전긍긍하며 점령군의 처분만 기다리고 있었다. 인공기를 들고 열렬히 맞이하는 인파는 물론 없었을 것이다. 서울 사람들은 그렇게 어수룩하지도 않았고 공산주의자들처럼 그렇게 광적이지도 않았다. 오후가 되면서 인민군, 빨치산 그리고 평복에 붉은 완장을 찬 사람들의 움직임이 눈에 띄기 시작했다. 그런데 그날 오후 서너 시경 총성 멎은 서울 하늘에 우렁찬 비행기 소리가 들려 왔다. 이 비행기는 그 육중하기가 집채만 하였기 때문에 우리는 그것을 무조건 B29라고 정해 버렸다. 이 비행기는 워낙 낮게 저공비행을 하여 육안으로도 그 형체를 똑똑히 볼 수가 있었다. 떨어지지 않을 정도로 속도를 낮추면서 북쪽에서 남쪽으로 서서히 서울을 관통 비행했다. 인민군은 이를 격추시키려고 혼신의 힘을 다하는 듯했다. 무엇보다도 비행기가 저공비행을 했기 때문에 기관포로 집중 공격하였다. 아마도 그들이 점거한 중앙청 옥상에서 공격을 하는 듯했다. 총탄이 빨간 불꽃 튀듯 주로 꼬리 쪽 바로 위 몸통 양옆으로 수도 없이 튀어 올랐다. 이 비행기는 총탄을 무수히 맞았을 것이다. 그러나 전혀 흔들림 없이 계속 무게를 잡고 서울을 가로지른 뒤 어디론지 사라져 버렸다. 이 비행기 조종사와 탑승원은 아마도 함락된 서울의 모습을 직접 눈으로 확인하고 싶었던 듯하다. 물론 붉은 헝겊 조각이 집집에 걸려 있는 풍경을 사진으로 찍었을 것이다. 그리고 우리의 관심을 끈 것은 비행사와 탑승원의 용기였다. 우리는 모든 것을 떠나서 그런 용기를 가진 사람들에게 호감이 갔다. 나는 살아 있는 동안 꼭 한번 만나보고 싶은 사람이 몇 명 있는데 그 중에 이 비행기 조종사가 들어 있다. 그가 어떻게 되었는지 매우 궁금하다. TV에서 한국전쟁에 관한 다큐멘터리가 방영될 때마다 혹시 그 조종사가 출연하지 않을까 하고 지금도 기대한다.

28일 오후의 이 비행사건은 비록 서울이 함락되었지만 전쟁은 끝나지 않았고 오히려 이제부터라는 것을 예고해주는 듯했다. 이렇게 이 날도 하루가 저물어 가는데 역사는 가속적으로 진행되고 있었다. 공산군의 천하가 된 서울은 생명이 일시 중단된 듯했다. 그러나 그들은 저절로 굴러들어온 떡을 놓고 그들의 어젠더(agenda)를 짜고 있었을 것이다. 시민들은 그들이 어떻게 나올지 궁금하였다. 모두가 웅크리고 쥐 죽은 듯이 집 안에 틀어박혀 있었다. 시민들이 나오지를 않으니 점령군들은 자기들이 시민들의 집을 방문하기로 한 듯하다. 그리고 이 첫 번째 방문은 우리를 깜짝 놀라게 하였다.

한밤의 방문자

우리 집으로 들어오는 골목 어귀에 싸전이 하나 있었다. 동네에 양곡을 공급하는 곳이니 만큼 모든 사람이 친밀하게 느끼는 집이다. 2차 대전 말기에 이곳에서 일본인들이 주민들에게 나누어주는 배급을 맡아서 관리하기도 했다. 전쟁 말기, 쌀이 떨어졌을 때는 국수를, 국수가 떨어지면 건빵이라도 배급하였고 우리도 이 집에서 배급을 타다 먹었다. 이 싸전에 아들 삼형제가 있었는데, 막내 상철이는 나와 어려서부터 같이 뒹굴며 놀던 친구였고 둘째 형은 동네에 모습을 잘 나타내지 않았으나 큰형은 우리와 아주 가깝게 지냈었다. 그는 경기도상 럭비선수로서 키도 크고 얼굴도 미남 형으로 생겼었다. 그가 스포츠 가방을 들고 다니는 것을 우리는 모두 부러워했다. 럭비 선수답지 않게 유순하고 호인이었다. 경기도상은 그 당시 운동부가 상대적으로 약한 약골

학교로 알려져 있어서, 그를 무섭게 보려 해도 그렇게는 안됐었다. 연령차이로 우리와 놀지는 않았지만 우리는 그와 가깝다고 생각했다.

6월 28일 저녁 어둠이 짙어졌을 때 밖에서 문을 두들기는 소리가 들렸다. 상철이 형이 낯선 사람을 대동하고 들이닥친 것이다. 두 명 다 완장을 차고 있었다. 우리하고 그렇게 친숙했던 상철이 형 — 럭비선수라고 폼 잡고 다니며 동네 꼬마들의 부러움을 샀던 사람 — 그가 인상을 바꾸고 나타났다. 아주 모르는 사람이라면 몰라도 그는 우리 식구들에게도 너무 친숙했던 사람이었기 때문에 우리 모두 아연실색했다. 그는 다짜고짜로 나의 군의관 형님을 내놓으라는 것이었다. 아버지는 겁이 많은 분이었기 때문에 안색이 창백해지더니 안으로 들어가서 돈뭉치를 신문지에 엉성히 싸 가지고 나왔다. 커다란 목침 덩어리만한 이 뭉치는 우리가 보기에도 큰 돈이었다. 아버지가 상철이 형에게 그 돈을 내밀고 무어라 두서없이 말씀하셨는데, 상철이 형은 예기치 않았던 일에 놀란 듯했다. 그는 돈을 받을 것인지 말 것인지 망설이는 듯했다. 그러면서 무엇인가를 깨달은 것처럼 보였다. 사실 그의 집이나 우리 집이나 모두 동네 터줏대감 같은 처지였다. 무엇보다도 두 집이 다 그 동네에서 오래 살았다. 우리 집은 내가 태어나기 훨씬 이전부터 그곳에 있었다. 일제시대, 아버지는 관의(官醫)였지만 살림집 밖, 길가 쪽에 내과병원을 따로 지어 놓고 있었기 때문에 우리 집은 병원 집으로 불렸었다.

그 당시만 해도 서울에는 양의(洋醫)의 수가 많지 않았기 때문에 아버지가 출퇴근하느라 동네 골목을 지나면 길가에 앉아서 잡담을 하던 동네 사람들 가운데, 일어서서 절을 하는 사람도 있었다. 그 당시 의술은 생명을 다루는 특수 분야이기 때문이었는지 피차가 약간의 거리를 두고 지냈었다. 지금처럼 의업이 대중화되기 이전의 시대였다. 인술이라는 말이 그렇게 거부감을 일으키는 때가 아니었다. 우리 집은 동네에서 모두 어렵게 생각하고 있었다. 즉 보이지 않는 벽이 있었던 셈이다. 그런데 이 벽을 제일 먼저 무너뜨린 사람이 상철이 형이었다. 그는 겁도 없이, 또 이제부터는 내가 당신들에게 명령할 수 있다는 당당함을 가지고 우리 집에 들이닥쳤던 것이다. 그러나 그의 호통 앞에 힘없이 무너지는 '의사 선생님' 의 모습에 그는 자기의 본성을 다시 찾은 듯했다. 그는 잠시 머뭇거렸다. 그러더니 곧바로 원래의 유순하고 운동선수다운 솔직한 모습으로 돌아와 우리 식구를 도와주는 쪽으로 태도가 돌변했다. 태도를 바꾼 것이 아니라 잠깐 잊었던 착한 심성을 다시 찾았던 것 같다. 물론 돈도 받지 않았다. 우리에게 일러주기를 우선 밤이 지나기 전에 집에 있는 모든 군복을 태워 버리라고 했다. 그리고 아버지에게 몇 마디 말을 남기고 돌아갔다. 그는 이후 다시 오지 않았으며 동네에서 인민군 점령 기간 중, 형님에 관하여 묻거나 조사 나온 일은 한번도 없었다.

우리 집 부엌 부뚜막에는 솥이 세 개 걸려 있었는데 제일 왼쪽에 가장 큰 가마솥이 있었다. 이 솥은 집에서 잔치가 있을 때만 사용하여 얇게 녹이 덮여 있었다. 어머니는 이 솥에 물을 잔뜩 부은 다음 집에 있는 모든 군복을 가져다 아궁이에 집어넣고 태우기 시작했다. 그때 군인들은 모두가 미군이 공급한 군복을 착용하고 있었는데 장교였기 때문인지 옷이 상당히 많았었다. 특히 겨울옷은 고급 사지, 즉 순모 옷감으로, 국군도 이 군복을 지급받고 있었다. 때문에 어린 마음에 이 양질(良質)의 군복을 태워버린다는 것이 참으로 아까웠다. 아무튼 밤새 그것을 때고 나니 오뉴월에 안방이 설설 끓었다. 우리는 땀을 흘리며 그날 밤을 지냈다. 즉 공산군이 점령한 첫날 저녁을 뜨겁게 보냈던 것이다.

무엇보다도 우리에게 쓴 맛을 남긴 것은 어떻게 하여, 무엇 때문에 이 순진한 운동 선수가 공산주의자가 되었나 하는 것이었다. 비록 공산주의자였더라도 어떻게 서로 가깝게 지내던 사람의 집에 쳐들어 올 수 있단 말인가?

붉은 군대와의 3개월

모든 전쟁의 목적은 남의 '물과 땅' 을 빼앗으려는데 있다. 그 밖의 여러 가지 정치적 목적을 달성하려는 동기도 물론 있다. 침략자가 남의 나라를 공략하면서 내세우는 명분은 모두가 듣기 좋은 거짓말이고 불법적인 행동의 합리화로 보면 된다. 역사적으로 보았을 때 세계 어느 나라도 남의 나라를 도와주기 위하여, 잘 살게 해주기 위하여, 무엇으로부터 해방시켜 주기 위하여 남의 나라를 침공한 예는 거의 없다. 극히 예외적으로 인도적인 측면에서, 광폭하고 반인륜적인 독재자를 응징하려고, 여러 나라가 힘을 모아 남의 나라를 공격하였다 하더라도 그 동기의 저변에는 자국의 이해관계가 깔려 있다고 보면 틀림없다.

지금 돌이켜 보면 북한 공산군의 한국 공격도 이러한 명제에서 예외일 수는 없다. 그들은 미 제국주의 원쑤와 이승만 '도당' 으로부터 한국을 해방시키러 왔다고 하지만 그 직접적인 동기는 한반도의 반쪽만 장악한 공산정권이 38이남까지 전부 차지하여 한반도를 김일성 공산 통치하에 편입시키겠다는 야심을 실현시키려 했던 것이다. 북한의 공산주의자들은 이것을 가지고 '통일의 노력' 이라는 구차한 변명을 들이댔고 지금도 그렇게 하고 있지만, 이것은 엄연히 정복전쟁이었다. 특히 한반도는 자연자원이 빈약한 가운데 그나마 농경지가 남한에 편중되어 있어서 38이남을 손에 넣는다는 것은 남반부로부터 식량을 공급받을 수 있다는 사활이 걸린 문제였다. 그보다 중요한 이유로 남침이 그렇게 신속하게 계획되고 집행될 수 있었던 것은 그것이 스탈린의 붉은 공산제국 건설의 일환이었기 때문이다. 즉 스탈린은 세계를 공산화시킨다는 목표를 설정해 놓고 있었고, 한국은 극동아시아 대륙에서 유일하게 남아있는 반공 자유주의 국가였기 때문에 이것을 제거하여 세계 붉은 제국에 편입시킨다는 것은 그에게도 대단히 중요한 과제였다. 그러니까 김일성과 스탈린의 이익이 맞아떨어졌던 것이다.

이러한 이유로 감행된 6 · 25 침공계획은 초기에 너무도 수월하게 성공을 거두었고 수도 서울은 너무도 쉽게 그들의 수중에 떨어졌다. 그런데 이 공산주의 확산은 점령된 주민에게는 이중적으로 부담이 되었다. 그 첫째는 물론 군사적으로 패하여 적군의 지배 하에 들어가면서 발생하는 모든 종류의 예속의 고통이고 그 둘째는 공산주의라는 사상을 앞세워 들어오는 점령군과 국내에 잠복해 있던 공산주의자들이 불러일으키는 공포가 그것이다.

그 당시 우리나라에는 크게 나누어 두 부류의 공산주의자들이 있었다. 그 첫 번째는 낭만적 이상주의자들로서, 사회정의를 추구하는 열정적인 사람들이다. 1900년대 초 세계 사상계를 풍미하던 마르크시즘을 공부하여 그의 주장을 실현하려던 사람들이다. 계급이 없는 사회, 생산수단(자본)을 개인으로부터 빼앗아 사회가 소유하는 세상, 프롤레타리아(노동자)의 독재를 거쳐 국가가 아예 사라지는 세상, 모든 사람이 자기가 필요한 것을 원하는 만큼 가져갈 수 있는 사회, 노동자는 일하고 싶을 때 일하고 낚시 하고 싶을 때 낚시 갈 수 있는 세상을 만들려고 했던 사람들이다. 이들은 가난하고 배우지 못한 사람들이 다수였던 사회를 뒤엎고, 모든 사람들이 인간적인 대우를 받고 살 수 있는 이상향을 꿈꾸던 순수한 사람들이었다. 이들은 대개 여유 있는 가정에서 성장한 인텔리들이었기 때문에 현실과 꿈 사이에 존재하는 괴리를 이해하지 못하였고, 다수를 위하여 봉사하겠다는 박애주의 정신만 앞세웠던 듯하다. 남한에는 이런 사람들이 많이 있었다.

두 번째 부류는 사회에 대한 개인적 불만이 있던 사람들로서 이른바 지주, 자본가, 부르주아 등에 대한 적개심을 가진 사람들이다. 세속적인 욕심이 강하고 자신들이 사회의 중심부에 진입하지 못한 것을 남의 탓으로 돌리며 이른바 지배세력에 대한 원한과 증오심, 분노와 열등감으로 가득하여 그들을 타도하고 자신들이 그 자리를 차지하려던 부정적, 파괴적 성격의 소유자들이다. 다분히 기회주의적이고 정치적인 사람들로서, 탁월한 현실 적응력을 가지고 마르크시즘이 제공하는 선동성을 십분 이용하여 개인적 욕구를 충족시키려 했던 직업적 혁명가들이다. 이들은 일단 정권을 장악하면 지상낙원으로 가는 과정에 필수적으로 거쳐야 한다는 '노동자의 독재' 를 자신들에게 편리하게 해석하여, 한시적이 아닌 항구적인 독재를 하려드는 권력욕이 강한 사람들이다. 우리나라에서 공산주의를 혐오스러운 대상으로 생각하게 만든 이 두 번째 부류의 사람들은 실제로 북한에서 정권을 장악한 이후, 첫 번째 부류의 사람들을 제거하거나 이용한 정의롭지 못한 기회주의자들이다. 빈곤하고 무지한 다수에 대한 온정과 너그러움이 결여된 가운데 민중을 이용만 하려는 극단적 이기주의자들이었다. 이들은 통치수단으로 공포와 폭력을 사용한다. 계급투쟁가로 자신을 교묘히 위장한, 권력 지향주의적인 사람들인 것이다. 이제 점령된 남한에서는 통일과 혁명이라는 이름 아래 숙청이 계획되었고, 계급투쟁이 그 명분과 구실을 제공했다.

북한 공산주의자들의 천하가 된 서울에서는 대한민국의 기존질서를 청산하는 작업을 최우선 과제로 삼았고, 이 작업이 그들의 존재이유의 전부인 것처럼 보였다. 이들은 계급 없는 사회를 표방하면서, 그리고 지상낙원을 약속하면서 체포와 고문, 그리고 처형을 시작하였다. 지배세력이라고 간주되는 사람들이 제일의 목표가 되었음은 두말할 필요도 없다. 그러니까 이들에게 있어서 현재의 사회를 점차 개선해 나간다는 개념은 그 자체가 반동이었다. 과거의 노동자, 농민을 착취한 반동 지배세력들을 모두 숙청한 다음, 모든 것을 백지상태로 돌려놓고 사회주의 지상낙원을 건설한다고 이들은 주장한다. 이 청산과정에서 모든 주민은 일단 심사와 심판의 대상이 되었다.

특이한 사실로써 사상적 심판에는 명확한 기준과 경계가 없다는 특징이 있고 이것도 주민들의 공포를 가중시킨다. 공산주의는 법치국가가 아니기 때문에 그리고 '반동' 인지 아닌지를 판단할 수 있는 명확한 법조문도 없기 때문에 누구든 재수 없으면 '반동' 으로 몰릴 수 있다. 그리고 공산주의의 형 집행 방식은 즉각적이고 불가역적(不可逆的)이다. 즉 문명국의 재판제도에서 볼 수 있는 자기변명의 기회를 애초에 차단하기 때문에 누구든 일단 반동으로 몰려서 체포되면 그는 기적이 없는 한 살아 나올 수 없다는 절망감에서 공포심은 더욱 커진다. 공산군에게 점령된 서울은 이상과 같은 이유 때문에 분위기가 확 바뀌어 버렸다. 시민들은 자기들의 운명을 손에 쥔 점령군과 되도록 접촉을 피하는 것이 살아남기 위한 제일 좋은 방법이라고 생각했다.

서울 거리에 나타난 인민군은 대단히 이국적인 분위기를 풍겼다. 그들은 왜소한 체구에도 불구하고 날렵하고 용맹스럽게 보였다. 그들의 까맣게 탄 얼굴에는 결연한 전의(戰意)의 빛이 있었고 눈은 매서웠다. 군복은 거친 무명에 진흙색을 염색하여 입었고 모자는 원통형인데 그것이 각이 지지 않고 쭈글쭈글했다. 모자 앞 챙 있는 부분만 빼고 옆 부분을 또 하나의 천으로 둘렀고 거기에 다이아몬드 형의 실 줄을 얽어놓았는데 이것은 아마도 매복 위장할 때 나뭇가지를 꺾어서 끼워 넣으려는 목적인 것 같았다. 그들에게는 철모도 필요한 것 같지 않았다. 특히 그들이 신고 내려온 신발은 우리의 시선을 끌었다. 그들은 '지까다비'를 신고 있었는데 이것은 일제시대에 인력거꾼이 주로 신던 신발이었다. 그들은 양말 대신에 발싸개라는 손수건 크기의 사각 천을 썼는데 이것을 다이아몬드 형으로 펴놓고 발을 그 위에 얹은 다음 전후 좌우로 발을 덮고 지까다비를 신는 방법이다. 그들은 두 종류의 총을 갖고 있었는데 하나는 물론 따발총이었고 또 하나는 우리가 따꽁총이라고 부르던 것이었다. 전자의 총신은 이중으로 되어 있었다. 겉 부분에는 구멍이 숭숭 뚫려 있었고 방아쇠 근처에 두꺼운 원반형의 탄창이 가로 꽂혀 있었는데 그것은 보기에도 이국적이었다. 이 총은 소총과 기관총을 혼합한 중간정도의 화력을 가지는 것처럼 보였다. 따꽁총은 가늘고 긴 총인데 길이가 너무 길어서 키가 웬만큼 크지 않으면 총이 땅에 끌릴 판이었다. 여기에 군인들은 총검을 항상 장착하고 다녔는데 이 총검 역시 송곳처럼 가늘고 길었다. 이 총은 우리들 사이에 이상한 신화적 사연이 있는 무기로 알려졌다. 즉 이것을 만들기 위하여 쇠를 녹일 때 상어피를 섞는다고 하였고 그러면 쇠가 특별히 강해진다고 하였다. 왜 하필이면 상어피인지 우리는 아무도 알 수 없었지만 정확한 정보수단이 없을 때였기 때문에 황당한 이야기가 우리들 사이에 회자되곤 하였다. 그 진위는 알 수 없으나 이 총은 한 번 쏘면 틀림없이 표적을 쓰러뜨린다고도 하였다. 지금 표현을 쓴다면 아마도 저격수에게 지급되는 무기가 아닌가 싶다. 그들이 총검을 늘 장착하고 있는 것은 언제라도 때와 장소를 가리지 않고 백병전을 벌일 수 있음을 보이기 위함일 것이다. 좌우간 이 무기들은 우리가 일본군이나 미군들에게서 보던 무기의 디자인과 컨셉이 달랐다. 이 신무기들은 개성 근처 지하실에서 인민군이 직접 제조한 북조선산이라고도 하였다. 이런 것으로 무장한 인민군은 전반적으로 볼 때 가난하지만 강한 군대처럼 보였다. 그들은 훈련이 잘된 만큼 태도도 단정하고 절도도 있었다. 한 번은 종로 4가 근처를 지나는데, 싸움이 벌어져 구경꾼들이 몰려 있었다. 가서 보니 정복차림의 인민군이 떡 장사 앞에 서서 야단을 치고 있었다. 내용인즉 인민군이 붉은 지폐를 주고 떡을 사먹으려고 하는데 떡 장사 할머니가 그 돈을 안 받겠다고 하여 시비가 벌어졌던 것이다. 군인은 차렷 자세를 하고 할머니에게 꾸중을 하는데 그 꾸중이 싸움조가 아니고 질서정연한 연설조였다. 군인은 군사훈련만 잘 받은 것이 아니라 연설하는 기법도 습득한 듯 말도 청산유수처럼 잘 했다. 붉은 지폐로 말하자면, 점령군 당국은 서울 점령 중반기쯤 화폐를 발행하였으나 사람들의 소득원이 끊겨 있었고 장바닥과 길거리의 상행위 이외의 모든 경제 활동이 중단된 상태였기 때문에 이 화폐는 유통되지 못했다. 주로 인민군과 동조세력만 사용한 것으로 알려져 있다. 우리는 이 돈을 만져보지도 못했다.

인민군에 관하여 한마디 더 하자면 이들은 계급에 따라 복장이 확연히 구별되었다. 장교들은 질 좋은 옷감에 반듯한 제복을 입었고 각이 진 양 어깨에 빳빳한 견장을 붙이고 무릎까지 오는 검은 가죽 장화를 신고 있었다. 이들은 몸가짐이 단정하고 태도도 자신 있게 보였다. 한번은 밖에서 '심 선생님 동무' 를 찾는 사람들이 있었는데 장교 둘이서 아버지에게 진찰을 받고 싶어서 찾아온 것이었다. 그들이 '동무' 를 뺐었다면 그들은 여느 나라 군대의 장교와 다를 바 없었을 것이다. 한 가지 이상한 것이 있다면 계급 없는 세상에서 왔다는 군대의 장교와 사병의 옷차림이 왜 그렇게 차별적인가 하는 점이다. 인민군은 자본주의 제국주의자 미국 군대보다도 최소한 복장에 있어서는 계급 색이 더 짙었었다. 지금은 시정되었으리라 믿는다. 이 인민군대는 소련의 붉은 군대가 나오는 영화장면에서 볼 수 있는 분위기를 풍기고 있었다. 이 군대는 전투 이외에도 혁명을 완수한다는 사명감 같은 것을 가진 듯이 보였다. 한번은 정복차림의 인민군이 한밤중에 안방으로 뛰어들은 적도 있었다. 식구들 모두가 모여서 잤기 때문에 여자들도 있었는데, 지까다비를 신은 채 들어와서 장롱을 뒤지기 시작했다. 값진 물건을 찾을 요량이었던 모양인데 없으니까 문서 조각들을 꺼내 들고 트집을 잡기 시작했다. 오래된 계산서, 영수증들이라 버려도 되는 것이라고 설명했더니 빈손으로 나갔다. 무례하게 신발을 신은 채로 안방에 들어오는 모습을 보고, 인민군복이 아깝다는 생각을 했다. 그 이후 군인들이 언제 또 한밤중에 쳐들어올지 몰라서, 식구들은 전전긍긍했다. 이 사건으로 우리는 인민군이 전투만 하는 군인이 아니라는 것을 알게 되었다.

이들에 비하여 빨치산은 잘 눈에 띄지 않았는데 이들은 인민군 정규군과 같은 복장에 모자만 모택동 모자를 썼고 바지 바깥 쪽에 허리부터 아래로 빨간 줄 하나를 더 댄 것이 그들을 구별 짓게 하는 전부였다. 물론 빨치산에는 이렇게 정복을 입고 다니는 사람 이외에 다양한 민간복을 입은 사람도 많았다. 공산군을 구성하는 이상의 요소 외에 빠뜨릴 수 없는 부대가 하나 더 있었다. 그들을 우리는 팔로군이라고 불렀었는데 이 부대는 용맹하기로 이름난 군인들의 특수부대였다. 이들은 원래 조선족이었는데 중국 공산군에 입대하여 중공군의 일원으로 많은 전투에 참여했던 베테랑들이라고 했다. 이들은 밤에 백리 길을 행군할 수 있고 산을 펄펄 날며 오를 수 있다고 하여 가히 전설적인 부대로 알려져 있었다. 전투경험이 많은 이 팔로군은 서울 공격 때 인민군의 주력부대였다고도 했다. 우리들은 이 특수부대에 관심이 많이 갔다. 그들을 한 번 보고 싶었으나 눈에 띄지는 않았다. 원칙상으로 팔로군은 그들 특유의 군복을 착용하여야 했는데 이들은 인민군 복장을 하고 인민군 부대에 통합된 듯했다. 그 때문에 그들을 구별해 낼 수가 없었다. 우리는 그저 인민군 가운데 나이가 많고 경험이 많은 듯이 보이면 팔로군일 것이라고 추측만 하였다. 뒤에 알게 된 사실인데 이 팔로군의 수는 3만여 명이나 되는 강력한 부대로써 이들이 중국 국적을 가지고 참전하면 공산군의 공격이 국제전의 양상을 띨 수 있다는 이유로 그들에게 전부 조선 북로동당원 증을 나누어 주어 완전히 조선인민군으로 둔갑시켰다고 한다. 내용적으로 이 전쟁은 시작부터 이미 국제전의 성격을 모두 갖추었었다. 소련은 무기를, 중공군은 비록 조선족 출신이지만 정예군부대를 북조선에 파견하고 있었다. 인민군 중에는 소년티를 벗지 못한, 즉 우리보다 한두 살 정도 나이가 많을까 말까 한 애송이들도 꽤 많았었다. 또 그 당시로서는 생소한 여군들도 있었다. 그것은 이 군대가 남한 침공을 위하여 인적 자원을 최대한으로 동원했다는 것을 보여 준다. 다시 말하여 병력 수에서 여유가 없었으며 부족분은 남조선에서 조달하려는 계획이었다. 그리하여 남한을 점거한 순간 남한 청장년을 의용군으로 데려가려고 혈안이 되어 있었다. 의용군의 역할이라야, 대포알 하나를 등에 지고 전선까지 야밤에 걸어가서 포탄을 인계하는 노동인력이다. 이들에게 전투를 맡기는 일은 하지 않았다. 사상이 의심스러웠기 때문일 것이다. 북조선이 치밀하게 전쟁준비를 했다고는 하지만 병력동원에 한계가 있음을 보여 주는 대목이다.

전쟁과 혁명

공산주의자들에게서 혁명이라는 말을 빼면 공산주의는 존재하지 않는다. '노동자(프롤레타리아)가 혁명적이 아니면 그는 노동자가 아니다' 고 말하는 사상가도 있다. 또한 혁명이라는 말은 모든 것을 가능케 하고 모든 것에서 용서받을 수 있게 한다. 이것은 인류가 발명한 말 가운데 가장 편리하고 가장 위력적이고 위협적인 말이다. 그리고 이 혁명이라는 말 뒤에는 반드시 죽음이 따르고 있다. 서울을 사흘 만에 함락시킨 공산군은 더 잘 살고 더 화목한 세상을 만든다기보다는 그 동안 잘 먹고 잘 살던 사람들, 즉 지배계급에 속한다고 생각되는 사람들을 청소하겠다는 뚜렷한 목적을 갖고 있었다. 전쟁에 져서 자유를 빼앗긴 것도 억울한데 혁명의 맛까지 보라니! 이 사회주의 혁명은 세상을 바꾼다는 것인데, 그렇게 하려면 손을 좀 보자는 것이다.

그것도 철저하게. 물론 이 혁명과업은 처음부터 손보기로 시작해서 손만 보다가 끝나는 경우가 대부분이었다.

공산군이 몰고 온 이 혁명사업은 우선 분위기 잡는 데는 성공하였다고 할 수 있다. 선동선전에 천재적인 역량을 가진 공산주의자들은 서울을 함락시킨 지 일주일도 채 안 되어서 우리 모두 혁명노래를 부를 수 있게 하였다. 직접 가르친 일도 없었으니 참 신기한 일이다. 우리는 해방되면서 다양한 음악과 노래를 접했었지만 이런 분위기가 싹 바뀌어 버렸다. 점령군들은 동네 곳곳에 확성기를 달고 '장백산 줄기 줄기' 와 '높이 들어라 붉은 깃발을' 등을 아침부터 틀어 댔다. 이 노래들은 배우기도 쉬웠을 뿐 아니라 귀에 들어오는 것이 이것들밖에 없으니 다른 노래가 끼어들 틈이 없었다. 우리는 북에서 들여온 노래들을 며칠 만에 전부 외어 부를 수 있게 되었다. 가수 현인이 멋 부리며 부르던 '럭키 서울' 과 같은 경쾌한 리듬과 명랑한 멜로디의 노래들은 완전히 자취를 감추고 혁명가(革命歌)에게 퇴장 당했다. 노래에 관한한 혁명과업은 완수되었다고 말할 수 있다. 물론 우리끼리 있을 때는 '높이 들어라 붉은 깃발을' 대신 '높이 들어라 돼지 대가리' 하고 부르면서 웃을 때도 있었다. 그때 들켰더라면 죽었을 것이다. 이런 혁명 분위기에 따라 서울에서 웃음은 사라지고 말았다. 이 노래들 그리고 마이크에서 외치는 소리들은 모두가 비장한 각오를 담고 있으며, 무겁고, 운명적인 무엇을 담고 있었다. 이런 노래와 분위기에는 항상 피와 죽음이 깔려 있었고 피와 죽음이 엉켜 있었다. 피와 죽음을 빼면 노래도 되지 않았다. 눈에 들어오는 모든 것이 온통 피를 연상시켰다. 좋은 세상 만든다는데 왜 이렇게 음산하고 불안한 분위기가 필요한가? 사람은 살기 위해서 사는 것이지 죽기 위해서 사는 것은 아니지 않은가!

사실상 서울은 전투 한 번 제대로 해 보지 못하고 공산군에게 떨어졌지만 시내 곳곳에는 전쟁의 흔적이 짙게 남아 있었다. 길거리 이 곳 저 곳에는 시체가 늘비했고, 누군가가 거적때기를 덮어 놓았었다. 그 때만 해도 시체는 무서운 것이라는 생각이 머릿속에 박혀 있어서 나는 그것을 흘깃 보고 지나쳤다. 시체는 국군 같았다. 시가전도 없었는데 웬 군인 시체냐고 하겠으나 그것은 당시의 전쟁 진행 상황으로 볼 때 충분히 설명이 된다.

북에서 미아리까지 계속 밀려온 국군부대들이 서울로 들어와서 자진 해산되다시피 하였고 인민군의 눈에서 피신하지 못했던 군인들은 발견되는 대로 사살되었기 때문이다. 거적이 덮여져 있지 않은 시신도 목격하였다. 종로 5가 효제동 뒷골목에 개천이 있었는데 개천 밑에 국군 한 사람이 죽어서 누워 있었다. 그의 왼쪽 팔에는 헌병 완장이 그대로 끼어 있었다. 양미간에 푸르스름한 상흔(傷痕)이 있는 것으로 보아 인민군의 총에 맞고 개천바닥에 던져진 듯했다. 죽은 헌병 곁으로는 구정물이 흐르고 있었다. 시내 거리 여기저기에 거적 씌운 시체가 널려 있었다면, 창경원을 마주보는 서울 의대 부속 병원 후문에는 벌거벗은 시체더미가 잔뜩 쌓여 있었다. 사람을 죽인 다음 시신을 엎은 상태로 차곡차곡 쌓아 놓았던 것이다. 더운 여름에 이런 상태로 방치하여 놓으니 부패도 상당히 진행되었고 그 모양도 끔찍하였다. 처형자들이 전시 효과를 노린 것은 아니겠지만 결과적으로는 그 앞으로 지나다니는 행인은 모두 볼 수 있게 되어 있었다. 이들이 누구였는지, 군인인지 민간인인지 아무도 알 수 없었다. 그 밖에 우리를 당혹스럽게 했던 것은 왜 시체들이 전부 빨가벗겨져 있는가에 관한 의문이었다. 그들의 옷을 벗겨서 처형자들이 입었다? 그러면 팬티까지도? 이 의문은 우리의 머리를 떠나지 않았다. 나는 일주일에 한두 번씩 퇴계원을 가면서 병원 앞을 지나다녔는데 그 광경이 너무 끔찍해서 그 근처에 가면 멀찌감치서부터 창경원 쪽 담에 바짝 붙어서 시선을 앞으로 똑바로 한 채 걸었다. 그러나 문제의 장소에 가까워지면 나도 모르게 머리가 그 쪽으로 향해졌는데 그 광경을 두 눈 뜨고 똑바로 보지는 못하고 그저 한번 힐끗 보고 지나쳤다. 그들은 사람의 시신을 쓰레기처럼 내다 버렸다. 이것은 참으로 어처구니없는 일이다. 왜냐하면 우리는 죽음에 대해서 일종의 공포 섞인 경외심을 갖고 있고 다른 한 편으로는 죽은 사람에 대해서도 산 사람을 대하는 만큼 또는 그 이상으로 예를 갖추는 문화 속에서 살아왔기 때문이다. 우리나라의 장례예식 절차는 얼마나 굉장한가! 그것은 우리나라가 상당히 세련된 문화를 갖고 있다는 증거가 아닌가?

실제로 야만과 문명의 차이를 구별 지어 주는 것은 의식(儀式)의 유무와 형태에 있지 않은가? 의식은 또한 인간을 동물과 구별 짓게 하는 기본적인 잣대로 간주되고 있지 않은가? 그런데 이러한 미풍양속이 공산혁명가들의 입성과 더불어 단번에 날아가 버렸다. 인민군에게는 사람의 시체가 승리의 표시일 뿐 다른 의미가 없었다. 인민군은 사람을 죽일 줄만 알았지 — 그것도 즉석에서 — 시신을 처리하는 일은 등한히 했다. 그저 버리면 되는 것으로 생각했던 것 같다. 이것은 전쟁에 관한 제네바 협정 당사자들에·의해서 심각하게 다루어져야 할 문제이다. 결국 사회주의 건설은 원시 공동체보다도 더 원시적인 사회로 회귀하는 것을 목표로 삼는 듯했다. 나는 공산주의자들이 왜 이렇게 인명을 가볍게 여기게 되었는지 그 이유를 아직도 모르겠다. 시신을 아무렇게나 방치한다는 것은 살인도 쉽게 할 수 있다는 것을 의미한다.

위대한 수령 김일성 동무

혁명 분위기 고양의 정점에는 물론 김일성 장군이 우뚝 서 있었다. 인민군이 서울을 접수한 순간부터 무엇을 부칠 수 있을 만한 벽에는 언제, 어떻게, 그렇게도 잽싸게 만들었는지 거대한 김일성 초상화가 여기저기 장식되었다. 스탈린동무 사진도 함께 붙여 놓았는데 그 사람이 한국 사람과 무슨 관련이 있는지 알 수가 없었다. 김일성은 이제 우리 모두의 일상생활을 지휘 감독하는 문자 그대로 수령이었다. 집 안의 안방에도, 화장실에도 김 동무의 사진을 걸어 놓으라는 지시가 없었던 것이 이상할 정도였다. 아마도 주민들에게 초상화를 모두 배포할 여유가 없었는지도 모르겠다. 김 동무는 언뜻 보기에 유순하고 인자한 인상을 풍겼으나 자세히 들여다보면 맹수 같은 공격성을 감추고 있는 듯했다.

우리가 어려서 듣던 김일성 장군은 백마를 탄 늠름한 노장군(老將軍)

으로서 항일 독립 투쟁의 상징이자 국민적 영웅이었다. 그는 모든 사람의 존경을 받았었다. 이제 이 노장군 김일성이 군중 앞에, 즉 평양시민 앞에 모습을 드러내는 순간이다. 그런데, 정작 나타난 사람은 동명이인(同名異人)의 청년이었다. 1945년 10월 14일 평양 북부 모란봉 근처의 기림리 공설운동장에 나타난 사람은 제 2의 김일성으로서 30대 초반의 청년이었다. 그가 언제, 어느 나라에서 장군이 되었는지 아는 사람이 남한에서는 거의 없었다. 후일 들은 이야기에 의하면 평양의 시민대회에서 김일성이라는 이름으로 청년이 처음 나타났을 때 모여 있던 시민들 속에서 "가짜다"라는 말이 여기저기에서 터져 나왔다고 한다. 그의 등장은 신비로 싸여 있었고 신비는 신화를 창조하기에 족했다.

중학교 1학년 때 어떤 집회에서 김일성의 일대기 또는 정체에 관한 강연을 들은 적이 있었다. 강사에 따르면 그의 본명은 김성주, 나이는 1945년 당시 33세, 아무르강 근처 하바롭스크에 주둔하고 있는 300명 규모의 소련군 혼성부대(중국인, 한국인, 소련인) 88여단의 대위였다고 했다. 4년여의 태평양 전쟁과 원자탄 세례로 전쟁을 포기한 일본제국이 8월 15일 항복을 하기 며칠 전 즉 1945년 8월 9일 소련은 일본에 선전포고를 하고 만주를 거쳐 38선 이북을 차지한다. 스탈린은 공짜로 얻은 한반도 38도선 이북을 통치하기 위하여 김성주 대위를 지목하였다고 했다. 정확하게 말하자면 대위는 소련 주둔군 사령부 치스챠코프와 그의 부하 로마냉코 장군의 명과 지시에 따라 1945년 9월 소련 배를 타고 원산에 도착, 그 곳에서 평양으로 이동하였다는 것이다. 그가 비행기를 이용해 직접 평양에 개선 장군처럼 나타났다고 하는 것은 모두가 소설이라고 하였다. 그는 소련 점령 정책의 도구로써 그들이 준비해 놓은 시나리오에 따라 북한 민주주의 인민공화국의 주석이 되었고 이름도 김일성으로 굳혔다는 것이 강사의 설명이었다.

이상의 사실은 이미 공개된 비밀로써 그 동안의 김일성 연구자들에 의하여 밝혀졌지만 한국에서만은 이 사실을 이야기하는 것이 금기시되어 있다. 어쨌거나 6 · 25 당시 김일성은 사람이라기보다는 가히 신적인 존재에 가까웠다. 인민군 및 그를 따라 북에서 온 사람들, 남쪽에서 공산주의 운동하였던 사람들, 모두가 그를 자기들의 어버이, 자기들의 주인, 자기들의 지도자로 받들었다. 그는 수령 동무이자 장군이고 원수였다. 미제국주의자들을 가리켜 원수가 아닌 원쑤라고 하는 것은 그것이 행여 김일성 원수라는 경칭과 혼란을 일으키지 않을까하는 배려(配慮)에서 나온 듯하다. 점령군들은 서울시민에게도 이 불세출의 영웅, 인민의 지도자를 향해 존경심을 갖게끔 모든 수단과 방법을 동원하였다. TV도 없고 기타 언론매체도 빈약한 수준이던 그 당시, 수단과 방법이라야 최고의 경어를 사용하며 그의 이름을 되풀이하여 듣도록 하는 것이다. 김일성 장군의 신격화는 가히 어떤 종교에서 볼 수 있는 것보다도 더 노골적이고 적극적이었다. 모든 것이 김일성으로부터 나왔고 모든 것이 김일성에게 돌아갔다. 우리는 전지전능한 1인이 세상을 지배하는 공산 독재 국가의 한복판에 있게 되었고, 그런 체제를 직접 경험할 수 있었다. 신정국가(神政國家)가 따로 없었다. 그러나 이 경험은 한 번으로 족하다. 왜냐하면 인류의 역사는 신과 같은 절대적 권력을 가진 초인적인 군주, 독재자로부터 해방되어 서로가 인간임을 인정하고 능력의 차이를 인정하는 가운데, 모든 사람이 법 앞에 평등하다는 민주사회를 지향하고 있기 때문이다. 남한은 짧은 기간이지만 이미 이런 민주 질서에 익숙해져 있었기 때문에 이런 신격화 운동은 자연스럽지도 우습지도 않았다. 쉽게 말하여 서울을 점령한 생소한 젊은이를 신처럼 모시라고 강요하는데 거부반응을 일으키지 않을 사람은 없었을 것이다.

여기에 6 · 25 당시의 김일성 장군과 서울 시민 사이의 거리가 있었다. 그에 대한 무조건적인 숭배의 강요는 사람들을 그로부터 점점 더 멀어지도록 하였다. 그것은 그가 국리민복을 앞세우는 너그러운 인물이라기보다 권력욕을 충족시키기 위하여 수단과 방법을 가리지 않고 자기에게 도전하는 모든 사람을 사정없이 제거하는, 그런 무서운 인물로 인식되고 있었기 때문이다. 그가 평양에 도착한 후 조선공산당원으로서 국내파의 거두였던 현준혁이 백주에 암살되는 사건이 발생했는데 물론 이 사건은 미궁에 빠져 버렸다. 그의 전력을 구전(口傳)으로 전해 듣고 있던 서울 시민들은 그의 독재정치에 관하여 알 만큼 알고 있었다. 그는 정복자로서 서울에 모습을 드러내지는 않았지만, 비밀리에 서울을 방문했다고 하는 소문도 있었는데 그것은 정복자다운 태도는 아니었다. 이제 그의 통치가 만일 계속될 것이라면 남한 사람들은 앞으로 닥쳐올 폭력적 사건들에 대하여 마음의 준비를 단단히 하여야 될 것 같았다.

김일성의 천하가 된 서울에서 우리들이 사용하던 언어에도 혁명이 일어났다. 우리가 어렸을 때 가까운 사이에 부르던 동무라는 말이 갑자기 승격을 한 것이다. 동무라는 말은 친한 아이들 사이에서 사용되는 정감어린 순수 우리말 표현인데 그것이 어른들에 의하여 몰수되었다. 공산군이 서울을 점령하면서 사회적인 분위기의 변화를 실감할 수 있게 해준 말이 동무라는 말이다. 이 말은 아이들만 빼놓고 모든 어른들이 상대방을 부를 때 반드시 이름 뒤에 붙였다. 인민들이, 인민위원들이 서로 동무라 하였으며 여맹원들끼리도 그러했고, 여맹원이 인민위원장을 부를 때도 동무라고 하였다. 환자가 의사한테도 동무, 군인이 상인에게도 동무, 아이들만 빼놓고 모두가 동무라는 호칭을 서로 사용했다. 이것은 의미심장한 상징성을 지니고 있다. 왜냐하면 이렇게 단일 호칭(呼稱)을 사용함으로써 이제 계급은 사라졌다는 것을 기정사실화하여 사람들의 마음속에 '우리는 다 똑같다' 라는 생각을 자리 잡도록 하기 때문이다. 속으로야 어찌 생각하든, 또 자기보다 젊고, 여러모로 아랫사람이라고 볼 수 있는 사람이 동무라고 나올 때 우선은 당황하지만, 서로 동무라고 주고받으면서, 사회계급 사이의 벽은 무너진 것처럼 보이게 하는 것이다.

사회가 순조로운 발전과 진보를 거듭한 끝에 구성원의 생활수준과 신분이 상승하여 자연적인 사회평준화가 되는 것이 자유자본주의 민주국가의 방식이라면, 우선 너와 나는 똑같고 신분상의 차이가 없이 사회는 평등하게 되었다는 것을 호칭으로 기정사실화하고 일반화하는 것이 공산주의 국가 방식이라고 볼 수 있다. 문제는 내용적으로 정말 구성원간에 평등이 실현되었는가 하는 점이다. 장교와 병사, 당 정치국원과 평당원, 정치국원과 인민들 사이에 평등이 정착될 수 있었는가 하는 의문은 숙제로 남는다.

동무라는 호칭의 전반적인 사용은 사회분위기를 일격에 변화시키는 기적을 낳았다. 이제 한국사회는 사회주의사회가 되었다는 것을 확인시키는 것과 같았다. 왜냐하면 동무라는 호칭의 일반화는 공산주의사회의 레테르와 같기 때문이다. 이렇게 서울이 단숨에 공산주의의 외피를 걸치게 되었다면, 이 새로운 현상은 국군이 돌아오면서 또 다른 결과를 부른다. 즉 동무라는 말이 공산주의의 표현으로 자리 잡은 이상 동무라고 부른 사람은 자신이 곧 공산주의자라는 것을 광고하는 것과 같은 의미를 갖는다. 그렇기 때문에 국군이 서울에 다시 돌아오는 순간, 이 동무라는 말은 사람들의 대화에서 자취를 감추어 버렸다. 3개월 동안 동무를 사용하는 습관이 되어 있던 사람이 동무 대신에 동지라는 말을 사용하기도 했지만 이것들은 동종이색(同種異色)의 어휘일 뿐이었다. 김일성에게도 동지라는 말을 붙이지 않는가? 동무라는 이 정다운 말은 '빨갱이' 라고 오해 받기를 피하려는 어른들, 아이들 모두에게서 사라졌다.

전쟁과 배고픔

전쟁이 나면 사람들이 제일 걱정하는 것이 식량 문제이다. 전쟁은 기본적으로 파괴 행위이기 때문에 이 기간 중 원활한 식량공급은 절대로 있을 수 없고 있어 본 적도 없다. 무엇보다도 식량을 비롯한 모든 물품이 군수 물자로 전환되기 때문에 사람들은 생필품의 대부분을 포기해야 하고 배급제도도 당연히 생기게 된다. 비슷한 국력을 가진 나라들 사이에서 전쟁이 벌어진다 하여도 국민들은 물자 부족에 궁핍한 생활을 하여야 하는데, 가난한 나라의 기습적인 침략전쟁으로 수도가 단숨에 점령됐을 때에는 물자 수급, 그 중에도 식량 수급은 거의 중단된다. 더욱이 북조선과 같은 가난한 나라의 군대가 서울을 점령하였다는 사실은 시민에게 심리적 공황을 일으켰다.

남한에서는 북에서 넘어온 사람들을 통하여 그 곳의 식량 사정이 나쁘다는 사실을 잘 알고 있었다. 북에서는 소련군이 '해방사례금' 조로 20만 톤의 쌀을 거두어 가는 바람에 주민의 기근이 심각했었다. 신의주 학생 폭동 사건은 쌀을 돌려 달라는 시위였고 이들에게 발포를 하는 바람에 수십여 명의 사상자가 발생했었다. 이렇게 가난한 나라가 한국을 '해방' 시킨다? 누구로부터 누구를? 이 발상은 처음부터 웃기는 이야기였다. 이들은 소련해방군처럼 남한에서 '해방사례비'를 거두어 갈 것인가? 또는 미군처럼 쌀과 밀가루, 설탕과 우유가루 등을 남조선에 무제한 쏟아 부을 것인가? 이것은 물론 쓸데없는 말장난이지만, 이 가난한 나라가 무기와 군대를 가졌다고 해서 남쪽을 공격했다는 것이 어처구니없는 행동으로밖에 보이지 않는다. 이들이 서울에 들어와서 제일 처음 한 일은 파고다 공원 후문 왼편에 있는 양곡저장소를 턴 일이었다. 쌓여 있던 쌀을 전부 가져간 것이다. 점령군은 전쟁기간 내내 남한에서 식량을 거두어 간 듯했고, 그해 가을에 있을 벼의 수확량까지도 계산하고 있었다. 그들의 방식은 서 있는 벼에 달려 있는 낱알을 한 개 한 개 세어서 총 수확량을 계산하는 철저하고 답답한 방식이었다. 아마 추수할 때를 생각하며 흡족해 하고 있었을 것이다. 소련군이 북한에 진주하여 수풍댐의 2, 3, 4호 발전기를 뜯어 갔다면 북조선 당국자들은 아예 남한으로 송전되던 전기를 끊어 버렸다. 그 때문에 우리는 밤이면 촛불과 석유램프에 매달려 어둡고 짜증나는 시간을 매일 보냈었다. 이런 북한공산주의자들이 남한 사람들을 도와준다? 당시 중학생이었던 우리들도 이를 믿지 않았다.

사람들은 그저 그들이 두려울 뿐이었다. 과거 13세기의 몽고군보다도 그들을 더 무서워했다는 사실을 남북한의 공산주의자들은 알아야 한다. 그들이 서울을 점령한 순간부터 시민들은 걱정했던 대로 지

독한 배고픔을 겪어야 했다.

인민군이 서울을 차지하면서 도시의 풍경을 바꾸어 놓은 사람들이 있었다. 동네 곳곳에서 청요리집 또는 호떡집을 하던 중국 사람들이 모두 집 밖으로 나와서 장사를 하기 시작한 것이다. 약속이라도 한 듯이 모든 중국집이 길거리에 튀김용 큼직한 솥을 내어 놓고 갓난아이 주먹만한 동그란 것을 즉석에서 튀겨 팔았는데, 이는 그들이 숱한 전쟁을 겪으면서 터득한 마케팅 전략인 듯했다. 전쟁 시에는 사람들이 모두 가난하니까 값싼 음식을 제공하는 모양이다. 전쟁을 겪어 보지 못했던 우리에게는 대단히 낯선 풍경이었다.

이런 와중에 매일 매일을 어떻게 먹고 살아야 하는가 하는 문제는 거의 모든 서울 시민이 안고 있던 문제로써, 각자 각기 다른 능력을 발휘하여 배고픔을 견디려고 최선의 노력을 다 했다.

공산군이 서울로 쳐들어왔을 때 우리 집 뒤주에는 쌀이 얼마만큼 있었다. 이것은 물론 전쟁이나 혁명 같은 비상사태에 대비하기 위하여 비축해 놓은 것은 아니고 매일 매일의 급식을 위한 것이었다. 더욱이 한여름철이었기 때문에 묵은 쌀을 대량 저장해 놓는 일은 드물다. 우리는 서울이 점령당한 초기 쌀밥을 먹고 있었다. 한국 사람에게는 쌀이 있으면 기초 식생활은 해결되는 셈이다. 장독대가 있으며 거대한 항아리에 담겨있는 고추장, 간장, 된장 등은 보조식품 역할을 한다. 얼마 전 제네바에서 있었던 WTO 농산물에 관한 회담에서 한국 대표가 첫째도 라이스(쌀), 둘째도 라이스 하고 시종일관 같은 말만 되풀이 했다고 하는데, 우리는 여기에서 한국 사람이 쌀이라는 곡물에 부여하는 중요성과 상징적인 의미를 알아 볼 수 있다. 그 대표는 훌륭한 사람 같다. 하여간 우리는 점령 초기 얼마 동안은 쌀밥을 계속 먹었다.

밖에 나갔다가는 잡혀 갈지 모른다는 공포심에 식구들 모두가 집 안에 웅크리고 앉아 있으니 뒤주의 쌀은 빠른 속도로 줄어들었을 것이다. 그리하여 밥에 보리가 섞이기 시작했는데, 쌀과 보리의 비율이 점차 후자 쪽으로 늘어갔다. 어쨌든 밥 먹을 수 있는 것을 감사하게 생각하고 묵묵히 먹었는데 어느덧 쌀이 자취를 감추고 완전 흑색의 보리밥으로 대체되었다. 이 보리밥도 조리하기에 따라서는 불편하지 않게 먹을 수 있는 곡물인데, 서울 사람들은 대개 잡곡밥을 먹지 않았기 때문에 보리밥 짓는 방법이 서툴렀다. 통보리를 한 번쯤 맷돌에 갈아서 밥을 하면 훨씬 부드러워진다는 것을 후에 퇴계원에 가서 알았다. 통째로 지어 놓은 보리밥은 입 안에서 한참 씹어야 했고 그것이 나를 짜증나게 하였다. 그러나 그것이라도 계속 먹을 수 있으면 다행일 터인데, 점령 중반기에 접어들면서 저녁은 보리 대신 밀가루로 대체되었다. 이것으로 손쉽게 만드는 요리는 수제비인데 이때 수제비를 참으로 원 없이 먹었다. 이 음식은 어떤 장을 사용하느냐에 따라 맛이 달라지는데, 어머니는 우리가 싫증내지 않고 먹을 수 있게끔 고추장과 간장을 번갈아 가며 조리해 변화를 주었다. 점심은 찬밥이 남은 것이 있으면 물 말아서 조금 들거나 고구마, 감자 또는 옥수수로 대신했다. 이 시절, 끼니 때 손님이 찾아오면 어머니는 대접할 것이 없어 쩔쩔맸었다. 우리가 코 큰 영감이라는 별명을 붙였던 일가친척 한 분은 구한말에 벼슬을 했던 사람답게 늘 한복을 깨끗이 입고 다녔다. 어느 날 그가 끼니 때 불쑥 찾아왔으나 대접할 것이 없었다. 그는 냉수에 간장 좀 풀어 달라고 청하였다. 수제비도 점령 후반기에 접어들면서, 밀가루에 밀 껍질이 혼합된 특이한 재료로 변했고 9 · 28이 가까웠을 때는 밀가루의 80%~90%가 밀 껍질로 구성되었다. 한 마디로 말하여 우리 집

그리고 또 시민들의 먹을거리가 바닥이 났다는 이야기이다. 계절이 여름이라 호박이 흔했고, 이것이 양식의 한 몫을 했다. 가을이 가까워지면서 늙은 호박도 나왔는데, 이것을 잘게 썰어서 밀가루와 함께 끓이면 끼니가 되기도 했다. 이 음식은 범벅이라고 했는데 초가을이 되자 자주 먹는 음식이 되었다. 요즈음 수제비 집 또는 보리밥 집으로 6·25 음식 먹으러 가는 사람들을 보며 그 시절 생각이 머리를 스쳐가서 속으로 쓴웃음을 짓기도 한다. 또 뷔페식 식당에는 진열된 음식 제일 앞에 호박죽이 있는데, 사람들이 그것을 대단히 좋은 건강식이라 하며 먹는 것을 보면 신기하다는 생각도 든다. 호박만 먹으면 사람이 퉁퉁 부어서 죽는다. 우리 동네에도 그런 할머니가 한 분 있었다.

집 안에서 먹을거리가 점점 귀해지고 조악해졌다면 거리는 다른 모습을 보여주고 있었다.

인민군이 입성하던 6월 28일, 완전히 철시했던 시장 상인들이 다시 돌아와서 가게 문을 열기 시작했다. 동네의 군소 시장을 비롯해서 서울에서 가장 크던 동대문 시장도 사람들로 북적대었다. 시장뿐 아니라 시장 주변 그리고 행인이 많은 길거리에는 좌판을 놓고 무엇인가를 팔려는 상인 아닌 상인이 우후죽순처럼 생겨났다. 점령으로 인하여 정상적인 생업에서 퇴출된 사람들이 살 길을 찾아서 좌판을 들고 나온 것이다. 떡판을 들고 나온 아주머니, 고구마를 쪄서 들고 나온 할머니, 이런 상인들이 수도 없이 늘어났다. 어디에서 나왔는지 담배, 드롭프스 등을 늘어놓고 앉아 있는 소년들이며, 별의별 아마추어 상인들이 거리마다 늘어앉아 있었다. 전에 잘 볼 수 없던 한천(寒天) 장사도 자주 눈에 띄었다. 물건을 팔려고 앉아 있는 사람이 너무 많다 보니, 우리가 보기에 팔려는 사람만 있고 사려는 사람은 없는 것 같았다. 그러면 어떻게 되는 것인가? 결과적으로 파는 사람끼리 물물교환으로 귀착되는 것이 아닌가? 이런 쓸데없는 걱정을 하면서, 전쟁은 사람들의 생존욕구를 저지하지 못한다는 것을 알 수 있었다. 인간은 어떤 상황에서도 살아남으려는 굉장한 생명력을 지니고 있는 것이다. 이 생명력은 사람에게만 있는 것이 아니다. 바로 시장이 그러하였다. 파는 사람과 사는 사람의 중개 역할을 하는 시장은 인민군이 도망가면서 불 지르기 전까지 엄청난 활력을 지니고, 독 안에 갇힌 서울 시민을 구출한 일등공신이다. 사실상 이 시장이 없었더라면 시민 대부분이 굶어 죽었을 것이다. 특히 동대문 시장은 거대한 위장이자, 심장 그리고 허파와 같은 역할을 하였다. 이 시장은 모든 것을 흡수하고 모든 것을 판매하였다. 우리는 집에 있던 식량, 현금이 다 떨어지면서부터 물건을 내다 팔고 그 돈으로 필요한 물품 주로 곡물을 사다 먹었는데 처음에는 부피가 나가지 않고 돈도 많이 받을 수 있는 고가품을 들고 나갔다. 물론 물건들은 내가 어머니와 같이 들고 다녔다. 이렇게 들고 나간 물건들은 사는 사람이 반드시 있었다. 고가품으로 시작하여 날이 갈수록 점점 부피도 크고 무게도 더 나가는 물건들을 들고 가게 되었는데, 그래도 여전히 사는 사람이 있었다. 점점 들고 나가는 물건보다 들고 들어오는 물건의 양과 부피가 급격히 줄어들었다. 이런 물건을 지금 사서 어디에 쓸 것인가 하고 걱정되는 물건도 시장에 가면 사는 사람이 있었다. 전쟁의 와중에 그런 물건을 어디에 쓸 것인가 하고 생각하지만 시장에는 매입자가 항상 있었다. 이것이 시장의 마력이다. 아마도 매입자들은 전쟁이 끝나고, 이 물건들을 되팔았을 때 얻을 수 있을 미래의 예상 수익을 기대하거나, 전쟁으로 인하여 가격이 폭락한 고가품들을 이런 기회에 장만하려고 했는지도 모르겠다.

이 시장들이 있으므로 해서 식량공급도 꾸준히 이루어질 수 있었다. 수요는 늘고 공급은 줄어들면서 곡물가격은 하루가 다르게 뛰었다. 높은 가격을 받기 위한 공급자는 끊이지 않고 있게 마련이다. 이것이 시장의 원리이다. 따라서 수요가 있는 한 공급은 있게 마련이고, 시장이 있으면 전시 아니라 그 보다 더한 경우, 적국에서도 물건이 공급될 수 있을 것이다.

상품이 계속 공급되고 돈이 있으면 굶어 죽지는 않는다. 문제는 돈을 어떻게 마련하는가에 있다. 더욱이 물가는 무섭게 뛰기 때문에 모든 사람이 가난해졌다. 모두들 자기 형편에 맞게 돈을 마련하여 시장을 이용하였다. 점령군 당국이 점령지에서도 계획경제 한다고, 시장을 닫고 배급제도로 바꿨다면 서울 시민은 살아남을 수 없었을 것이다. 물론 그들은 배급할 수 있는 물적, 행정적 기반을 갖추지 못했다.

시장은 누가 명령하지 않아도 수요와 공급을 스스로 조절하며 우리는 그 효과를 전시와 같은 긴급 상황에서도 확인할 수 있었다.

아무튼 어머니와 나는 시장을 수시로 드나들었다. 동대문 시장에는 우리 집 물건 중에 중국비단 같은 물건을 사주는 단골도 생겼다. 이들은 자매였으며 항상 붙어 다녔고 우리가 들고 나간 물건의 값도 잘 쳐주었다.

자유로운 하늘

우리가 시장에서 삶의 약동을 느꼈다면, 그 밖의 세계는 음산하고 살벌하였다. 전쟁이 어떻게 진행되는지 감을 잡을 수 없었다. 외부의 소식으로부터 완전히 차단되어 전쟁 진행에 관한 상황파악을 할 방도가 없었다. 남한 정부가 서울 시민을 가두어 놓았다면 이런 상태를 제대로 이용한 것은 점령군 당국이었다. 더욱이 인민을 외부세계와 차단시켜 눈과 귀를 막아 놓고 오로지 혁명의 고양과 수령님의 만세를 부르게 하는 것은 공산 독재 정권의 특기가 아닌가? 이들은 이 방법을 통하여 정권을 무한정 연장시킬 수 있는 비결을 터득한 사람들 아닌가?

국군과 미군 이외에 영국, 프랑스, 캐나다와 터키 등 세계의 자유국가들이 한국 사람의 자유와 민주주의 수호를 위해 우리나라에 와서 싸우고 있다는 사실도 모르고 있었다.

우리들의 정보수단이던 라디오와 벽보에는 매일 인민군의 승전보만 요란하였다. 인민군은 이기기만 하고 국군과 미군은 늘 지기만 했다. 부상당하고 사망하는 병사는 국군과 미군뿐이었다. 라디오 방송은 이런 승전보 이외에는 주로 미군을 욕하고 모욕하는 방송을 내보냈다. 그리고 이런 방송에는 국민적인 배우 신불출도 동원되었었다. 이 배우는 그만이 갖는 특유의 입담을 통하여 미군 한 명이 대전에서 도망칠 곳을 찾다가 어느 집 장독대의 독 안으로 숨어들었다 잡히는 내용을 소재로 익살을 부렸다. 듣던 대로 대단한 재간꾼이었다. 그는 이 불행한 사건을 아주 재미있는 이야기로 엮었었다. 듣고 나면 뒷맛이 씁쓸했다. 방송이 이렇다 보니, 자연히 라디오와도 거리를 두게 되었다. 이런 어처구니없는 편파보도를 들을 사람이 어디에 있을까? 서울 사람들은 바보가 아니었다.

그러는 가운데 서울의 공기가 달라지고 있다는 느낌을 갖기 시작했다. 국군과 유엔군이 공세에 박차를 가하는 듯한 느낌을 갖게 된 것이다, 우선 하늘에서 그러했다. 미군 비행기는 거의 매일 떴고, 폭탄도 거의 매일 떨어졌다. 폭격기 출격이 잦은 만큼 비행기 종류도 다양했다. 초기에 날아오던 까만 비행기를 무스탕이라고들 불렀는데 나는 그것이 정말 그 기종인지 알 수 없다. 이어서 모양이 다른 비행기들이 수도 없이 날아왔고 어떤 것은 몸통이 두 개인 것도 있었는데 아이들은 그것이 낙하산 부대를 수송하는 비행기라고 하였다. 물론 그것을 확인할 방법은 없었고 실제로 낙하산 부대가 떨어졌는지도 알 수 없었다. 밤이면 서울 이곳저곳에서 가끔 빨간 불꽃이 하늘을 향하여 솟아올랐는데 그것은 국군 측 정보원이 미 공군에게 보내는 암호와 같은 신호탄이라고도 하였다. 물론 이 모든 것은 소문에 의한 것이었다.

8월말에 접어든 어느 날 대낮에 동대문 쪽에서 비행기 한 대가 저공으로 반원(半圓)을 그리며 서울 시내를 돌고 사라졌다. 그 비행기는 프로펠러가 없었고 양 날개 끝에 타원형의 빈 통 같은 것이 붙어 있었다. 그로부터 하늘에 자주 나타난 이 비행기를 아이들은 호주 비행기라고 하였다, 호주에서 비행기를 제작한 것인지 또는 조종사가 호주 사람이라는 것인지 알 수가 없었다.

어쨌거나 오스트랄리아라는 나라가 대단히 강한 나라라는 생각을 갖게 되었다. 아마도 이 소문은 국적이 다른 많은 군대가 한국에 와서 싸우다보니 어쩌다 호주가 입에 오르내리게 되고 비행기의 주인으로 된 듯하다. 호주 비행기가 제트기였다는 것은 한참 후에 알았는데 우선 소리가 요란하고 단단하게 들렸다. 이 수상한 비행기가 첫 비행을 끝내더니 그 후로는 서너 대씩 편대로 하늘을 누볐다. 인민군은 거리에서 공습을 만나면 처마 밑에 바짝 붙어서 피하다가 비행기가 사정거리에 들었다고 판단되면 들고 있던 소총으로 쏘아댔다. 비행기가 갑자기 급강하하면서 꼬리에서 연기를 뿜는데 인민군들은 자기 총에 비행기가 격추되었다고 좋아하는 것을 본 일도 있다. 그러나 기쁨도 잠깐, 제트기는 급강하하면서 불대포를 쏘아대고 다시 하늘로 올라가서 멀리 사라지곤 하였다. 이 불대포를 네이팜(napalm)탄이라고들 하였다. 그것이 바닥에 떨어져서 터지는 소리는 땅을 찢어 놓는 듯한 날카롭고 매서운 소리였다. 비행기 공습을 너무 자주 보아서 웬만한 것에는 익숙해져 있던 우리에게도 이 제트기는 우리를 긴장시키고도 남았었다. 그 뒤로 한참 뒤, 역시 프로펠러가 없는 신종의 비행기가 날아들었는데 날개가 뒤로 제껴진 것이 날렵하기가 제비 같았다. 하늘을 자유자재로 잽싸게 이동하면서 공격도 자유자재로 하였다. 전쟁 초기에 그 위력을 과시하며 기선을 잡았던 인민군 공군은 흔적도 없이 사라졌고 하늘은 미 공군이 독차지하게 되었다. 이제 인민군은 지상에서 승부를 걸려는 듯했다. 매일 라디오에서는 인민군의 승전보가 여전히 힘차게 울려 퍼졌고 벽보도 붙었다.

하늘이 이렇게 소란스러운 만큼, 점령하의 서울은 말할 수 없는 공포와 혼란에 잠겨 있었다. 점령 3개월 동안 나는 퇴계원을 수도 없이 다녔다. 걸어서 30리 길인데, 그 곳에 농사짓고 사는 친지 소개로 방을 구해서 형님이 은신하고 있었기 때문이다. 나는 빨랫감과 음식 그리고 집안 소식을 일주일에 한두 번씩 전해주는 메신저였다. 형님은 한 군데 오래 머무를 수가 없었으므로 거처를 자주 옮겨 다녀야 했다. 그가 위험을 무릅쓰고 집에 올 때는 밀짚모자를 쓰고 와서 대청 마룻장 밑에서 이불을 깔고 잤다. 그곳은 어둡고 습하며 거미줄이 잔뜩 끼어 있었는데 구렁이도 나온다고 했다. 잡혀가는 것보다는 낫다는 생각에 서울에 오면 형님은 그곳으로 기어들어갔다. 군의관도 장교인데 살려는 마음에서 마루 밑으로 기어들어가는 모습을 보면서 착잡한 마음이 들곤 했다. 의사는 적군도 치료할 수 있는, 즉 적과 동지를 뛰어넘는 신분으로 생각하고 싶은데 저렇게까지 하게 된 상황이 원망스러웠다. 서울에서 많은 사람들이 완장들의 눈을 피해 은신처를 마련하고 있었는데 그 아이디어는 대단히 다양하고 독창적이었다. 천장 속을 리모델링하여 그곳에서 석 달을 거뜬히 살다가 내려온 사람도 있었다. 잡히면 죽는다는 생각이 서울에 남았던 대부분의 청장년들, 국가기관에 종사했던 사람들, 또 반동이라고 몰릴 소지가 있는 사람들로 하여금 백인백태의 기발한 은신법과 도피법을 고안하도록 하였다.

빨치산

일단 전쟁에서 지면 점령군 사령관은 점령지의 행정, 사법, 입법에 관한 모든 권한을 독점 행사한다. 그는 점령지의 인적 물적 자원을 동원, 사용할 수 있으며 특히 그가 원치 않는 또는 점령에 반대한다고 판단되는 주민을 체포, 구금, 고문, 사형시킬 수 있다. 그런데 6·25 사변에서, 그리고 서울 점령에서 볼 수 있었던 두 가지 특징은 첫째로 점령군 사령부 및 산하 행정기구가 가시적(可視的)이지 않았다는 점이다. 점령군 사령관이 누구인지 알 수 없었다. 점령기간 동안 권력기관이 통일성 있게 구성된 것이 아니고 다수의 주체에게 권력이 분산되어 있었다. 이 다수의 권력 행사자들은 모두가 생사여탈권을 가지고 있었다. 따라서 사람들은 누가 자기를 잡아 갈 것인지, 어떤 기관이 사람을 잡아 가는 기관인지 분명히 알 수가 없었다. 아무나 붉은 완장을 두르고 나타나서 "당신 좀 봅시다!" 하면 그가 바로 저승사자였다. 이들은 인민위원일 수도 있고, 빨치산일 수도 있으며, 남한에 잠복해 있던 공산주의자일 수도 있었다. 권력이 분산, 행사된 만큼 오히려 더 큰 위협이 되었다. 언제 누구에게 잡혀 갈지 모르는 일이었으므로……. 공산체제를 유지시키는 공포시스템이 이런 것이 아닐까 생각되었다. 이 제도 하에서는 모두가 모두를 감시하고 서로가 서로를 의심하며 밀고하도록 강요하였기 때문에 더욱 그러하다. 이것은 인간이 고안해낸 정치제도 중 가장 고약한 제도이다. 인민군이 들어온 지 며칠 되지 않아 무슨 청년연맹이라는 데서 동네 아이들을 모아놓고 공산주의 선전을 하는데, 부모라도 반동이면 고발하라고 했다는 이야기를 전해들은 일이 있었다. 나는 '빨갱이는 정말 나쁜 사람들이로구나!' 하고 마음 속으로 뇌까렸었다. 이런 상황에서 피 점령지 주민은 행정기구의 정체가 모호하고 법규가 없다는 자체에서 공포심을 갖게 된다. 즉 주민들은 누구에 의하여 언제, 어떻게 잡혀갈 것인지 알 수가 없었다. 모든 사람은 24시간 신변안전을 위하여 경계상태에 들어가 있었다. 주민을 두렵게 한 또 다른 이유로, 완장을 찬 동무들은 잠복해 있던 공산주의자들이라 서울과 그 주민의 내부사정을 너무나 잘 알고 있었기 때문에 그들에 대한 두려움이 컸다는 것이다. 더욱이 이들은 공산주의 사상으로 무장하고 있었다는 데서 문제가 심각하게 전개되었다. 즉 계급투쟁을 사상으로 내걸고, 자신들과 같은 사상을 가진 사람이 아니라고 판단되면 곧바로 인민의 적으로 규정하고 타도, 정리해야 할 대상으로 삼았었다. 그런데, 그 당시만하더라도 대다수의 사람들은 공산주의가 남의 것 뺏어서 나눠 먹는 무서운 주의라고 알고 있었고, 공산주의자가 된 일부의 사람들은 그 사상을 지하에서 공부하여 습득한 소수의 확신주의자들로서, 목숨 걸고 세상을 바꾸겠다는 사람들이었다. 따라서 소수가 다수를 대상으로 사상검증, 체포, 처형을 할 수 있게 되었다. 다시 말하여 대부분의 주민은 이 소수의 공산주의자들에게는 잠재적인 적이었고, 시민들은 잡혀 가지 않으려고 전전긍긍하게 된 것이다. 사상전쟁의 문제는 모호한 경계에 있다고 하겠다. 즉 '어디에서 어디까지가 인민의 적이 될 수 있는 사상적 기준인가' 하는 경계가 애매모호하다는 뜻이다. 어떤 사람이 당신은 부르주아 출신으로서 인민을, 민중을 괴롭히고 착취했다고 다그칠 때, 피의자는 그렇지 않다는 물적 증거를 제시할 수 없다는 점이다. 또 한국 정부의 기관에서 근무한 것이 반동이며 반민중적 태도였다고 할 때 이에 대한 변명을 사상적으로 증명할 길이 없다. 일단 반동으로 찍히면 반동이고, 민족반역자로 찍히면 반역자가 되는 것이다.

사상전쟁은 이렇게 경계가 모호하기 때문에, 심판자의 호의나 악의에 따라 민족반역자가 될 수도 있고 아닐 수도 있다. 우연(偶然)이 따랐고, '재수 없으면' 잡혀 가서 처형당할 수도 있었다. 뚜렷하게 민중을 착취하고, 해가 되는 일을 하지 않았더라도 잡혀 갈 수 있었다는 사실이다. 일반 시민은 불안과 공포 속에서 재수 없는 일이 생기지 않기만 바랐다. 나는 광화문의 구 국회의사당 앞에서 인민재판이 열렸다는 이야기를 들었지만 현장을 찾아가서 구경할 마음이 생기지 않았다. 인민재판을 거치지 않고 잡아 온 사람들을 직접 처형하는 일도 있었고, 그런 일이 우리 옆집에서 일어났다.

우리 집은 종로구 낙원동 55번지, 우리 집 오른쪽은 일제시대 측후소로 사용되었었다는 넓은 대지가 있었다. 조그마한 살림집도 한 채 있었는데, 6·25사변이 일어나기 얼마 전, 상당히 큰 규모의 한옥이

들어섰다. 주인은 호남의 부호이고 무역상이라고 하였다. 우리나라의 집 주소가 위치에 따라 순서대로 정해지지 않고 들쑥날쑥하기 때문에 그 집이 낙원동 56번지인지 54번지인지는 정확히 알 수 없다. 이 집 오른쪽에는 종로 경찰서 서장 관사가 있었다. 6 · 25가 터지자 옆집사람들은 잽싸게 피한 것 같다. 그 집에서는 인기척이 나지 않았고 빈 집 같았다. 그러던 어느 날 많은 사람들이 몰려들었는데, 나이, 성별, 복장들이 각양각색이었다. 정복을 한 빨치산도 있었고, 대학생처럼 보이는 료마이 양복을 입은 창백한 얼굴의 안경을 쓴 청년도 있었다. 시장에서 야채장사를 할 것 같아 보이는 아주머니도 있었고, 지게꾼 같은 사람도 있었다. 참으로 다양한 계층의 사람들로 구성된 집단인데, 동네에서 소문이 돌기를 그 곳이 빨치산 본부가 되었다는 것이다. 종로 경찰서장 관사도 그 비슷한 사람들에 의하여 점거되었다. 이들은 아침이면 조회를 마친 뒤 분대 규모로 대열을 지어 나갔다가 저녁에 들어와서는 전원 집합하여 점검을 하고 훈시를 듣는 듯했다. 그리고는 칼 가는 소리가 요란하게 들렸다. 이들은 서울에 흩어져 있는 닛본또(日本刀)는 모두 거둔 듯했다. 물론 총도 있었지만, 닛본또를 좋아하는 것 같았고, 저녁에 각기 돌에 갈았는데, 저렇게 칼을 갈아서 무엇을 할 것인지 궁금하였다. 이 칼은 총 못지않게 위협적이었다.

이들은 바로 옆집에 있는 우리들을 심리적으로 압박하고도 남았다. 하루는 총소리가 한방 나더니 옆집 사람들로 보이는 청년 둘이 우리 집으로 들이닥쳤다. 그들은 총과 칼을 들고 얼굴은 창백해 가지고 우리 집 안에서 총소리가 났으니 조사를 해야겠다고 하는 것이었다. 어머니와 누이가 나서서, 우리도 무서우니 조사를 해 달라고 하였다. 그들은 머뭇거리다가 그대로 돌아갔는데 아마도 어떤 구실을 만들어 우리 식구도 모두 내쫓고 집을 접수하려고 자작극을 벌였던 것 같다. 마침 아버지가 의사라, '의사연맹'에 동원되어 있었기 때문에 그대로 물러간 듯하다. 옆집에서는 가끔 사람들을 심문하는 소리가 들렸다. 그 장면을 직접 보려고 건넌방의 덧문을 닫고 문틈으로 들여다보았다. 옆집은 외부에서 보기에는 일자인데 마루 밑에 툇돌이 있고 그 아래로 마당이 있었다. 어느 날은 심문하는 소리가 들려 문틈으로 보니 정복차림의 빨치산이 툇돌에 한 청년을 꿇어앉혀 놓고 칼을 빼들고 서 있었다. 청년은 말이 끊기면서 대답을 했다가 멈추고, 그러기를 여러 차례 했는데, 그 가운데는 "백 원짜리에, 백 원짜리에" 라는 말이 들렸다. 미루어 보건대 아마 백 원짜리 지폐에 무슨 암호 같은 것을 적어 누구에게 전달한 듯했고, 빨치산은 그것을 추궁하고 있었다. 그러다 갑자기 칼로 청년의 왼쪽 목과 어깨사이를 내려쳤다. 나는 그가 목을 베는 줄 알았다. 그가 쓰러지지 않은 것을 보고 유심히 살피니 칼날을 위로 향하게 하고 반대편으로, 죽지 않을 정도로 내리친 것이었다. 아마 청년도 자신이 죽은 줄 알았을 것이다. 이런 종류의 심문은 다음에 일어날 일에 비하면 아무것도 아니었다.

인민군은 반도의 끝까지 밀고 내려가려고 안간힘을 쓰는 것 같았다. 미군의 공습은 더 잦았고 폭격도 대담해졌다. 뉴스에서는 쉴 사이 없이 미군과 국군의 패퇴하는 소식을 전하고 있었다. 물론 인민군이 낙동강에서 저지당하고 있다는 사실을 우리는 전혀 모르고 있었다.

어느 날 저녁, 옆집 분위기가 평소와 다른 것을 느낄 수 있었다. 그날은 달도 밝았었다. 잠에서 어렴풋이 이상한 소리를 듣고 눈이 떠졌는데 옆집에서 사람 두들겨 패는 소리가 났다. 한 사람을 패는데 족히 십여 분 이상 걸리는 듯했다. 맞는 사람은 계속 신음 소리를 냈는데 재갈을 물렸던지 분명한 소리는 들리지 않았다. 어머니는 아예 안방 문 앞 마루에서 벽에 기대앉아 옆집에서 일어나고 있는 일을 지켜보았다. 실컷 두들기는 소리와 신음소리가 난 후 삽으로 흙을 푸는 소리가 들렸는데, 삽 끝이 땅을 긁는 날카로운 소리였다. 아마 흙이 넉넉지 않아 삽으로 마른 땅을 밀어 긁으면서 흙을 푸는 것 같았다. 한참을 들리더니 또다시 두들겨 패는 소리, 신음 소리, 그리고 삽 긁히는 소리.

다음날 아침, 아침 상을 놓고 앉았지만 식구 중 어느 누구도 입을 열지 않았다. 식구들 모두 무슨 일이 일어났었는지 알고 있는 듯했다. 밤을 지새운 어머니는 18명이 죽었다고 했다.

첫날, 그들은 야밤중에 조심스럽게 작업을 시작했는데, 한번 저지르고 보니 담이 커졌는지 이튿날에는 대낮부터 일을 시작했다. 설상가상으로 그들은 자신들이 하는 모든 일이 계급 혁명과 사회주의 건설이라는 높은 가치의 명분을 가지고 있다는 확신이 있기 때문에 남의 눈치를 볼 필요가 없다고 판단한 듯하다. 자신들이 하는 일은 무엇이든지 정당하니까.

오후 3시경, 옆집에서 또 사람 두들겨 패는 소리, 신음소리, 삽질하는 소리가 들려왔다. 내 눈으로 직접 확인하고 싶다는 생각에 건넌방 뒷문 틈 사이로 이웃집을 엿보게 되었다. 옆집과 건넌방 사이의 간격은 3~4미터도 안 되었고 그 집 쪽으로 난 건넌방의 문지방에 올라서면 그 집 건물 정면과 앞마당의 일부분이 보였다.

건물 안쪽에서 한 사람이 눈은 가려진 채, 입은 재갈을 물린 채 두 청년에 의하여 끌려 나왔다. 청년들은 그를 마루 앞까지 데려오더니 뒤에서 힘껏 떠밀었다. 이 사람은 마루에서 툇돌 아래로 거꾸로 떨어지면서 또 다른 두 명의 청년이 기다리고 있는 마당으로 굴렀다. 한 사람은 굵은 몽둥이를, 또 한 사람은 총검을 뽑아낸 따꽁총의 총을 거꾸로 들고 있었다. 이들은 마당에 쓰러진 사람을 두들기기 시작했다. 혼신의 힘을 다해서 팼다. 두들겨 패는 이들의 얼굴은 창백했고 정신이 나간 사람들 같았다. 이렇게 십여 분, 맞는 사람은 계속 신음 소리를 내었으나 그 소리는 스펀지에 걸러진 그런 불분명한 소리였다. 이렇게 맞고도 그는 죽지 않았다. 머리를 때리지 않고 몸만 때렸기 때문일 것이다. 십여 분 이상 때린 후 중단하고, 쓰러져 있는 사람을 미리 준비되어 있던 방공호 같은 움푹 파인 곳에 집어 던졌다. 그리고 그 위에 흙을 덮었다. 우리가 전날 밤 들던 삽질하는 소리가 또 시작됐다. 그 집 마당은 단단한 편이었으므로 삽으로 흙을 떠올려 시체에 덮어 버렸다. 아니, 시체가 아니었다. 그는 죽지 않고 살아 있었다. 이 타살 자들은 산 사람을 생매장하고 있었던 것이다. 그렇게 함으로써 '반동' 에게 추가적인 고통을 준다고 믿고 있었던 듯하다. 문제는 생매장당한 이 사람이 흙 속에서 계속하여 신음 소리를 내는 것이었다. 그리고 이 신음 소리는 한동안 계속되었다. 으음, 으음, 으음…….

이렇게 이튿날도 십여 명 이상이 두들겨 맞고 생매장당했다. 사회주의 사회 건설을 위하여? 나는 이 사건을 목격하면서 기분이 나빴다. 일이 끝날 때까지 서서 볼 수가 없었다. 당시에 본 희생자들 모두가 기억에 생생히 남아 있지만 그 중에서도 그 날 희생당한 한 아주머니의 경우는 나를 전율시켰다. 이 아주머니는 한복을 입고 있었고 풍기는 분위기가 인텔리 같았다. 아기를 업고 있었으며, 처네도 점잖은 집에서 쓰는 종류의 것으로 보였다. 이 아주머니도 눈과 입이 가려져 있었고, 앞서 당한 사람들처럼 방안에서 두 청년에 의해 끌려 나왔다. 이들은 아기를 업고 있는 아주머니를 마루에서 밀쳐 툇돌을 거쳐 마당 아래로 구르게 하였다. 아기를 업은 채……. 두 타살자가 몽둥이와 개머리판으로 두들기기 시작했다. 매 맞는 엄마 등에 업힌 채 아기는 울음을 터뜨렸고 계속 울어댔다. 그런데 이상하게도 아주머니는 맞기 시작하자마자 "아기를, 아기를" 하고 울부짖는 소리를 내기 시작했다. 아주머니는 자신을 때려죽이는 이 살인자들에게 아이만은 살려 달라는 애원을 하고 있었던 것이다. 눈과 입이 막혀 있는 상태에서 어떻게 그 소리가 나에게까지 들렸는지, 아직도 나에게 미스터리로 남아 있다. 그런데 아주머니의 아기를 봐 달라고 울부짖는 소리가 끝나자마자 두 청년 중 하나가 아기의 머리를 내려쳤고 아기는 꽥 하는 소리와 함께 울음을 멈췄다. 아기의 명이 끊어진 것이다. 이 장면을 보고 난 뒤 나는 문지방에 더 이상 서 있을 기분이 아니었다. 그 날 하루는, 그들의 작업을 끝까지 지켜보려 했던 애초의 생각을 접고 안방으로 가서 누워 버렸다.

다음날 즉 셋째 날도 작업은 계속 되었다. 이 날도 대낮에 시작했는데, 분위기가 상당히 달라진 것을 알 수 있었다. 첫째 날은 사람의 눈을 피해서 야밤에 조심스럽게 했다면 둘째 날은 보다 대담해졌고 셋째 날은 일상적인 일이라도 하는 듯했다. 방법은 변하지 않았고, 역시 두 사람이 하나는 몽둥이, 다른 하나는 따꽁총의 개머리판을 사용했는데 욕지거리도 하면서 열심히 두들겨 팼다. 이제 그들은 살인이라는 엄청난 행위에 대하여 죄의식이나 두려움 없이 오로지 살인 본능과 증오심만으로 꽉 차 있는 듯했다. 몽둥이를 내리칠 때마다 흥분과 쾌감이 더해갔는지도 모르겠다. 그들의 얼굴에는 살기 이외의 아무런 다른 감정도 없었다. 이 사회주의 전사들은 인간이기를 포기한 살인기계가 되어 있었다. 이들을 사회주의 혁명전사의 모형으로 보아야 할 것인가?

우리 옆집의 — 또는 종로 경찰서장 관사 왼쪽 이웃으로 하는 것이 더 알기 쉽겠다 — 살인 잔치는 이렇게 끝났다. 그리고 다시 일상적인 일이 되풀이되었다. 대원들은 아침이면 조회 같은 모임을 갖고 대열을 지어 밖으로 나가서 하루 종일 있다 돌아오고는 했다. 그들이 어디로 가고 무슨 일을 하고 다니는지는 아무도 몰랐다. 그 와중에 서울의 전반적인 분위기도 바뀌기 시작했다. 서울 밖에서 무슨 일이 일어나고 있는지 확실히 아는 사람은 없었지만 육감으로 변화를 감지하고 있었다. 라디오에서는 계속하여 인민군의 전승소식이 방송되었고 벽보에는 사살된 국군과 미군 병사의 수가 적혀 있었으며 인민군이 어디로 진군하고 있는지를 보도하였다. 물론 '영용무쌍' 한 인민군이 낙동강 전선에서 저지당하고 영월전투에서 패하여 북으로 후퇴한다는 사실을 우리는 전혀 모르고 있었다. 맥아더장군이 인천 상륙작전을 직접 지휘하고 있다는 사실도 까맣게 모르고 있었다.

그러나 그들의 전선에 이상이 있다는 것은 9월 초를 넘기면서 분명해지기 시작했다. 나는 계속해서 일주일에 한두 번씩 퇴계원을 다녔는데 청량리 쪽으로 갈 때가 있었다. 그런데 전쟁 초기에는 볼 수 없던 광경들이 보였다. 즉 인민군들이 개별적으로, 혹은 2~3명이 무리를 지어 북쪽으로 가는 것이었다. 부상병들이 눈에 띄었고, 다른 병사들도 귀환하는 듯했다. 이상한 것은 그들이 왜 개별행동을 하느냐는 것이었다. 전투력 상실로 귀환한다면 이들만 모아서 이동하여야 할 터인데 그렇지가 않았다. 혼자 가는 한 병사는 광목 한 필을 등에 메고 걷는데 새끼줄로 멜빵을 삼은 것이 그를 초라하게 만들었다. 도망치는 패잔병 같았다. 또 다른 병사는 건빵을 배낭에 잔뜩 넣어 등에 메었는데 너무 많이 쑤셔 넣어 위쪽으로 삐져나왔기 때문에 그것이 건빵이라는 것을 알 수 있었다. 이 용맹한 군대는 서울에 들어올 때와는 전혀 다른 모습을 보이고 있었다. 이들이 보여주었던 전의와 자신감은 사라진 가운데 지치고 맥이 빠져 있었다. 뿔뿔이 가고 있는 것이다. 인민군이 워낙 무서운 군대라고 믿었기 때문에 이들이 낙동강 전선과 인천 상륙작전으로 허리를 잘린 상태에서 무참하게 무너진 군대라는 것을 전혀 상상할 수가 없었다. 물론 우리 옆집 사람들은 전세의 변화를 잘 알고 있었을 것이다. 9월 중순을 넘기면서 그들은 아침에 대열지어 나갈 때 심지가 담긴 소주병 같은 것을 오른손에 들고 나갔다. 시내 곳곳에서 오후가 되면 대 화재가 발생했었다. 물론 이 화재와 빨치산의 '소주병' 과 직접 관련이 있는지? 그것은 아무도 모른다. 그들이 방화하는 것을 보았다는 사람이 없기 때문이다. 그러나 나는 해방 후 여기저기 있었던 화재를 머리에 떠올렸다. 교동 국민학교에도 불이 났었다. 당시 동네를 바꿔가며 조직적인 화재가 나는 것에 대하여 소문으로는 공산당의 짓이라고들 하였다. 그 후로는 조직적이고 다발적인 방화사건이 생기면 우리는 곧 공산당을 머리에 떠올리는 버릇이 생겼다. 더욱이 화염병을 하나씩 들고 나가는 것을 목격한 이상 그럴 수밖에 없었다. 하여간에 옆집 빨치산의 화염병과 시내 각처에서 일어나는 대형화재에 관하여는 어떤 연관이 있다는 어떤 증거도 남아있지 않기 때문에 누구도 이에 관하여 단정적으로 말할 수는 없다. 그러한 증거는 남기지 않는 법이니까……. 9·28이 다가오면서 서울에서 있었던 대형화재로는 단연 동대문시장의 불을 들 수 있다.

동대문시장에 불이 난 것은 이른 오후였다. 어머니와 나는 퇴계원을 가려고 종로 4가에서 5가로 가고 있었는데 시장 안쪽에서 시커먼 연기와 불꽃이 솟아올랐다. 불길은 무서운 속도로 번졌고 삽시간에 시장 전체가 화염에 휩싸였다. 하늘을 뒤덮은 검은 연기로 종로와 동대문 일대가 어두워지기까지 했다. 상인들은 불을 피해 거리로 쏟아져 나왔고 사방이 아수라장이 되었다. 물건을 챙길 틈도 없이 거리로 뛰쳐나온 상인들, 손님들, 불꽃 튀는 소리, 사람을 찾는 소리, 울부짖는 소리, 문자 그대로 아비규환이었다. 우리는 가던 길을 멈추고, 종로 4가 시장 건너편 길에서 앞으로 나가지도 뒤로 가지도 못하고 서 있었다. 하도 엄청나서 결정을 내릴 수가 없었던 것이다. 그렇게 한동안 길거리에 서 있었는데 낯익은 젊은 여인이 어머니의 두 손을 꽉 잡았다. 우리 물건을 잘 사주던 자매 중 언니였다. 그 여인은 울음 반 말 반으로 동생이 없어졌다고 하였다. 얼굴은 땀과 눈물로 범벅이 되어 있었다. 그 자매는 항상 둘이 붙어 다니며 장사를 했는데, 둘 다 미모가 빼어났지만 동생이 키도 더 훌쩍 크고 살갗이 얇은 것이 아주 예쁘게 생겼었다. 언니는 이런 동생을 잃어버린 것이다. 어떻게 잃었느냐고 물으니 어디로인가 끌려갔다는 것이다. 내 머리에는 여러 가지 이미지가 스쳐갔다. 어머니는 걱정스러운 얼굴로 그녀를 위로하고 있었다. 그리고 퇴계원행을 포기하고 집으로 돌아왔다. 불길이 계속 타오르는 것이 뒤로 보였다. 우리가 내다 팔았던 물건들, 또 많은 사람들이 거래하던 물건들, 이 모든 것들이 잿더미로 사라지는 현장이었다. 우리는 이 대참사가 군대의 퇴각 직전에 일어나는 고전적 전술이라는 것을 전혀 알지 못했다. 국군과 유엔군이 서울을 향해 진격하고 있다는 사실도 전혀 모르고 있었다.

서울 시내가 대화재로 불타고 있는 가운데 국군과 유엔군이 서울 근교까지 와 있었던 것 같다. 시내는 술렁이며 어수선하고 아주 먼 곳에서는 포 소리가 들리기 시작했다. 이 대포 소리는 마치 은은한 북소리 같았다. 그런데 이상한 것은 북 치는 것 같은 둥, 둥 소리가 나면 이어서 공기를 가르는 듯한 날카로운 소리가 근처에서 나는 것처럼 들리고, 그 소리가 끝날 때쯤이면 쾅하고 폭탄 터지는 소리가 났다. 대포 소리는 세 단계로 우리 귀에 와서 닿는 것이었다. 그런데 문제는 이 포 소리가 점점 가까워지면서 폭탄 소리도 굉음을 냈고 파편 조각은 마당에까지 떨어졌다는 점이다. 지붕에 떨어진 파편은 기와를 깼고, 지붕에 이어서 달려 있는 챙 위로 떨어진 파편은 챙을 뚫고 마당으로 떨어졌다. 그 파편은 삐죽삐죽하게 쇳덩이가 찢긴 것이, 날카롭고 주먹만한 덩어리여서 운이 없어 머리에라도 맞으면 큰 일이 날 매우 위협적인 물건이었다. 실제로 친척 되는 아주머니 한 분이 가슴에 파편을 맞았는데 유방이 그대로 날라 갔다고 했다. 아주머니는 된장독에서 된장을 한줌 퍼다 상처에 대고 피를 막았고, 그 덕분에 살았다는 이야기를 후에 집에 와서 들려주었다.

멀리서 쏘는 이 대포로 인하여 밖에 나갈 수가 없었다. 어떤 목표물을 향해 쏘는지, 또 언제 파편이 떨어질는지, 도무지 감을 잡을 수가 없었다. 소문에는 — 그 당시 우리는 모든 정보를 소문에 의지했다 — 국군과 유엔군이 이미 서울을 포위했고 인민군이 달아나도록 청량리 쪽 한 곳만 퇴로를 열어 놓았다고 했다.

국군과 유엔군이 공산군으로부터 우리들을 해방시켜 주러 문밖까지 와 있다는 것은 다시 살 수 있다는 희망을 주는 사건이었다. 두 달 넘게 외부 세계와는 완전히 고립된 상황에서 눈만 뜨면 혁명가와 미제국주의 원쑤, 이승만 도당 원쑤 등 욕만 듣고 지냈으니 — 듣기 좋은 음악도 계속 들으면 질리는데, 이를 갈며 부정적인 욕설을 퍼부어대는 것을 들어 주는 것도 — 한계에 다다른 상태였다. 가난한 군대의 침략으로, 서울 시민들은 기아선상에서 허덕였다. 포스터도 사방에 붙여 놓았는데, 국군과 미군을 남해 바다 속으로 총검으로 찔러서 밀어 넣는, 살벌한 내용의 그림이었다. 그리고 이제 한반도는 자기네들 것이 된다고 하니 앞이 캄캄할 수밖에 없던 참에 붉은 사회주의전사들로부터 우리를 해방시키려고 국군과 미군이 와 있다는 사실은 우리에게는 또 한 번 세상을 살 가치와 희망을 안겨 주는 일이었다. 유엔군이 서울을 포위했는지, 어떤 상황인지는 몰라도 포격을 가할 때 우리는 우선 포탄에 맞아 죽지만 않으면 다시 전처럼 즉 3개월 전처럼 즐겁게 살 수 있다고 생각하며 모든 위험을 꾹 참고 지냈다. 포 소리는 점점 가까워졌고 포탄이 이웃에서 터지기 시작했다. 우리는 집에서 상대적으로 지붕이 낮은 사랑채의 사랑방에 온 식구가 모여 두꺼운 이불을 옆에 두고 앉아들 있었다. 포탄이 떨어지면 이불을 뒤집어쓰자는 작전이었다. 내 생각으로는 식구가 모두 사랑방에 모여 있는 것이 좋은 작전 같지 않았고 오히려 불안했었다. 왜냐하면 사랑방은 바깥의 대문만 열면 곧 들어올 수 있어, 만일 완장 찬 사람이나 빨치산이 잡으러 오면 도망칠 여지도 없이 그물망에 모두 덮어 씌울 것만 같아서였다. 내 작전은 안방에 모여 있자는 것인데, 안방은 중문을 거쳐야 하고, 체포조가 중문을 통과하려 할 때 안방의 뒷문으로 나가서 왼쪽의 이웃집을 통하여 밖으로 나갈 수 있을 것이라고 생각했기 때문이다. 왼쪽의 이웃집에는 과부가 된 할머니 두 분이 살고 있었는데, 우리 집과는 담도 없이 지냈었다. 공산주의자들이 언제 우리를 잡아가려고 들이닥칠는지 늘 전전긍긍하며 3개월을 살아왔기 때문에 해 본 생각이었다. 어쨌거나 우리는 두꺼운 이불을 뒤집어쓰고 사랑방에 웅크리고 앉아 있었다. 먹는 것은 포기했다. 먹을 것이 없기도 했지만, 부엌까지 가기도 무서워서 아무도 움직이지를 못했다. 포 소리가 잠시 멈추면 재빠르게 부엌에 가서 당장 먹을 수 있는 것, 예를 들어 콩을 볶아 온다던가 하며 하루를 꼬박 지내고는 했다.

나는 또한 국군과 유엔군의 작전에도 유감이 좀 있었는데, 이유는 서울을 포위하고 밖에서 포를 쏘면 갇혀 있는 공산군이 독이 올라 더 많은 민간인이 피해를 볼 것이라고 생각했기 때문이다. 아마도 유엔군은 인민군이 시내에서 최후 결전을 벌일 것으로 예상하고 포격으로 그들을 무력화시킬 작전을 쓴 것 같다. 그런데 서울은 함포사격으로 무너뜨릴 수 있는 해변가의 방어 진지도 아니고, 100여만 주민이 살고 있는 도시였다는 사실이다. 이런 경우, 희생이 조금 있더라도 특공대를 구성하여 서울에 침투시킨 다음 남아있는 인민군을 섬멸하는 작전을 구사했어야 한다고 본다. 즉 국군과 유엔군은 주민들의 희생을 과소평가하고 있었던 것이다.

미군은 두 번이나 우리를 해방시켜 주었다. 첫 번째는 1945년 여름, 두 번째는 사회주의 혁명을 내걸고 부르주아 반동적 인간을 청소하겠다고 달겨든 공산군, 훈련이 잘 되고 중무장한 이 강군(强軍)으로부터 서울시민을 죽음의 공포에서 해방시켜 준 것이다.

우리 가족은 사랑방에서 이불을 뒤집어쓴 채 이 해방을 맞이하였다. 포 소리가 한동안 멈췄었다. 주위가 고요했는데도 우리는 이불을 뒤집어쓰고 앉아 있었다. 사람소리가 밖에서 들리기 시작했다. 긴장하여 귀를 세우고 있는데, "국군이 돌아왔다" 하는 소리가 들렸다. 나는 밖으로 뛰쳐나갔다. 아직 거리에 많은 사람들이 나와 있지는 않았다. 인민군이 정말로 쫓겨 갔는지 확신이 서지 않았을 것이고, 다른 한편으로는 만일 그들이 숨어 있다가 태극기 들고 나오는 사람에게 총질이라도 하면 해방을 맞이하는 순간에 목숨을 잃을 수도 있다는 것이 억울하고 겁도 났을 것이다. 나 자신도 두려운 생각은 들었지만 국군이 들어왔다는데 집에 죽치고 앉아 있을 수는 없지 않은가? 나는 무엇보다도 옆집이 궁금했다.

그 집은 조용하고 인기척이 전혀 없었다. 도망을 간 것 같아, 들어가 보고 싶었지만 혼자 들어가기에는 좀 켕겼다. 앞집 사는 봉천이를 불러내어 우리 쪽 담장을 — 그 당시 담장은 판자로 엉성히 세워서 쳐 놓았었다 — 밀고 발을 들여놓았다. 마당 네 구석에 거대한 무덤 네 개가 생겨 있었다. 마치 산같이 높고 컸다. 첫 번째 생긴 무덤은 그 집에 원래 있었던 방공호를 사용한 것으로, 방공호가 피신하는 장소에서 무덤으로 변한 것이다. 이 무덤 한복판으로 피가 솟아올라서 밑으로 선을 그으며 흘러내려와 있었다. 피가 아직 말라붙지 않은 것 같았다. 아니면 내가 그렇게 생각했는지도 모른다. 우리는 다른 세 무덤도 돌아보고 집 안으로 들어갔는데, 겉 문을 열고 제일 앞쪽에 있는 방문을 열었더니 넝마가 다 된 바지 하나가 있을 뿐이었다. 좀 더 안에 있는 다른 방문을 열어볼까 했지만 이상한 음기가 도는 것 같아 공연히 겁이 났다. 더 이상 보기를 포기하고 밖으로 나왔는데, 시간이 조금 흐른 후 삼십대 쯤 되어 보이는 젊은이가 길거리에 서서 "이 집에서 사람이 죽었어요!"라고 외치고 서 있었다. 소문은 이미 퍼져 있었다. 다음날 아침 아버지가 동회에 가서 옆집 문제를 상의한 듯했다. 사람들이 여럿 몰려 왔고 무덤을 파헤치기 시작했다.

빨치산들이 얇게 흙을 덮어 놓았기 때문에 이 작업은 어려워 보이지 않았는데, 윗부분부터 흙을 걷어내면 곧바로 시체가 나왔다. 내가 궁금해 했던 것은 왜 사람들을 산 채로 생매장을 했을까 하는 것이다. 생명이 붙어 있는 사람 위에 흙을 덮는 것이 그들의 독특한 방법인지 또는 고통을 더 줄 수 있다고 생각한 것인지. 현재 우리나라의 친북

좌익 세력들이 힘주어 쓰는 말 중에 '명줄을 끊어 버린다' 라는 말이 있다. 능률면에서 볼 때 사람의 '명줄을 끊어 놓고' 한꺼번에 구덩이에 집어넣은 다음 흙을 덮는 것이 더 편하고 효과적일 터인데, 일일이 한 사람씩 구덩이에 넣고 그 위에 흙을 덮고, 또 한 사람 넣고 흙을 덮고, 이런 일을 수없이 반복하였으니 그 심리를 알 수 없다.

사람들이 흙을 걷어내고 시체를 꺼내서 마당에 한 사람, 한 사람씩 반듯이 뉘어 놓았다. 워낙 그 수가 많다 보니 시간이 꽤 걸렸고, 또 이 많은 시체들을 전부 마당에 뉘어 놓다 보니, 손가락 하나 들어갈 틈도 없이 빽빽하게 자리 할 수밖에 없었다. 그 넓은 마당이 시체로 꽉 차 버렸다. 끔찍한 고통을 당하고 죽은 사람들은 자유세상으로 돌아온 뒤에도 편하게 드러눕지 못했다. 우선 모두가 몸집이 두 배 이상으로 불어나서 사람의 시체 같지 않았다.

그렇게 크게 불어난 것이, '명줄이 끊어지지 않은' 사람을 생매장해서일까? 물론 형체도 알아볼 수 없었다. 흑갈색 바탕에 푸르스름한 색조를 띤 이 시체들은 두 눈을 똑바로 뜨고 볼 수가 없었다. 나는 흘깃 흘깃 마치 훔쳐보듯 보았을 뿐이다. 여름철에 얇은 옷을 간단히 입은 사람들이 사정없이 두들겨 맞다 보니 옷이 너덜거리게 되어서인지, 시체들의 몸이 대부분 노출되어 있었다.

옆집 소식은 시내 곳곳으로 퍼져 나간 듯했다. 사람들이 한둘씩 찾아왔다. 동네 가까운 곳에 사는 사람도 있었지만 꽤 떨어진 곳에서도 찾아왔다. 이들은 모두 공산주의자들에게 잡혀 갔거나, 행방불명 된 사람들의 부모, 형제, 친척으로서 혹시 자기들의 아들, 딸, 형제, 자매가 그곳에 있지 않을까 하여 찾아나선 것이다. 형체가 불분명한 비슷비슷한 시체들 속에서 자기의 핏줄을 가려내기가 힘들어서였는지 주인을 찾은 시체는 많지 않았다. 내의(內衣)를 보고 확인한 경우도 가끔 있었다. 아주 드문 일이었지만…….

동네 사람들로서 옆집에서 가족이 희생당한 것을 확실히 아는 사람들도 십여 명 있었다. 동회직원이 한데 모아 안내했는데, 그들이 툇돌위에 올라서서 시체들을 내려다보고 있는 모습을 볼 수 있었다. 그들 중에는 강 내과 집 큰아들도 있었는데, 그 어머니가 둘째 날 희생된 것으로 알려졌다. 그는 눈물을 흘리며 한동안 서 있었다. 앞에서 언급한, 아기 업고 희생당한 인텔리 아주머니가 강 의사의 부인이었다고들 했는데, 사실인지는 자신 있게 말할 수 없다.

강 의사는 1948년 선거 때, 동네유지로서 선거 관리 위원이었었다는 죄로 잡혀 갔다고 들었는데 그 내용도 확인된 것은 아니다. 다만 한 가지 확실한 것은 사회주의 건설 자들은 자기 식 민주주의 즉 공산군주 독재체제 이외의 어떤 정치체제도 용납하지 않으며 특히 자유민주주의를 인민의 적으로, 이 제도의 건설과 정착에 기여한 사람들을 악질 반동으로 몰아붙여 철저히 발본색원하겠다고 달겨들었다는 사실이다. 그들이 말하는 인민이나 민중은 각 개인의 자유의사에 따라 민주주의가 주는 권리와 의무를 행사하는 사람들이 아니고 수령동지나 그 직계 부하에게 동원되어 명령을 집행하는 사람, 명령대로 움직이는 사람 즉 주견이 없는 사람들이다. 그들은 남한에 태동하는 모든 민주주의 요소를 깨끗이 청소하겠다는 굳은 각오를 가지고 쳐내려왔으며 빨치산을 선봉대 전사로 사용하였다. 옆집에서 죽은 사람들은 한국의 민주인사나 그 가족이나 또는 민주인사 주변에 있던 사람들이었다. 이 사람들은 자신이 민주인사라고 의식하고 있지도 않은 사람들이다. 단지 시민의 의무를 했을 따름인데……. 그 당시 민간인 희생자의 대부분이 그런 경우가 아닌가 생각된다. 적어도 강 내과 부부의 경우는 그러하였다.

마당의 시체들은 누워 있었다. 억울한 영혼을 달래줄 가족을 기다리며. 차츰 사람들의 발길도 뜸해졌다. 찾아왔다가 자기 부모, 형제를 알아 볼 수 없어 그대로 돌아간 사람들도 많았다. 하루, 이틀, 일주일이 지나는 사이 시체는 부패하고 있었다. 이미 구덩이 속에서 부패는 시작되었을 것이다. 매우 독특하고 독한 냄새가 동네에 퍼졌고 파리 떼가 기하급수적으로 늘어나기 시작했다. 이 파리는 평상시 우리가 흔히 보는 보통 파리보다 몸집이 작고 윤이 반들반들한 것이 기름을 바른 것 같았다. 파리 떼는 우리 집으로도 몰려들었고, 특히 음식 냄새가 나는 부엌으로 들어와서 벽, 조리대, 그릇 위에 새카맣게 달라붙었다. 끼니때가 되면 온 식구가 부엌에 들어가서 파리가 앉았던 그릇을 닦고 음식에 앉지 못하도록 파리 쫓는 일을 했다. 밥상 위의 그릇도 모두 뚜껑을 덮고 그 위에 헝겊보를 하나 더 덮고 부엌 뒷문으로 하여 안방 뒷문을 통해서 들여갔다. 방에 들어오는 파리는 모조리 잡도록 했다.

이제 옆집의 시신을 찾으러 오는 사람의 발길은 끊어졌다. 동회에서 이 문제를 마무리 짓기로 결정했는데 시신을 실어 나르는 일이 큰 문제였다. 우리 집 골목어귀에 '구루마' 가 항상 몇 대 있었는데, 이것은 김장김치감, 장작, 쌀 등과 같이 무게가 나가는 물건들을 싣고 날라주는 동네의 발과 같았다. 요긴하게 쓰이던 이 구루마가 전쟁 중에 다 사라졌다. 그래서 동회 측은 지게꾼을 불러들였다. 시신을 거적에 둘둘 말아서 지게에 옆으로 뉘어 얹고, 지게꾼이 메고 나갔다. 한두 명도 아닌 수많은 지게꾼이 시체를 등에 지고 줄을 이어 골목길을 빠져 나갔다. 영화에서도 볼 수 없는 장면이다.

노량진까지 지고 간 시신을 다리 위에서 강물에 던지고 돌아왔다고 말하는 이도 있었고, 또 어떤 이들은 노량진 한강변 모래사장에 시체를 묻어주고 왔다고도 했다. 어쨌든 옆집의 어처구니없는 살인사건은 이렇게 종지부를 찍었다. 그러나 죽은 이들의 영혼은 누가 달래줄 것인가…… .

다시 찾은 자유

자유를 한번 빼앗겨 보면 그것이 얼마나 소중한지를 알 수 있다.

자유는 물과 공기처럼 인간이 살아가는데 꼭 필요한 3대 요소 중의 하나이다. 이것을 빼앗기면 인간은 주체성을 상실한 로봇이나 노예처럼 된다. 이미 그는 자기 자신이 아니다. 생각하고 판단하는 자기 자신의 주인이 아니다.

공산체제는 계획적으로, 조직적으로 인간이 자유롭게 말하고 생각할 수 있는 권리를 제거하고 수령 동무의 지시에 따라 기계적으로 움직이고 반응하도록 하는 로봇과 같은 인간을 제조한다.

수령 동지의 '통일을 위한 노력'은 3개월 만에 수도 서울을 잿더미로 만들었다. 수많은 사람들이 왜 죽음을 당해야 하는지 알 수 없는 가운데 무수히 죽어갔다. 그의 사회주의 건설은 대한민국이라는 나라를 3개월 만에 밑뿌리에서부터 완전히 흔들어 놓았다. 완전히 파괴해 버렸다.

삶의 즐거움을 되찾게 해준 국군과 미군을 주축으로 한 유엔군이 돌아왔을 때는 참으로 반가웠다. 나의 형님은 몇 차례 어려운 고비를 넘겼지만 끝까지 피신하여 국군이 들어오자 모 기관에서 조사를 받은 다음 원대 복귀하였다. 그는 전쟁 내내 의무대에서 복무하다가 전쟁이 끝난 후 제대하였다.

나는 오래간만에 가벼운 마음으로 종로와 광화문 쪽으로 가 보았다. 구 동아일보 사옥 부근 공터에 임시 포로수용소가 생겼는데, 수용소라고는 하지만 공터에 사방(四方) 새끼줄을 쳐 놓은 것이다. 그 안에 인민군 포로가 웃통이 벗긴 채 꿇어 앉아 있었다. 당당하던 이 인민군들은 양처럼 순하게 꿇어앉아 있었는데 도망 갈 생각도 없는 듯했다. 남쪽에 내려와서 '이팝'을 많이 먹어서인지 올 때보다 얼굴에 부옇게 살이 붙어 있었고 맹수와 같은 눈동자도 순해져 있었다. 종로 경찰서장 관사와 마주하는 길 건넛집에 동네아이들이 들어갔다 와서 하는 말이, 그 집 부엌에 누룽지가 산더미처럼 쌓여 있었고 가마솥에도 솥바닥에 누룽지가 두껍게 깔려 있었다고 했다. 이 집도 빨치산이 점거하고 있었다.

인왕산 쪽으로 이상한 비행체가 낮게 떠다니고 있었다. 그 비행체는 헬리콥터라고 하였는데 처음 보는 신형 기종이었다. 도망가지 못하고 쳐져서 서울에 숨어 있는 인민군 패잔병을 수색하는 것 같았다. 한국전쟁은 제트기의 출현과 더불어 신무기의 실험장이 된 듯했다.

적군이 쫓겨 갔으니 당연히 적에게 협조했던 인물들이 무사할 리가 없었다. 시민들이 자유를 찾는 순간, 3개월간의 생지옥 같은 생활을 하던 청년, 애국지사 등이 숨어 있던 곳에서 뛰쳐나왔다. 그들의 기쁨은 그들 자신이 아니면 표현하기에도 벅찬 그런 기쁨일 것이다. 이들은 일종의 치안유지를 위해 자원봉사대를 구성했다. 동회에서 지급한 총을 들었고, 붉은 완장 대신 흰색 완장을 둘렀다.

집 앞 골목에서 큰길로 나가면 낙원시장이 있는데 그 옆에서 한 노인이 나무를 패고 있었다. 민병대원 하나가 오십대로 보이는 노동자를 데리고 와서 그 노인 앞에 세웠다. 민병대원은 무엇을 확인하려는 듯 노인에게 질문을 했는데 그는 묵묵부답이었다. 대질신문을 하려던 모양이었는데, 갑자기 노인이 패던 장작 하나를 집어 들더니 끌려온 자를 사정없이 때렸다. 과거의 동료를. 장작 패던 노인은 맞던 사람과 더불어 동네 골목길에서 구루마를 끌던 사람이었다. 기세가 너무 사나워서 같이 왔던 사람들이 말릴 엄두를 내지 못할 정도였다. 노인의 검던 얼굴이 하얘지면서 그 자를 죽도록 팼고 상대는 쓰러졌다. 데려온 사람들이 달려들어서 만류하자 들고 있던 장작개비를 내던지고, 다시 도끼를 들더니 말없이 나무를 패기 시작했다. 트럭 같은 화물차가 없던 시대에 구루마는 유일한 중화물 운송 수단이었다. 구루마꾼에게는 자산(자본)이자 생계수단이다. 이렇게 귀중한 물건을 동료가 모두 수거해서 인민위원회 또는 인민군에게 갖다 바쳤던 것이다. 이들은 생계수단을 압수당했다. 이들 모두가 혁명사업의 희생자다. 맞은 사람은 구루마꾼이었지만 공산주의자였다. 공산군이 들어오자 붉은 완장을 두르고 동회(인민위원회)에서 일하는 것을 나도 본 일이 있다. 이 사람이 어떻게 하여 공산주의자가 되었는지는 미스터리다. 그가 생각하는 공산주의는 어떤 것이었을까? 그도 맑스와 레닌을 읽었을까? 아니면 어떤 선동 꾼에 의하여 사회에 대한 부정적인 시각, 즉 불만만 쌓여 온, 사회에 대한 막연한 복수심에서 공산주의에 합세

한 것일까? 그는 공산주의에 충성하기 위하여 동료를 배반하고 그들의, 그리고 자신의 생계수단을 모두 거두어 사회주의 조국에 헌납했다. 이 동무는 동료들을 배반했고 공산주의에 충성했다. 그러나 최후의 순간에 공산주의자에게 버림을 받고, 붙잡혀서 그가 배반했던 동료에게 벌을 받은 것이다. 이들은 자기가 주인이었던 구루마를 잃고 잡역부로 전락했다.

전쟁, 사상을 앞세운 6 · 25는 물질적인 피해만 일으킨 것이 아니라 이렇게 인간과 인간 사이의 건강했던 관계도 파괴시켰다. 이것은 아마도 사회주의 건설자들이 원하던 것인지도 모르겠다.

이 미친 전쟁은 9 · 28로 끝나지 않았다. 남한 사람들은 잠시 자유를 찾았지만, 중공군이 가세한 제 2의 남침으로 또 한 번 '고난의 행군' 을 해야 했다. 수도 서울로부터의 대탈출을 준비해야 했다. 휘날리는 태극기 하나를 따라서…….

환 도

거의 2년이 넘는 피난 생활을 마치고 서울로 돌아오니 옆집은 비어 있었다. 동네에서는 그 집에서 밤이 되면 도깨비불이 다니고 여자의 울음소리가 들린다고 하였다. 길 건너 사는 이웃 아주머니는 특히 비 오는 밤이면 그 집 안쪽에서 파란 불이 왔다 갔다 한다며 자기가 직접 두 눈으로 보았노라고 하였다.

얼마 지난 후 한 농부가 옆집에 들어와서 살았다. 앞마당을 전부 채마밭으로 가꾸더니 배추를 심었는데 유난히도 푸르게 잘 자랐다. 농부가 나가더니 이번에는 군인 가족이라며 사병이 청소한다고 드나들었다. 그 가족도 오래 살지는 않았다.

이들이 나간 후 이번에는 산업은행에서 관사로 쓰려고 샀다고 하였다. 실제로 간부급 가족이 살았는데, 공휴일이면 댄스파티도 열었다.

트로트 음악에 젊은 남녀들이 사교춤을 추며 마루를 돌았다. 이들은 50년 여름에 그 집에서 무슨 일이 일어났는지 모르고 있었을 것이다.

내가 환도하였다는 소식을 어떻게 알았는지 상철이가 찾아왔다. 자기 가족은 동네를 떠났고, 자신은 시흥 근처 시골에서 살고 있다고 하였다. 시골 소년답게 두툼한 한복바지에 잠바 같은 것을 입고 왔는데, 순진한 바탕은 그대로 지니고 있었고 얼굴만 시골사람처럼 변해 있었다. J 중학교에 입학한 후 밴드부에 들었다며 클라리넷을 들고 다니던 모습은 완전히 사라졌다.

후 기

몇 년 지난 뒤, 내가 대학교에 입학한지 며칠 안 되어 상철이가 찾아왔다. 자기가 인쇄소에서 일한다며 제본이 안 된 '불어 4주간' 이라는 책을 들고 왔다. 인쇄기계에서 막 꺼내서 그대로 들고 온 것이다. 집안으로 들어오지 않고 책만 전하고 돌아갔다. 그로부터 십팔 년쯤 지났을 때, — 내가 대학을 마치고 또 10년간의 유학을 하고 돌아와서 직장에서 몇 년 근무를 한 다음이니까 — 상철이가 다시 만나자고 하여 서교동의 청기와 주유소 뒤편에 있는 단골 고깃집에 마주 앉았다. 그는 '강냉이' 라는 별명을 가진 어렸을 때의 동무와 — 아니지, 친구라고 해야지 — 함께 왔다.

소주를 한 잔 들더니 상철이는 자기 이야기를 하기 시작했다. 그의 두 형은 9 · 28 때 피하지 못하고 잡혀서 파고다 공원 후문 왼편 양곡

저장소로 끌려갔는데, 헌병들이 두 형제를 거꾸로 매달아 놓고 패서 죽였다고 했다. '거꾸로 매달아 놓고'를 힘주어서 반복했다.

군대에 입대할 나이가 되자 헌병에 자원했고, 헌병대에서 군복무를 마쳤다고 했다. 앉아있는 자세며, 말하는 모습이며, 헌병 티가 났다. 말하는 도중 어금니를 꽉 무는 새로운 버릇도 생겼다. 자기 집안 이야기를 끝내고 이어서 말을 했다. 나를 보자고 한 목적은, 어렸을 때 같이 놀던 친구 중 한 명이 길을 잘못 들어서 아는 사람을 찾아다니는데, 내가 그로 인해 금전적인 피해를 당하지나 않을까 걱정이 되어 일러주려고 왔다고 했다. 물론 문제의 친구는 이미 나에게 몇 차례 다녀갔었지만 그런 이야기는 하지 않았다.

상철이는 오늘 내가 그의 이야기, 우리들의 이야기를 이렇게 공개하는 것을 용서할 것이다.

왜냐하면 우리들은 영원한 친구이니까(상철은 유일한 가명이다.).

1967년 6월

그해 여름에 있었던 일, 동백림 사건

납치

1967년 6월 중 하순.

여름방학에 나는 파리 저축은행 본점에서 아르바이트를 하였다. 그 날은 막 퇴근하여 저녁 식사 시간을 기다리고 있었는데 누가 방문을 두드렸다. 전화가 왔다는 것이다. 그 시절만 하더라도 학생 기숙사에는(이하 씨떼-Cité) 층마다 복도에 수신만 가능한 전화기 한대 달랑 설치해 놓고 외부에서 전화가 걸려오면 지나던 학생이 받아서 알려 주는 시스템이었다.

대사관 영사로부터 걸려온 전화였다. 이민희 영사는 자신이 월남으로 전근 발령을 받았는데 파리를 떠나기 전에 저녁 식사라도 함께하고 싶다고 하였다. 나는 온종일 일하고 몸이 피곤하여 쉬고 싶었지만 그가 파리를 떠난다는데, 그리고 또 위험지역으로 간다는데 이를 거절할 수가 없었다. 당시 한국 대사관은 17구(區) 아브니 데 빌리에(Av. des Villiers)의 한 개인 주택을 임차 사용하고 있었다. 씨떼에서 대사관을 가려면 파리 시내를 가로질러 가야 하기 때문에 거리가 꽤 되었다.

일단 가겠다고 대답은 하였지만 저녁식사 하자면서 왜 식당을 약속 장소로 잡지 않고 대사관에서 만나서 식당으로 가자고 하는지 이상하게 느껴졌었다. 그러나 그는 워낙 진실하고 융통성이 없는 것이 흠이 아닌가? 나는 피곤하였으나 대사관으로 향했다.

내가 영사과의 문을 노크하고 들어섰더니 이 영사는 책상을 앞에 하고 의자에 앉아 있는데 얼굴이 잔뜩 부어 가지고 반갑다는 표정도 없이 나를 맞이하였다. 분위기가 조금 이상하였다. 우리가 서로 인사말을 나누는 순간 등 뒤에서 누군가가 "심 선생님이시죠?"라고 예의바르게 물었다. 돌아보니 처음 보는 사람인데, 검은 바지에 흰 노타이를 단정하게 입고 교양도 있어 보였다. 그는 나에게 특별히 조용히 말씀드릴 것이 있으니 밖으로 잠시 나갈 수 있느냐고 하였다. 조금 의외이기는 하였지만 별 의심 없이 얼떨결에 그를 따라 영사과를 나왔다. 그는 지하실로 내려갔고 나는 그의 뒤를 따랐다. 파리는 원래 집값이 비싼 곳이니, 대사관에서 지하실도 사무실로 사용하는구나 생각하며 방 안으로 들어갔더니 창고 같은 빈방이었다. 사무용 기자재는 하나도 없었다. 내가 그를 따라 방 안으로 들어가자 밖에서 빗장을 가로지르는 소리가 들렸다.

단정한 중년 신사는 순간적으로 태도를 돌변하더니 — 그러나 예의는 차리면서 — "당신을 국제공산당원이라고 하는 사람이 있다."고 흥분하여 말하였다. 아마 마른하늘에 날벼락이라는 말은 이런 때 쓰는 말일게다. 나는 이 사람이 미쳤나 하고 그를 물끄러미 쳐다보았다. 그는 제품에 얼굴이 벌겋게 달아올라 있었다. 내가 그에게 지금도 국제공산당원이라는 것이 있느냐고 물었다. 내 생각으로는 그가 아마도 엥떼르나쇼날(internationale)을 들고 나오는 듯했다. 그러나 이 조직은 이미 이십여 년 전에 해체된 것이 아닌가? 3차 국제공산당은 2차 대전 중, 즉 1943년 스탈린(stalin)에 의하여 해산되었다. 나는 "지금도 국제공산당원이 있는가?" 하고 되물은 것인데 그에게는 비꼬는 말투로 들렸던 모양이다. 신사는 내 질문에 지금까지의 예의바른 태도를 버리고 흥분해서 언성을 높이기 시작했고 두서없이 말을 하는데 무슨 뜻인지 잘 알아들을 수가 없었다. 그는 준비해 온 시나리오대로 이야기한 것인데, 내가 질문하자 자존심이 상한 듯했고 그런 이유로 화를 냈는지도 모르겠다. 아무튼 이 사건은 시작부터 나를 헷갈리게 했고 무엇인지는 몰라도 마구잡이로 진행되고 있다는 느낌을 갖게 하였다.

그가 이렇게 고함을 치며 횡설수설하자 밖에서 문이 열리고 나보다 어려보이는 젊은 친구가 들어왔다. 그는 신사를 거들기라도 하려는 듯 뭐라 떠들었는데 나를 놀라게 한 것은 신사와 대조적으로 상말과 욕을 해대는 것이었다. 그에게 대꾸할 가치가 없다고 생각한 나는 신사에게 계속 국제공산당에 관하여 이야기 해주었다. 그러자 갑자기 젊은 친구로부터 주먹이 날아들었는데, 그는 복부의 급소를 때렸다. 나는 머리가 핑하며 숨이 막혀서 웅크리고 앉게 되었다. 이 부분은 내가 어렸을 때 야구공을 주고받다가 몇 차례 맞아본 적이 있어서 그 효과를 알 수 있다. 내가 힘없이 주저앉자 젊은 친구가 내 옷을 벗기기 시작했다. 나는 팬티만 빼고 완전히 벌거벗겨졌다. 그런 다음 내 양팔을 뒤로하고 두 손목을 밧줄로 꽁꽁 묶어 버렸다. 삽시간에 생포된 들짐승처럼 묶인 것이다. 팬티만 입은 상태에서 서 있기가 창피하게 느껴졌다. 웬 영문인지도 모르는 가운데 어처구니없는 상황을 맞게 된 것이다. 분하고 수치스럽기가 이루 말할 수 없었다. 어떤 상황에서도 어깨 펴고 꼿꼿이 맞서는 일은 영화에서나 나오는 일이고 실제로 사람이 옷을 벗기고 묶이면 주저앉게 되는가 보다. 나는 그렇게 포로가 되어 쭈그리고 있었다. 이런 모욕감은 가져 본 적이 없다. 당황스럽기 그지없는 가운데, 빈방에 혼자 앉아 있으려니 머릿속에 온갖 생각이 떠올랐다. 무엇보다도 이들이 왜 내게 이러는가? 일부 친북 세력들이 나를 제거하기 위해 고도의 역(逆)계책을 세운 것인가? 그렇다면 우리나라 수사기관의 관행으로 볼 때 일단 용의자로 몰리면 범죄자가 되는 것이 아닌가? 우리는 6 · 25 전후 많은 사람들이 반동으로 혹은 빨갱이로 죽임을 당하는 것을 보았지 않은가? 이 싸움은 전쟁이 끝난 지 십수 년이 지난 이때, 이역만리에서 연장전을 치루는 것인가? 머릿속은 별의별 추측으로 복잡하게 헝클어져 버렸다. 분한 마음에서 생기는 엄청난 증오심을 깔고.

이렇게 시간이 한참 흘렀는데 문이 열리더니 이 영사가 들어왔다. 그는 시종 한마디 말도 없이 나를 물끄러미 쳐다보았다. 무엇에 화가 났는지 얼굴이 잔뜩 부어 있었다. '나에게 무슨 오해라도? 오해라면 말로 풀 수도 있을 터인데 이렇게 폭력적인 수단을 동원할 필요가 있을까?' '나에게 화날 이유가 없는데, 그렇다면 또 다른 무엇인가에 대하여 화가 났다?' 어쨌든 그는 묘한 여운을 남기고 나가 버렸다. 나를 포로로 잡았다고 해서 만족스러워하는 표정은 아니었고 그 자신도 심리적으로 불안해 보였다. 그리고 또 시간이 꽤 지나 저녁식사 시간을 훨씬 넘기고 있었다. 방 안에는 정적이 흘렀다. 내 기숙사 방과 수선스러운 학생식당이 그렇게도 아쉬울 수가 없었다. 내가 그곳에 있다면 얼마나 행복할까!

이 사건이 어처구니없는 것은 대사관이 납치의 협력자 역할을 하고 납치 장소로 이용되었다는 점이다. 상식적으로 대사관은 높은 차원의 외교가 주 임무이지만, 현지 교민들의 안전과 보호라는 임무도 띠고 있다고 생각된다. 그런데 이 기관이 사람을 유인하여, 그것도 자국인을 유인하여 폭력으로 구내 지하 창고에 가두어 놓는다? 그리고 죽이니 살리니 하며 협박을 한다? 이것은 강도 잡으라는 경찰이 강도짓하는 것과 다를 바 없다고 생각했다. 문명국의 수도 파리 시내 한복판에서 이러한 일이 일어날 수 있다는 것이 요지경 같았다. 나는 한국 정부기관, 대사관의 대담성과 무모함에 기가 막혔다. 도저히 참을 수 없는 일이었다. 나는 절망 속에서 '어머니, 나를 도와주세요' 하고 마음속 깊이 절실하게 외쳤다. 그리고 이곳을 탈출하여 보복을 하겠다고 결심하였다. 방 안을 둘러보니 등 뒤 벽 위쪽에 조그만 창이 하나 있었는데 사람 몸 하나는 충분히 빠져 나갈 수 있는 크기였다. 문제는 포승을 풀어야 하는데 그 젊은 친구가 어찌나 꽉 묶었는지, 양손 다 잘 움직일 수가 없었다. 왼쪽, 오른쪽으로 비틀며 풀어보려고 노력했으나 전혀 여유가 없었다. 끈을 잘라낼 수 있는 무슨 유리조각이나 날이 서있는 철물이라도 없을까하고 둘러보았지만 그 방에는 그런 것이 준비되어 있지 않았다. 그러니까 우리가 즐겨보던 007류(類)의 액션영화는 모두가 새빨간 거짓말이었다는 것을 그때서야 깨달았다. 내가 밖으로 나가기만 하면 큼직한 도끼 하나를 구해 대사관으로 쳐들어가 모조리 부숴버리고 불 지른 다음 외인부대로 도망가겠다던 궁리도 낭만적인 공상에 지나지 않았다. 그 당시만 하여도 나는 젊었기 때문에, 납치범들 못지않게 무모한 보복을 구상하였었다. 사실 자국민을 유인, 폭행,

협박, 감금하는 이런 대사관은 차라리 없는 것이 교민들에게 도움이 될 것이라고 생각했다. 현실로 다시 돌아온 나는 그저 쭈그리고 앉아서 분을 삭이도록 노력하는 수밖에 없었다. 왜 이런 신세가 되었는가? 무엇이 잘못되었는가? 그리고 나는 어떻게 될 것인가?

어쨌든 나는 내 인생을 이렇게 끝내고 싶지 않았다. 4 · 19 전 복잡한 서울을 뒤로 하고, 모처럼 공부 한번 공부답게 해보자고 유학을 와서 학교를 열심히 다니던 중에 이런 일을 당한 것이 더 분하였다. 결과가 어떻게 될지 모르지만, 당시 상황으로 볼 때, 공부에 관한 이야기는 끝난 것 같았고, 이렇게 이유도 모른 채 타의에 의하여 도중하차한 내 모습을 부모에게 보이고 싶지도 않았다.

밤은 깊어갔고 아무런 인기척이 없었다. 나를 괴롭히던 것은 내가 공산주의자의 누명을 벗기 위하여 상당히 어려운 시련을 겪어야 할 것이라는 생각이었다. 나는 사상가도 아니고 사상문제에 관심도 없었지만 일단 이런 문제로 '걸려들면' 논리와 진실이 통하지 않는 '부조리' 한 메커니즘의 희생물이 될 수 있다는 것을 알고 있었다. 더욱이 그 당시 프랑스 학생들 사이에 널리 읽히던 쾨슬러(A. Koestler)의 소설 가운데 '0과 무한대(Zero et l' nfini)' 라는 책을 나도 읽었는데, 내용은 평생 공산당에 충성했던 한 원로 간부당원이 반동으로 몰려서 심문 끝에 없는 죄를 자백하고 결국 사형 당하는 이야기를 담담하게 서술한 작품이다. 내 경우가 이렇게 없는 죄를 자백하는 처지에 놓이게 되지나 않을까 하고 참으로 난감하고, 걱정이 되었다.

이런 생각들을 하고 있는 가운데 시간이 또 한참 흘렀고, 문이 다시 열렸다. 이번에는 앞서 말한 신사, 젊은 친구 그리고 이영일이 들어왔다. 이영일의 등장은 나를 어리둥절하게 만들었다. 왜냐하면 우리는 서로 너무나 잘 아는 사이였기 때문이다. 그는 대사관의 정보부 파견 근무자로서, 격해지기 시작했던 친북세력과 반공세력의 한가운데 있었다. H고의 아이스하키 선수 출신으로 군복무시 프랑스 사관학교에서 연수도 받았던 엘리트 장교로서, 아마도 그 점이 높이 평가되어 중앙정보부에 스카우트된 듯하다. 어쨌거나 그는 파리 한국대사관에 부임하여 한국 사람들과 폭넓은 교류를 가졌었다. 직책상의 이유로 그랬는지 모르겠으나, 친북세력과도 술친구가 되어 있었다는 소문도 나돌았다. 그가 하루는 나의 학생기숙사로 찾아와서, 파리에 있는 친북세력들과도 마찰을 일으키지 말고 잘 지내라는 충고를 하고 갔다. 그는 파리의 주도세력이 된 친북세력을 대수롭지 않게 생각하는 듯했다. 젊은 기분에 그리고 남한에 대한 불만을 발산하기 위해 북한을 선택한 듯하니 시간이 지나면 제자리로 돌아올 것이라고 믿었던 듯하다. 대사관 정보요원으로서 그의 이러한 파격적이고 해이(解弛)한 근무태도는 많은 사람들의 입에 오르내리기에 족했다. 특히 대사관에서 그와 같이 근무하던 김욱형은 친구들이 모인 자리에서 "그가 빨갱이를 잡으면 내가 모택동을 잡아 오겠다."고 하여 모두를 웃겼고 이 재담(才談)은 한인사회에 회자되었었다. 어쨌든 이영일은 내가 공산주의자가 아니고, 그들과 오히려 대립 각을 세우고 있다는 사실을 확실히 아는 사람이었다. 나는 그를 보는 순간, 사건이 너무 복잡하게 꼬여 있다고 느꼈다. 무엇보다도 팬티만 입고 쭈그리고 앉아 있는 모습을 그에게 보이는 것이 창피스러웠다. 우리는 서로 잘 알지만 어려워하는 상대가 아닌가? 그도 어색해 하고 거북스러워했다. 그러나 자신이 맡은 임무를 수행하려는 듯, 나에게 말하기 시작했다. 요는 나를 가리켜 공산당원이라고 하는 사람이 독일에 있으니, 독일에 가서 삼자대면을 통하여 해명을 하자는 것이었다. 나는 이 단계에서 국제공산당의 '국제' 자(字)는 면제를 받은 셈이었다. 이런 말을 하면서도 그는 내 얼굴을 똑바로 보지는 못했다. 먼젓번 신사나 젊은 친구와는 대조적으로, 확신에 찬 태도 없이, 시키니까 어쩔 수 없이 한다는 인상을 주었다. 말도 조심스럽게 하였다. 이렇게 되니, 나도 격앙되었던 감정을 가라앉히고 그를 설득하려는 생각에서 차근차근히 대답했다. '이 선생도 잘 알다시피 나는 공산당이 아니고, 구태여 나를 공산당이라고 하는 사람이 독일에 있다면 그를 이리로 데리고 와서 삼자대면하는 것이 상식이 아니겠느냐' 고 하였다. 아쉬운 사람이 오는 법이지 내가 왜 그곳으로 가서 어떤 '머저리' 인지는 몰라도 나를 공산당으로 몰아붙이는 자를 내 발로 찾아가냐는 뜻으로 말하였다. 이어서 나는 방학이면 아르바이트로 2년째 은행에 다니고 있는데, 직장에 무단결근을 할 수도 없다고 하였다. 실상 프랑스 사람들은 신용과 약속이라는 면에는 어느 민족보다 까다로운 사람들이었다. 이영일은 자기들이 알아서 은행문제는 해결하여 놓을 것이고, 무엇보다도 2~3일이면 충분하니까 독일로 가자고 고집하였다. 이렇게 그와 정상적으로 이야기를 주고받고 있는데 문제의 그 젊은 친구가 또 끼어들었다. 그는 고등교육을 전혀 받아 본 적이 없는 사람처럼 상말과 욕을 퍼부으면서, 네가 독일로 가지 않으려고 하는 진짜 이유는 빨갱이이기 때문에 그러는 것이 아니냐고 하였다. 근본이 없는 가운데 교양교육도 받지 못한 사람은 어찌 해 볼 도리가 없다고 생각하고 그의 말은 한 귀로 흘리고 상대를 하지 않았다. 그래서 그가 나에게 더 약이 올라 있었는지 모르겠다. 이런 소동이 있고 난 뒤 그들은 퇴장했고 나는 계속 벌거벗은 상태로 쭈그리고 앉아 있었다. 만감이 교차하는 가운데 어둠이 깊어 갔다. 이영일까지 동원된 것에, 나는 차츰 사건의 윤곽이 잡히는 듯했다. 즉 한국의 정보기관이 친북세력에 의해 매수되어서 나를 제거하려는 음모를 대행하고 있다는 생각이었다. 나는 점점 더 난처해졌고, 참으로 어려운 지경에 빠졌다고 생각했다. 그만큼 절망과 불안감도 컸었다. 헤어날 수 없는 함정에 빠진 듯싶었다. 시간은 흘러 밤은 깊어갔는데, 물 한 컵도 가져다주지 않았다. 그러던 중, 문이 열리더니 그 젊은 친구가 또 들어왔다. 이 꼬마는 정말 내가 사절하고 싶은 인물이었다. 양손에 음료수 병을 들고 내 앞으로 오더니, 병을 바닥에 내려놓고, 담배 한 대를 불을 붙여 한 모금 빤 후 내 입에 쑤셔 넣었다. 젊은 친구가 모처럼 호의를 베푸는 듯싶어 그 담배를 한 모금 빨았다. 그가 이를 잘 닦고 다니는지 께름칙했지만 얼떨결에 그렇게 되었다. 그는 젊은 사람치고 인심도 박했다. 내가 한 모금 빨자마자 담배를 다시 빼앗아 갔다. 그리고는 가지고 들어온 음료수 병 두 개 중 하나를 마시라고 하였다. 얼핏 보니 병에 하얀 가루를 섞어서 방금 흔들어 놓은 것 같은 흔적이 있어서 목마르지 않다고 사양하였다. 그는 왼손에 들고 있던 다른 병의 음료수를 한 모금 들이키더니, 또 욕지거리를 시작, 오른손에 들고 있던 음료수를 마시라고 하면서 약을 타지 않았다고 지껄여댔다. 참으로 난처했다. 그가 하는 짓을 보면 아이들 수준의 술책인데, 마시지 않으면 젊은 친구한테 욕만 더 먹게 생겼다. 그리고 벌거벗긴 채 행패를 당하기도 싫었다. 잠시 생각한 끝에, 이 자리에서 그가 나를 독살시키지는 않을 것이라고 결론지었다. 왜냐하면 죽일 목적이었다면, 이렇게 시간을 끌 필요도 없거니와, 독일로 가자고 할 필요도 없는 것이 아닌가 하고 생각됐다. 나는 순간적으로, 이들이 수면제를 먹여 재워놓고 독일로 끌고 가려는 것이라고 판단했다. 기왕에 끌려가려면 잠이나 자면서 편히 가자고 결심하고 그 음료수를 몇 모금 마셨다. 마시면서 독약 같다는 생각을 떨쳐 버리지는 못했다.

젊은 친구가 나간 뒤, 다시 같은 인물 — 신사, 이영일, 젊은 친구 — 세 명이 함께 들어왔다. 이번에는 내 옷을 들고 들어와서 다시 입혔다. 그런데 혁대는 빼놓았고 주머니의 소지품은 전부 훑어 갔다. 나는 빈 껍데기가 된 옷을 다시 입었고 그들은 양쪽에서 팔짱을 끼고 대사관 밖으로 나갔다. 가로등에도 불구하고 밤은 칠흑 같았다. 대사관 정문 앞에 승용차 한 대를 세워 놓았는데 나를 그 속에 밀어 넣고 양옆에 보디가드가 앉았다. 운전대에는 한문수 영사가 앉아 있었다. 한 영사는 이 영사 후임으로, 나의 문리대 2년 선배였고 그의 부인도 불문과 2년 선배였다. 내 오른쪽에는 정보부의 이영일이, 그리고 왼쪽에는 김 씨가 바짝 붙어 있었다. 김 씨는 미국 유학생 출신으로 외무부에서 근무하던 중, 주 프랑스 한국 대사관으로 발령 받아 파리에서 근무한 지는 오래 되지 않았다. 그는 키가 작고 목이 짧으며, 얼굴이 검어서 코믹한 모습을 한 사람이다. 워낙 과묵하고 맡은 일만 열심히 하는 스타일이어서 교민들과는 왕래가 거의 없었다. 나는 그에 대하여는 어떤 감정이나 관심도 없었다. 그러나 한 영사가 납치 사건에 일익을 담당하고 있다는 사실에는 수긍이 잘 가지 않았다. 한 영사는 외모 자체가 얌전한 선비 형이었는데 이러한 험한 일을 하고 있는 것이 어울리지도 않았다.

차는 시내를 빠져 나갔고, 나는 곧 잠이 들었다. 이 차가 어느 방향으로 어떻게 갔는지 전혀 알 수가 없다.

내가 잠에서 깨어나 눈을 떴을 때는 이미 오래전에 국경을 넘은 듯했다. 눈에 들어오는 풍경이 달랐다. 우리가 탄 차는 외교관 번호판을 부치고 있었기 때문에 검문소를 무사통과했을 것이다. 그 당시 유럽에서는 국경을 지나면 모든 것이 확 바뀌었다. 그날따라 아침 햇살도 화사했다. 한참 달리던 차가 도로변 카페 앞에 섰다. 카페와 조금 거리를 둔 곳에 정차했는데 계획적으로 그렇게 했던 것 같다. 한 영사, 이영일, 김씨와 내가 카페의 테라스에 앉았는데 이른 시간이라서 그랬는지 손님이 없었다.

이미 그 시절, 독일에서는 인건비 절약을 위하여 모든 서비스를 자동화하여 놓았다. 그래서 카페에 들어서도 앞치마를 두른 갸르쏭(웨이터)이 나타나지 않았다. 손님이 자기가 원하는 음식을 기계에서 빼어다가 셀프 서비스하는 시스템이었다. 이곳은 현대사회의 비인간화를 프랑스보다 훨씬 앞당겨 가고 있었다. 기계 속에 진열된 음식 가운데 스프가 있었는데, 전 날 오후부터 굶었기 때문에 그것을 꺼내 볼까 했지만 어째 마뜩치 않아 내 방식대로 빵과 버터 그리고 커피를 꺼내 들고 식탁에 앉았다. 우리 네 사람은 피크닉이라도 가는 사람들처럼 보였을 것이다. 이영일이 화장실에 간 사이 한 영사에게 넌지시 물어보았다. 당신들이 나를 이렇게 데려가는 이유가 무엇이며 지금 무슨 일들을 하고 있는 것이냐고.

김 씨는 밑도 끝도 없이 "아닌 것 같은데."를 두 번 되풀이하였고 한 영사는 어물어물하였다. 이영일이 화장실에서 돌아오자 우리 네 명은 다시 꿀 먹은 벙어리가 되었다. 그 사이 내 머릿속에서는 그들을 따돌리고 들고뛰면 어떨까 하는 생각이 스쳐갔다. 그러나 첫째로 허리띠가 없었기 때문에 한 손으로 바지춤을 쥐고 그들보다 더 빨리 뛸 자신이 서지를 않았다. 또 한 가지는 주변이 너무 조용했던 것이다. 우리는 다시 차를 타고 한나절 내내 달렸다. 아마도 스트라스부르그(Strasbourg)를 거쳐 독일로 진입하여 목적지로 향하고 있지 않나 싶었다.

우리가 독일의 구(舊) 수도 본(Bonn)에 도착한 것은 그날 오후가 한참 지난 뒤였다. 쉬지 않고 계속 달려 우리 차가 대사관 정문으로 들어서자 청년들이 우르르 마중을 나왔다. 나는 이들에 의해 2층의 한 방으로 안내되었다. 해외 주재 대사관이 마치 자국민을 납치하는데 사용되는 체인점처럼 그 당시에는 생각되었다. 나는 또다시 감금되었다. 실내에 집기라고는 1인(人)용 간이침대와 조그만 책상에 의자 두 개뿐이었다.

문밖에는 청년들이 바리케이드를 치고 보초를 서고 있었다. 화장실을 가도 그들 중 한 명이 따라 들어왔다. 나는 일개 유학생에서 단번에 대단한 신분의 거물이 된 것 같았다. 이것 모두가 웃기는 일이었다. 학생인 내가 어떻게 갑자기 그런 사람이 되겠는가? 사람이 올라가든 내려가든 적당히 속도가 맞아야지 갑자기 신분 상의 변화가 생기면 그저 불편하고 불안할 뿐이다.

삼자대면한다고 이곳까지 왔으니 — 그 말을 믿지는 않았으나 — 그래도 나를 걸고넘어지는 문제의 인물이 혹시 나타나지 않을까 하고 기다렸다. 그에게 어떻게 이야기해 줄까 하는 궁리도 하였다. "이 개××야"하고 욕으로 시작한다? 그러나 그것은 효과적인 것 같지 않았다. 그렇다면 내가 공산당원이라는 증거를 요구한다? 그것도 막연하게 생각되었다. 사실 그 당시 프랑스에는 공산당이 오랜 역사를 가진 합법적인 정치정당으로서 정치사회에서 큰 몫을 차지하고 있었다. 사르트르(J. p. Sartre), 아라공(L. Aragon), 알뛰쎄르(Althusser)와 메를로 뽕띠(M. Merleau-Ponty)도 공산당에 가입했거나 동조세력으로 끊임없이 지식사회에 이야깃거리를 제공하였다. 피카소도 한때 공산당에 가입했고,

6 · 25 사변이 나자 미군으로 착각할 수 있는 듯한 병사들이 양민을 일렬 횡대로 세워 놓고 총살하는 그림을 그렸다. 사르트르는 이 전쟁이 남한의 북침에 의하여 도발되었다고 주장하다가 한참 후에 자기가 정보 부족으로 잘못 알았다며 사과 겸 정정 보도를 하였다. 레이몽 아롱(Raymond Aron)은 정치문제에서 늘 옳은 답을 내놓았는데, 틀린 답만 내놓는 사르트르가 자신보다 더 유명하다는데 불만을 갖고 있었다.

다시 말해 그 당시 유럽에서 국제공산당, 또는 공산당의 문제는 그 자체로는 범죄 행위가 될 수 없었다. 그러한 사회 분위기 속에서, 막연하게 나를 공산당이라고 하면서 부산을 떨고 납치 극을 벌이는 데는 또 다른 무엇이 있는 것 같았고, 그 또 다른 무엇이 무엇인지 전혀 짐작이 가지 않았다.

나를 공산당이라고 걸고넘어진다는 주인공은 아무리 기다려도 나타나지 않았다. 한참 뒤 30대 후반쯤 되어 보이는 사람이 러닝셔츠 바람으로 들어오더니 책상의자에 앉았다. 옷차림 때문에 그의 모습은 초라하기 이를 데 없었다. 어떠한 상황에서라도 초면에 속샤쓰바람으로 나타나는 것이 좀 지나치다 싶었다. 러닝셔츠는 나에게 말을 던지는데 그 말투가 경멸과 무시, 조롱과 야지 등이 범벅이 된 말투로써 한 마디로 기분 나빴다. 거만을 있는 대로 떨었다. 나는 어이가 없어서 '뭐 이런 게 있어?' 라고 마음속으로 말하며 그를 관찰하는데 나의 시선은 자꾸 그의 러닝셔츠로 향했다. 이 친구는 내가 상대할 대상이 못 된다 싶어, 불성실한 질문에 불성실하게 대답하였고, 이 부분은 이번 사건에서 전혀 생각이 나지 않는 '기억의 구멍' 가운데 하나이다. 그는 노골적으로 나를 멸시하였고 영문도 모른 채 프랑스에서 끌려온 사람에 대하여 결례가 심했다. 나에게 갖고 있던 어떤 열등감이나 증오심 같은 것을 청산하려는 것처럼 보였다. 그가 나가고 또 시간이 한참 흘렀다. 저녁 식사 시간이 지난 지는 오래되었다. 나에게는 수년간을 제시간에 먹고, 제시간에 충분히 자고서 하루 일을 하는 습관이 있었다. 내 몸은 기계적으로 움직이는 것 같았다. 여기에 차질이 생기면 예민해지고 고통스럽기까지 하였다. 그런데 지금 이것은 무엇인가? 끼니를 몇 번이나 거르고 별 우습지도 않은 사람들에게 시달리고, 모든 것이 엉망이 되어 버렸다. 이런 경우를 프랑스인들은 '카프카적 세계' 라고 한다.

내가 간이침대에 걸터앉아 있는데 문이 열리더니 젊은이가 통조림 하나를 따서 들여놓고 나갔다. 그것은 토마토소스에 콩을 삶은 것이었다. 해방을 맞이하여 우리가 사먹던 미군의 레이션 박스 안에 있던 것과 비슷했다. 물 한 컵을 곁들여 주는 아량조차 없었다. 나는 도무지 청년들과 이야기하고 싶지 않았고 부탁은 더 더욱 하고 싶지 않았다. 정말 화가 났다. 그곳을 빠져나가기로 결심했다. 창밖을 내려다보니 그 대사관 건물이 구옥이라 2층인데도 상당히 높아 보였다. 그대로 뛰어 내리면 다리 하나는 부러질 것 같았다. 그런데 창문 양옆에 상당히 길이가 긴 커튼이 있었다.

나는 사람들이 가장 깊은 잠에 빠진다는 새벽 2~3시쯤, 커튼을 찢어 밧줄처럼 만들어 타고 내려간 후 밖으로 나가면 무조건 제복 입은 사람을 붙들고 늘어질 요량이었다. 중학교에 입학하면서 기계체조부에 들어가 운동을 열심히 했고, 환도 후에는 집에 평행봉을 만들어 놓고 아침저녁 매달렸었기 때문에 비교적 몸이 가벼운 편이었다. 한 번 로빈 후드처럼 해보고 싶었던 것이다. 이런 계획을 실천하기 위해서는 그 통조림을 마지막 한 알까지 먹어야한다. 이렇게 생각하며 깨끗이 비운 뒤 한밤에 일어날 작정으로 간이용 침대에 누웠다. 그리고 곧 잠에 빠졌다.

누가 내 다리를 흔들어서 눈을 번쩍 떴더니 웬 30대 중반의 사람이 발밑에서 나를 깨우고 있었다. 그는 젊은 나이에 어울리지 않게 앞머리가 전부 벗겨져 있었는데, 내가 깜짝 놀라 일어나니 조심스럽게 이야기를 꺼냈다. 왈, 자기들이 조사한 바에 의하면, 프랑스에 관한 한 뭐니 뭐니 해도 심 선생님이 제일가는 전문가인데, 한국 정부는 지금 프랑스와 모종의 중요한 비밀 협상을 할 일이 있으니 도와달라는 것이었다. 일주일만 서울에 가서 내용을 숙지하고 파리로 돌아와서 협상에 임해 달라는 것이다. 그가 워낙 진지하게, 얌전하게 설명을 하기에 혹시나 하고 잠시 솔깃했었다. 그러나 곧 의심이 들어서 그에게 반문했다. 즉 내가 여기까지 온 것은 독일에서 나를 공산당원이라고 하는 사람이 있어서 그와 삼자대면하기 위한 것이었는데 이것은 또 무슨 이야기냐고 물었다. 이 물음에는 일언반구도 없이, 무턱대고 국가를 위해 한번만 도와달라고 했다. 나를 서울까지 끌고 가려는 수작임을 곧 알아차렸다. 일이 돌아가는 형국을 보니 삼자대면 스토리도 모두 거짓이었고 이 한국형 007 특수요원들은 기어코 나를 서울로 납치해갈 기세였다. 파리에서 처음 함정에 빠졌을 때 독일까지 가는 것도 까마득하게 느껴졌었는데, 이제 서울까지 간다? 참으로 난감하였다. 한편, 새벽에 창밖으로 탈출하려던 계획이 수포로 돌아간 것이 몹시 아쉬웠다. 이틀 낮과 이틀 밤을 시달린 끝에 심신이 지쳐 있어서 잠에 곯아떨어졌던 것이다. 계획하는 모든 일이 성사되지 않는 것을 보면 나의 계획에는 현실성이 부족했던가 보다. 그리고는 곧 이어 또 다른 젊은이가 들어왔고, 그는 나와 눈이 딱 마주치자 주춤하였는데 우리는 초면이 아니었다. 우리는 서로 '족보'를 밝혔고 그는 배재학교에서 공을 찼다고 하였다. 이 축구선수는 나와 가깝게 지내던 배재 출신들과 친한 사이였기 때문에 서로 상대방을 알고 있었다. 그는 들고 온 백지 한 장을 책상에 놓고 나가면서 파리에서 학생으로 생활하면서 있었던 일들을 간단히 적어 달라고 부탁하였다. 무엇을 적으라는 것인지 알 수는 없었지만 좌우간 몇 자 적어 놓았다. 그가 나간 뒤 두 명의 젊은이가 들어와서 내 양팔을 양쪽에서 꼈고 우리는 방문을 나섰다. 그들은 아침도 주지 않았고 커피 한 잔 없었다. 자기들은 밥을 지어 먹고 움직였겠지만 나는 굶은 채로 끌려 나갔다. 이 작전(opération)을 총지휘하는 현장 책임자는 사람을 잡아 갈 줄만 알았지 잡혀가는 사람도 사람 대접 받을 권리가 있다는 것을 간과하고 있었다. 커피 한 잔 주는 여유도, 예의도 모르는 사람들, 한 마디로 그들은 상식 이하의 행동대원들이었다. 우리가 복도를 지나 층계를 내려오는데 마주한 반대편 계단에 나와 똑같은 모양으로 김영철 형이 층계를 내려오는 것이 아닌가. 우리는 기가 막혀서 발을 멈추고 무지무지하게 반갑게 서로 쳐다보고 있었다. 나 혼자 이 수모를 겪고 있는 것으로 알았는데, 김영철 형도? 이것은 대단한 사건이었다. 왜냐하면 파리의 한국인이 다 공산주의자가 되더라도 그는 결코 그럴 사람이 아니었기 때문이다. 출신 성분이나 성장 배경, 그리고 그의 성격 등이 전체주의적 사고나 강압적이고 폐쇄적 분위기와는 거리가 멀어도 한참 멀었다. 더욱이 그는 대사관 무관실에 근무하고 있는 현지 채용 직원이 아닌가?

나는 그를 아주 잘 알고 있었다. 그는 우리보다 3~4년 앞서 프랑스에 온 유학 1세대였기 때문에 내가 파리에 도착한 이래 도움을 많이 받았었다. 좌우간 공산주의 이념 문제에 관한 한 우리는 누구보다도 서로 신뢰할 수 있는 사이였다. 그런데 그가 나와 똑같은 상황에서 강제 압송된다는 것이 너무나 이상했다. 무슨 오해가 있어도 단단히 큰 오해가 있다고 생각되었다. 어쨌든 그와의 만남은 외로웠던 나에게 심적으로 큰 도움이 되었다. 우리는 따로 보디가드와 대사관 문을 나섰는데, 차가 대기하고 있었다. 차 안에 또 다른 얼굴이 보였고, 그가 나의 호송 담당자인 모양이었다. 원래는 먼저 들어왔던 축구 선수가 나를 맡았던 듯한데 그는 직업윤리 상 나를 맡을 수 없어서 사람을 바꾼 듯했다.

우리는 또 한없이 달렸다. 목적지가 어디인지는 물론 모르고 있었다. 내 양옆에는 보디가드가 달라붙어 앉았고 운전하는 사람은 인상이 깔끔한 것으로 보아 아마도 프랑스에서 올 때처럼 외교관이 아닌가 싶었다.

우리가 도착한 곳은 함부르크(Hambourg)공항이었다. 규모는 크지 않았지만 현대적 건물에 분위기도 활기찼다. 수많은 여행객들이 들락거렸다. 두 차에 나누어 타고 온 우리는 탑승구 앞의 장의자에 앉았는데, 나의 왼쪽에는 새로운 얼굴의 남자, 오른쪽에는 김영철 형 그리고 그 오른쪽에는 축구 선수가 앉았다. 우리를 가운데 앉히고 감시자들이 둘러싼 셈이다. 새로운 얼굴은 경상도 사투리가 심한 30대 후반 혹은 40대 초반의 비교적 나이가 있는 사람인데 심성이 착하게 보였다. 순박한 농부 같다는 생각이 들었다. 같이 타고 온 다른 사람들이 탑승 수속을 하는 듯 분주히 오갔다. 김 형과 나는 두 사람 사이에 끼어 앉아 한동안 아무 말도 않고 앉아 있었는데, 그 시간은 나에게 굉장히 긴 시간이었다. 내 마음속에서는 또다시 심한 갈등이 일어나고 있었던 것이다. 이제는 서울 행 비행기 탑승을 앞두고 마지막 결단을 내려야할 때였다. 갈 것인가, 말 것인가를 두고 수없이 갈등을 겪었다. 과장해서 말한다면 'To be or not to be' 類의 번민이다. 내가 그들의 손에서 벗어날 수 있다는 강한 유혹을 느끼게 된 것은 우리를 데려가는 사람 모두가 유럽인들 틈에서 어리둥절한 모습을 보이고 있었기 때문이다. 그들은 마치 '촌닭' 같았다. 겁먹은 사람들 같았다. 유럽에 처음 온 것이 틀림없었고, 프랑스나 독일을 잘 모르는 상태에서 일을 저지르고 있었기 때문이 아닌가 싶었다. 현지 대사관 주재 외교관들도 이번 일에 주도적 역할을 하지 않고 종속적인 역할을 하는 듯했다. 적어도 파리에서는 그러했다. 독일의 본(Bonn) 대사관에 들어섰을 때, 외교관 같지 않은 젊은이들이 마치 그곳을 점령이라도 한 듯, 주인 행세를 하는 것처럼 보였었다. Mr.러닝셔츠도 외교관이었다면 옷차림이나 언행이 그렇게 무례하게 나오지는 않았을 것이다.

공항에는 제복을 입은 사람들이 많았다. 우리가 앉아 있는 앞쪽에도 한 사람이 보였다. 나는 김 형에게 우리의 보디가드가 알아듣지 못하게 비속어 프랑스어로 "우리 지금 여기서 튀자."고 하였다. 그는 착잡한 심정을 얼굴에 드러내며 아무 말도 하지 않았다. 보디가드는 눈치를 챈 것 같았으나 그들 역시 당황스러워하며 잠자코 앉아만 있었다. 나는 그때 파리 유학 7년차여서 유럽에서는 내가 왕(王)이라는 자만심도 있었고, 그들을 따돌리는 것은 식은 죽 먹기처럼 생각되었다. 내가 뛰쳐 일어나, 제복 입은 사람에게 불어로 '저 사람들 위험인물'이라고 말하면 그것으로 끝낼 수 있었다. 또 불어가 통하지 않으면 소동을 피워서 그들의 사무실로 함께 가거나 경찰서로 가기만 해도 될 것 같았다. 납치하는 사람들을 그곳 감옥소에 넣을 수도 있었다. 그 당시 유럽에서는 이유 여하를 막론하고 납치는 가장 혐오스럽고 파렴치한 범죄로 치고 이를 엄하게 다스렸었다. 그러나 내 머릿속 한 편에서는, 이들을 따돌릴 경우 이어서 일어날 수 있는 결과에 대한 손익계산서가 분주히 작성되고 있었다. 만일 독일 경찰에 그들을 넘기고 파리로 돌아가면 예전의 그 평화스러운 삶은 다시 찾을 수 있을 것이다. 그러나 나는 공산당원 또는 국제 공산당원이라는 낙인이 찍힌 채 고국에는 영원히 돌아갈 수 없는 것이 아닌가? 더욱이 박정희 씨는 총칼 들고 한강을 건너 정권을 잡은 군인인데 그가 일정 기간 후에 정권을 내놓을 것 같지도 않았다. 또, 그는 그 당시 젊었었다. 유럽에서는 동양의 전제적 군주제를 보편적, 아시아적 통치 형태로 규정하고, 동양에서는 누구든지 정권을 잡으면 죽을 때까지 양보하지 않는 것을 당연한 일로 받아들여, 스탈린과 모택동, 김일성 등이 모두 다 이런 범주에 속하는 인물로 인식되고 있었다. 이런 상황에서 그들의 기도(企圖)를 거스르면 그들이 정권을 잡고 있는 동안 한국에 들어가 수 없을 것 같았다. 해외로 영원히 떠돌아다니며 조국 땅만 밟지 못하는 국제 미아가 될 것 같았다.

이것 또한 난처한 일이었다. 왜냐하면 1960년 유학을 떠날 당시 부모님은 이미 연로하였었고, 어쩌다 꿈에서 어머니를 보면 혹시 무슨 일이라도 생기지 않았나하고 걱정이 되었었기 때문이었다. 그런데 이런 일로 부모님과 가족을 실망시키고 싶지 않았다. 그리고 내가 왜 이런 일로 모국에서 추방되어야 하는가? 누가 나를 추방할 수 있다는 말인가? 무엇 때문에?

이러한 생각이 뒤따라서 결국 그들을 따라가기로 결심했다. 들어가서 얻어맞는 한이 있더라도 결백을 밝히기로 결론지었다. 그러자 이상한 일이 일어났다. 내가 이렇게 마음을 굳히고 나니 그 동안 나를 괴롭히던 불안감이 사라지는 듯했다. 마음도 훨씬 가벼워졌다. 얻어맞기로 작정하는데 마음이 가라앉는 것이 참으로 이상스러웠었다.

우리 일행 네 명은 비행기에 올랐다. JAL을 예약해 놓고 있었다. 우리들은 각기 짝을 지어 자리를 따로 하고 앉았다. 김 형은 축구 선수와 짝이 되었고, 나는 강한 경상도 사투리를 쓰는, 그러나 순박한 모습의 사람과 함께 앞자리에 앉았다. 자리에 앉아 비행기가 이륙하기를 기다리는 동안 머리가 깨질 것처럼 아파오기 시작했다. 아마 기계적인 일상생활에서 일탈하고, 특히 이틀 밤 사흘 낮을 시달리면서 먹은 것이라고는 도로변에서 아침으로 먹은 빵과 커피 한 잔 그리고 전날 저녁의 통조림 한 통이 전부였기 때문에 그랬던 것 같다. 비행기에서 주는 급식을 초조하게 기다렸다. 그런데 꽤 시간이 걸렸다. 우선 비행기가 이륙하는데 시간이 제법 걸렸고, 이륙했다고 곧바로 식사를 제공하는 것이 아니라 한참 뜸을 들였는데 그것은 예전이나 현재나 마찬가지이다.

스튜어디스가 내 앞에 식사 쟁반을 가져다 놓았을 때 그렇게 감개무량할 수가 없었다. 원래 JAL의 기내식은 깔끔한데다 나로서는 사흘 만에 처음으로 음식다운 음식을 먹어 본 것이다. 커피도 한 잔 마시니 심리적으로 여유도 생기고 문명세계로 다시 돌아온 듯 하였다. 기분도 풀려서 보디가드와 대화를 시도해 보았다.

선량하게 보이는 그에게 "도대체 당신은 어데서 온 분 입니까?" 하였더니 외무부에 근무한다고 해서 나는 다시 나를 이렇게 데려가는 이유가 무엇이냐고 물었다. 그는 그저 잘 될 것이라고만 했다. 그리고 더 이상 이런 대화를 나누고 싶지 않은 눈치였다. 그 대신 자기 이야기를 하기 시작했다. 이야기인즉, 서울 자기 집에서 잠을 자는데 새벽 2시경 '회사' 에서 전화가 왔고 간단한 세면도구를 준비해서 들어오라고 해서 갔더니 행선지도 알려주지 않고 비행기를 태웠는데, 그 자신은 적지(敵地)로 — 당시 공산권 — 투입되어 첩보 활동을 하라는 줄 알았다고 했다. 그러면서 죽는 줄 알았는데 이렇게 살아서 돌아가고 있으니 한 숨 놓았다고 했다. 이렇게 되면 죽기를 각오하고 끌려가는 사람이 죽을 줄 알고 겁먹었던 사람과 한 조(組)가 된 셈이다. 순박한 그의 사람 됨됨이에 호감이 갔다.

우리가 이렇게 이상한 여행을 하는 동안 비행기는 앵커리지에 기착했다. 당시 한국이나 일본에서는 유럽 직항 노선이 개설되어 있지 않아 중간 지점에서 급유를 했다. 10시간 정도 걸려 앵커리지에 도착하면 1시간 급유하고 다시 열 시간 정도 걸려 목적지에 도착할 때이다. 공항 대기실에 있다가 다시 탑승하려는데 복도에서 미국 경찰 두 사람이 앞을 딱 가로막고 섰다. 그들은 키가 컸고 그 중 한 명은 몸이 날렵해 보인 반면 또 한 사람은 뚱뚱하고 마음 좋게 생겼다. 챙 있는 모자를 약간 위로 젖혀 쓰고 서부 영화에서 볼 수 있는 그런 권총을 허리에 느슨히 차고 서 있었다. 우선 그들의 위세에 우리는 압도되었고 미국 경찰이 진짜 경찰 같다는 생각도 들었다. 여권을 보여 달라고 했는데, 나와 김 형은 아무것도 가진 것이 없었고, 두 동반자가 각기 자기들의 여권과 우리들의 여행증을 보여 주었다. 자신들의 여권과 노란색 종이 조각을 내밀었는데 이것이 우리의 여행증이었다. 이런 종이 조각 하나만 가져도 세계 여행을 할 수 있다는 것이 신기하게 생각되었다. 무엇보다도 내가 놀란 것은 이 여행증에 내 사진이 붙어 있는 것이었다. 어떻게 사진을 구했는가? 서울 우리 집에 가서 달라고 했는가? 대학 학적부에서 떼어 왔는가? 어쨌든 그 때 처음으로 이 특수 요원들의 능력을 조금 인정하게 되었다. 미국 경찰은 동반자에게 "당신들이 — 우리를 가리키며 — 이 사람들을 연행하는 모양인데, 앵커리지 공항에 범죄자는 통과할 수 없습니다."라고 말하였다. 나는 그렇게 알아들었다. 동반자들은 이 말 뜻을 못 알아들었거나 알아들었어도 적절한 대답을 할 영어가 모자랐거나 아니면 이러한 상황을 예상하지 못해서 대답이 궁했던지 얼굴만 벌게 가지고 쩔쩔매며 서 있었다. 경찰은 재차 물었고 동반자의 입에서 말은 나오지 않았다. 시간이 흐르면서 대기실의 승객은 모두 탑승하였고 경찰과 우리 네 명만 복도에 처졌다. 조금 있으려니 스튜어디스가 뛰어내려왔고 경찰은 그녀의 독촉에 거의 대꾸도 하지 않고 돌려보냈다. 비행기가 뜨지 않으니 승객들이 초조해진 듯 했다. 기장(機長)으로 보이는 제복 입은 사람이 내려와서 경찰에게 무어라 말하였으나, 경찰은 냉담하게 몇 마디 하고 돌려보냈다. 우리들은 계속 복도에 잡혀 있었고 경찰은 계속 물었는데 동반자는 쩔쩔매며 얼굴만 벌겋게 달아올라 서 있었다. 이렇게 하여 가지고 007은 어떻게 하나? 그런 생각도 들었다. 김 형과 나는 뒤에서 구경만 하다가 할 수 없이 짧은 영어로 내가 나섰다. '우리는 파리 유학생들인데 유학 계약 기간이 끝나서 이 사람과 같이 가는 것' 이라고 둘러댔다. 범죄자로서 연행되는 줄 알았는데 우리가 학생이라 하고, 영어를 들으니 우선 답답함이 풀리는지, 이번에는 우리를 향해 돌아서며 몸이 날렵해 보이고 얼굴이 갸름한 경찰이 질문을 하였다. "당신이 학생(student) 맞느냐?"고 하면서 어느 도시에서 무슨 학교를 다니며 무슨 공부를 하느냐고 물었다. 나는 교과서적인 영어를 구사하며 이유도 없이 이 사람들에게 납치당하고 있다는 말은 하지 않고 현재 파리대 학생이라는 이야기만 했다. 자진하여 귀국한다는 데에는 그들도 할 말이 없었다. 비행기가 이륙을 초조하게 기다리고 있는 상황에서, 두 경찰은 우리를 다시 송환할 것인지 통과시킬 것인지 의논을 하는 듯했다. 결국 우리를 통과시키기로 결정하였다. 비행기에 올랐더니, 승객들의 냉랭한 시선이 우리를 향하고 있었다.

이렇게 옥신각신 끝에 우리를 태운 비행기는 동경에 도착하였다. 공항 내로 들어서니 한국인 같은 청년 여럿이서 우리를 기다리고 있었다. 김 형과 축구 선수 조(組)는 공항에 도착하는 순간 우리와 분리시켜 다른 곳으로 데리고 갔다. 나는 우리까지 이렇게 격리시킬 만한 무슨 중대한 사안이나 비밀 작전이 있는 것인가 하고 생각했다. 어쨌든 우리 조(組)는 공항 내의 일본식 호텔로 안내되었고 보디가드와 나는 다다미방에 자리 잡았다. 둘 다 드러누워서 쉬었고 저녁 식사 시간이 되자 Mr.경상도가 밥 먹으러 가자고 하였다. 아래층의 일식 식당으로 들어갔는데 그가 카운터 다이에 앉으면서 실컷 먹으라고 하였다. 나는 그 말뜻을 알아들었고 기왕에 이렇게 된 일, 본 고장에서 스시나 실컷 먹어보자고 생각하여 참치와 도미 스시를 번갈아 주문하여 양껏 받아먹었다. 선량하고 순박한 이 동반자와 다시 방으로 와서 드러누웠는데 Mr.경상도는 고단했던지 이내 코를 골며 곯아떨어졌다. 나도 한쪽 구석에 누웠는데 잠이 오지 않았다.

다음날 아침 서울행 비행기를 탔다. 역시 JAL이었는데 비행기가 고도(高度)를 잡자 이내 기내식이 제공되었다. 그런데 이변이 생겼다. 음식을 입에 넣었는데, 입맛이 획 돌아서 전혀 목으로 넘어가지를 않았다. 지옥에 떨어져도 하루 세끼를 찾아 먹을 수 있을 것이라는 나의 신화가 깨지는 순간이었다. 이런 경험은 6 · 25 때 피난 가서 한 번 있었을 따름으로 그 후로는 처음 맞는 경험이었다.

동경과 서울은 가까웠다. 곧 김포 공항에 도착했는데, 웬 젊은 사람들이 기내로 들어오더니 우리더러 꼼짝 말고 앉아 있으라고 지시하였다. 승객들을 모두 내보내니 텅 빈 비행기에 김 형 조(組)와 우리 조만 남아 있게 되었다. 또 다른 청년이 올라와서 우리를 안내했다. 공항 청사로 들어가지 않고 청사 왼편으로 한참 갔는데, 그 곳에는 철조망을 두른 공터가 있었다. 보르도 자색(紫色) 남방을 입은 마음씨 좋게 생긴, 얼굴이 통통하고 둥그스레한 중년의 사람이 그 곳에서 우리를 기다리고 있다가, 공항 밖으로 안내했다. 대기하고 있던 까만색의 지프차(지붕까지 달은 개조된 차)에 오르니 운전기사 외에 두세 명이 더 앉아 있었고 내가 타니 그 조그만 지프차는 움직일 수 없을 정도로 만원이 되었다.

우리 차는 김포를 떠나 시내를 향하여 달렸다. 밖으로 나오니 눈에 들어오는 모든 것이 누런색이었고 리어카를 끄는 사람도 보였다. 마음이 착잡하여 앉아 있는데, 차 안에 있던 사람들은 무슨 전리품이라도 챙긴 양 기분이 들떠 있는 듯했다. 이 사람 저 사람 한 마디씩 물어보는데 세느강이 한강보다 크냐는 등 별 의미도 없는 질문들이었다. 그러는 가운데 30대 후반의 얼굴이 사각이며 까무잡잡하고 깡마른 사람이 내 심기를 건드리기 시작했다. 나를 공산주의자로 기정사실화해 놓고 시비를 걸었는데, 나와 평양을 연결시키면서 계속하여 깐죽거렸다. 예컨대 차가 한강 다리를 건널 때에는 "서울이 평양보다 좋지?"하였다. 나를 평양에 드나드는 공작원으로 치부해 놓고 약을 올렸다. 반말로 지껄이는 것도 마음에 안 들었지만 나를 평양 쪽 사람으로 취급하는 것이 더욱 마음에 안 들었다. 그는 같은 말이라도 기분 나쁘게 하는 스타일이었고, 너무나 약을 올렸기 때문에 받아버리고 싶은 마음이 불쑥 일어났으나 이를 꽉 물고 참았다. 시내로 들어가는 동안 계속하여 그런 식으로, 즉 평양과 나를 연계시키며 깐죽거렸다. 이런 사람은 상대해주지 않는 것이 상책이라고 생각하며 창밖만 내다보았다.

서울은 많이 변하지 않았다. 7년 만에 돌아왔건만 거리의 모습과 사람들, 그리고 분위기는 달라진 것이 거의 없었다. 내가 이런 방식으로 귀국을 하다보니 모든 것이 다 부정적으로만 보였는지도 모르겠다. 예컨대 다리를 건너기 전 출구 근처에 시멘트로 세워진 구조물, 거기에 새겨 넣은 조각품이 한눈에 들어왔는데 그것은 이집트 벽화에서 볼 수 있는 그러한 인상을 주는 작품이었다. 일종의 모조품 같았다. 도로변의 허름한 구멍가게하며, 복잡한 서울 거리하며, 모두가 전과 다름이 없었다.

우리 차는 좁은 길을 헤집고 가더니 중부 경찰서 앞에 멈췄다. 이곳이 내 고문 장소일까 생각하니 기분이 좋지 않았다. 기왕에 조사를 받을 것이면 영화에서 볼 수 있는 현대식 건물이면 낫지 않겠나 싶었다. 해방 이후, 나라가 수없이 혼란을 겪는 동안, 역할이 역할이다 보니 경찰서는 상당히 거친 곳으로 모두에게 알려져 있었다. 기왕에 맞더라도 좀 좋은 곳으로 가고 싶었다.

'깐죽씨' 가 혼자 차에서 내리더니 경찰서 안으로 들어가 한참을 있다가 나왔다. 우리를 데리러 나온 줄 알았는데 다시 차에 타더니, 남산 쪽으로 향했다. 그렇게 하여 우리가 도착한 곳은 산꼭대기, 가시철조망 안에 있는 콘세트 마을이었다. 콘세트 앞에서 기다리고 있던 사람들에게 나를 인계하고 그들은 돌아가 버렸다. 결국 나는 소문으로만 들어서 알고 있던 중앙정보부에 인계된 것이다.

파리의 한국인들

1960년 1월, 내가 유학생으로 파리에 도착했을 때, 한국인이라고는 대사관 직원을 포함하여 수십여 명에 지나지 않았다. 그 당시 한국은 가난했기 때문에 외환 사정이 넉넉하지 못하여 외교관도 가족을 데려오지 못하고 독신으로 지낸다고 하였다.

파리에는 예술의 도시라는 이름에 걸맞게 주로 화가, 음악가 등 예술가들이 와 있었다. 서울에서 모두 '한가락' 하던 사람들이라고 하였다. 전공이 다른 나와는 만날 기회가 별로 없었는데, 김세중, 권옥윤, 변종화, 그리고 뒤이어 온 이응로, 한묵, 이성자, 남관 등 기라성 같은 화가들이 파리에 진을 치고 있었다. 음악가로는 이미 박민종, 김신환 씨가 와 있었고 얼마 후 성두영 씨가 왔다. 성두영 씨는 이미 한국에서 활발하게 활동을 하고 있던 음악가였다. 김환기 선생은 내가 파리에 갔을 때 이미 뉴욕으로 떠났었고, 1968년 뉴욕에서 그분을 뵈었을 때, 파리를 떠나온 것을 땅이 꺼지도록 후회하고 계셨었다. 예술 아닌 불문학, 법학, 정치학, 수학 등 다양한 분야에도 유학생이 있었는데, 몇 명 안되었다. 물리분야에는 박사과정의 민선식 씨가 있었다. 특히 서울 문리대(文理大)를 수석 입학, 수석 졸업하였다는 이형동 씨는 학부과정을 끝내고 박사과정을 준비하고 있었다.

이렇게 한 줌밖에 되지 않던 한인사회도 65년 중반을 넘기면서 그 수가 갑자기 불어났다. 프랑스 정부와의 기술협력교류(ASTEF) 계획에 따라 연구원, 엔지니어, 공무원, 준공무원, 의사 등 다양한 사람들이 파리를 비롯한 프랑스 각 지방에서 연수를 받았는데, 이들은 연수 계획에 따라 파리 또는 지방에 분산되어 있었다. 또 그들은 국내에서 이미 직장생활을 하고 있던 사람들이었기 때문에 순수 유학생들과는 교류가 별로 많지 않았다. 훗날 한국기술교육대학교 총장이 된 권원기 씨는 경제기획원 간부로서 연수를 받고 있었는데, 주말이면 자기가 먹고 싶은 음식 재료를 사들고 내게 왔었다. 내가 있던 캄보디아관(館)에도 대부분의 다른 관(館)처럼 부엌 딸린 식당이 층마다 있어서 함께 연수 받으러 와있던 서울 시청의 이씨와 셋이서 밥을 지어 먹고는 했다.

그 밖에 일제시대, 시베리아를 거쳐서 기차를 타고 파리에 와서 정착한 교포도 몇 분 있었는데, 샹젤리제 근처에서 깔끔한 중국식당을 운영하던 전(田) 씨는 한인 사회와 교류가 많았고, 발(足)치료사로 있던 김씨는 거의 왕래가 없었다. 이들 중 인텔리로서 프랑스 여인과 결혼하여 귀화하고 사는 임 씨라는 분이 있었는데, 그는 파리에서 대학도(언어학) 다녔지만 사회활동은 별로 하는 것 같지 않았다. 유학생 노일환은 교외에 사는 그를 가끔 찾아갔는데, 나도 한번 따라간 적이 있었다. 조그만 개인 주택에 살고 있었고 자녀들은 이미 성인이 되어 있었는데 생김새는 서양인에 가까웠다. 우리를 맞은 임 씨는 오랜만에 한국말 할 기회를 가졌다고 생각한 듯, 끊임없이 이야기를 하였다. 원래는 조용한 성품인 듯한데, 이승만 박사와는 교분이 있었는지 이 박사에 관해서는 부정적인 이야기를 많이 들려주었다. 그의 비판은 우리가 서울에서 대통령을 비판할 때와는 또 다른 뉘앙스를 풍겼는데 한 마디로 한국과 인연을 끊고 살면서 한국 대통령의 험담을 하고 있는 것이 자연스럽지 못했고 듣기에 불편해서 그를 다시 찾아가지 않았다.

이렇게 다양한 사람들로 구성된 소수집단에도 공통적인 정서가 흐르고 있었다. 4 · 19 학생 운동을 거쳐 군사 쿠데타로 이어지는 우리나라 정변에 관한 관심과 우려가 한인들 의식의 저변에 깔려 있었던 것이다. 한국 사람은 해외에 나가면 모두 애국자, 그것도 열렬한 애국자가 된다고 하는데 그때도 몇 사람만 모이면 한국의 장래에 관해서 격한 감정을 가지고 의견을 나누었다. 신문을 구해 볼 수 없었기 때문에 대개는 뜬소문에 근거를 두고 나눈 이야기들이었다. 특히 서울에서 4 · 19 이후, 시험되고 있는 민주주의가 무정부 상태와 같다는 소문, 하루를 데모로 시작하여 데모로 끝낸다는 이야기, 학생들이 "가자 북으로, 오라 남으로"라고 외치며 판문점을 향해 진군하였다는 소식 등은 가히 충격적이라 할 수 있었다. 이런 와중에 박정희 씨가 이끄는 5 · 16 혁명이 일어났다. 군사 쿠데타는 민주당 정권이 정국을 장악할 능력이 부족했기 때문에 일어난 논리적 귀결이 아닌가 하고 생각되었다. 정치적 혼란 뒤에는 대개 군사정권이 들어서기 마련인데, 한국도 예외가 아니라는 점에서 모두를 실망시켰던 것 같다. 그 당시 특히 남미와 아프리카에서는 끊임없이 군사 쿠데타가 있었고, 정권을 장악한 군인들은 예외 없이 독재자로 변신하여 부정과 부패를 일삼고 민중의 생활을 도탄에 빠지게 하는 것이 거의 공식이 되다시피 하였다. 이러한 후진국의 도식적인 예를 접하면서 파리의 한인들은 당혹스러워 하였다. 혹시 박정희 씨도 그들과 같은 부류의 사람이 아닐까? 그렇다면 한국도 다른 후진국과 마찬가지로 정치와 경제에 있어서 더욱 더 후퇴하게 되는 것이 아닌가? 이러한 우려가 거의 모든 한인들의 사기를 꺾어 놓고 있었다.

이 와중에 군사정권은 파리 한인들의 여론을 수합(收合)하기 위하여 군사정권의 '내무 분과 위원장' 이라는 박원빈 씨를 파견하였다. 그 당시 대사이던 백선엽 장군은 유학생과 교민대표를 초청하여 박원빈 씨와 함께하는 자리를 마련하였다. 김준희씨와 나 그리고 이응로 화백을 중국집으로 초대하여 식사를 같이하며 허심탄회하게 의견을 나누자는 취지였다. 박원빈 씨는 이 기회에 쿠데타의 정당성, 불가피성을 홍보하려 했을지도 모르겠다. 박 씨가 이 자리에서는 어떠한 이야기를 해도 괜찮다고 화두를 꺼냈다. 그런데 우리 한국인이 토론문화에 익숙하지 않았던 탓도 있었겠지만, 이야기는 엉뚱한 방향으로 폭발하고 말았다. 박 씨가 말을 마치자마자 이 화백은 대사의 면전에서 대사관을 맹렬히 공격하기 시작했는데, 모임의 취지와는 다른, 개인적인 불만을 들고 나왔다. 요지는 자신이 재정적으로 어려워서 대사관에 도움을 요청하러 갔는데 문전박대를 당했다는 것이다. 이 화백은 그때까지도 분이 가라앉지 않은 듯, 침을 튀기며 고함을 치고 백 대사와 대사관을 공격하였다. 한마디로 대사관이 자신의 요구를 들어주지 않는 무책임한 짓을 했다는 것이다. 백선엽 대사는 장군 중의 장군답게 일체 대꾸를 하지 않고 처음부터 끝까지 묵묵히 듣기만 하였다. 그의 신중한 성품도 한몫했겠지만 그로서는 어처구니없는 공격 앞에서, 또 후배 장교 출신인 박 위원장 앞에서 달리 어떤 대응도 할 수 없었을 것이다. 혁명에 관하여 수준 있는 대화를 나누려던 박 위원장도 당황하기는 마찬가지였다. 시작부터 핀트가 전혀 맞지 않았다. 이어서 발언에 나선 김준희 씨는 자신이 정치학 박사 학위를 준비하고 있다는 것을 지나치게 의식한 듯 박 위원장을 향하여 "당신들이 혁명이 무엇인지나 알고 혁명, 혁명하고 있느냐"고 야단을 쳐댔다. 언성이 높아지고 역시 침이 튀었다. 이야기가 이렇게 전개되면 같이 목소리를 높이거나 침묵하거나 둘 중의 하나밖에 다른 방법이 없다. 갑자기 날아오는 공격의 화살에 이번에는 박 씨가 당황한 표정을 지으며 침묵으로 일관했다.

이 만남은 이렇게 민(民)의 관(官)에 대한 일방적 공격으로 싱겁게 끝났고, 나는 연륜도, 경륜도 부족하여 청요리만 열심히 먹고 그 곳을 떠난 적이 있다. 대사도 기분이 상했겠지만, 약이 오른 박 위원장은 다음 날 대사관으로 가서 김준희 씨에 관한 신원조회를 하였다고 전해 들었다. 귀국해서는 파리 유학생 일부가 불온한 사상을 가졌다고 말했다 한다. 이것은 어느 일간지의 한구석에 보도되었고 대사관으로부터 그런 소식이 전해졌다.

이 아름답지 못한 해프닝을 끄집어내는 이유는 앞의 두 사람의 고발이 당시 한인사회 정서의 일면을 대변한다고 생각되기 때문이다. 60년대 초, 파리의 한인사회는 재정적으로 여유롭지 못했다. 그 당시 한국을 떠나 유학을 간다는 것은, 그것도 미국으로 가지 않고 프랑스로 간다는 것은 특별한 일이었는데, 전반적으로 한인 모두가 경제적으로 여유가 없었다. 그 근본 원인은 무엇보다도 우리나라가 가난했다는데 있겠다. 한국의 1인(人)당 국민소득은 필리핀보다도 낮았고, 여러 가지 지표로 보았을 때 우리나라는 영락없는 후진국 대열의 일원이었다. 정부는 넉넉하지 못한 외화를 타이트하게 관리했고 결국 풍요롭지 못한 국력이 파리의 한인사회에도 직접 반영된 듯하다. 그 때 외환관리당국은 정규대학 재학생에 국한해 월 140 US$씩 공정 환율로 환금해 주었고 이것은 굉장한 특혜였다. 씨떼(Cité)와 같은 기숙사에서 학교 공부만 하면 월 100$ 미만으로 숙식비, 학비 등이 해결되던 시대였다. 정부의 이런 조치는 학생들에게는 참으로 고마운 일이었다. 그러나 학생도 아니고 그렇다고 그곳의 화단에 편입되어 정기적 수입이 보장되지 못한 화가들, 또는 기타 범주에 속하는 사람들 중에는 공정 환율 송금의 혜택을 누리지 못하는 사람도 많았던 것 같다. 그때나 지금이나 파리 시내에서 아파트나 화실을 임대하여 생활하려면 상당한 비용이 든다. 물론 그때에도 한국에서 달러를 조달하여 여유 있게 생활하는 이들도 몇 분 있었다. 그러나 학생의 천국이라고까지 하는 파리에서 학생들에게 주는 혜택을 받지 못하는 한인들은 힘든 삶을 살았어야 했다. 60년대 초에는 정규대학에 재학하는 한국 유학생의 수도 10여 명에 지나지 않았었다.

경제적으로 여유가 없으면 대부분의 사람들은 신경이 날카로워지고 모든 것을 부정적으로 생각하게 된다. 이러한 심리, 불만은 곧 정부에 대한 공격으로 이어진다. 더욱이 군사정권의 미래는 불확실하였고, 문화선진국이라는 자부심을 갖고 있는 한국도 결국 남미나 아프리카의 난장판 동네와 비슷한 수준으로 떨어지는 것이 아닌가 하는 우려가 한인들의 마음속에 깔려 있었다. 그리하여 모이면 나라 걱정과 한국 정부 성토대회로 시간을 보내는 경우가 종종 있었다. 가까운 사람들이나 비슷한 사람들끼리 모이면 이렇게 시간을 보냈다. 그때 파리에는 지식 면에서 뛰어난 소수의 리더 그룹이 자연스레 형성되었는데, 이들은 각기 자기 분야에서 열심히 공부하거나 학부 과정을 거의 마친 사람들이었다. 주말이나 시간이 날 때 모여서, 한국 문제를 탁상 위에 놓고 열심히 토론하였다. 나는 그들에게 6인위(六人委)(Conseil des Six)라고 이름을 붙여 주었다. 그 당시 독·불을 주축으로 유럽의 6개국이 공동시장을 구성하고, 각 국 대표들 — 즉 6人의 각료급 인사가 — 밤낮을 가리지 않고 유럽 공동체의 구성, 운영 방식 및 궁극적으로 지향하는 바에 관하여 모임을 가졌다. 이들은 대부분 외무장관 또는 공동시장 결성으로 직접 영향을 받게 될 분야의 주무 장관으로서, 예컨대 농업 문제가 협상의 대상이면 농업장관이 직접 협상자로 참석하였다. 이것이 마치 연재소설처럼 매일 언론에 보도될 때였다. 나는 한국의 미래를 걱정하는 이 엘리트 그룹에게 이 이름을 붙여주었고, 그것이 훗날 즉, 이 위원회가 한국의 중앙정보부의 조사대상이 될 줄은 상상도 못했다. 이 6인위(六人委)들은 진지한 태도로 열심히 토론에 임했는데, 그 모습이 마치 수권(受權)을 준비하는 사람들처럼 보이기도 하였다. 이들은 순수하였었다. 그러나 조국에서 수만 리 떨어진 이역에서, 그것도 서울에서 어떤 일이 일어나고 있는지 충분한 정보와 자료도 없이 진행되는 토론이었기 때문에 탁상공론 같은 느낌이 들기도 하였다. 우리는 — 4·19 전 — 대학에 다니며 강의실보다는 다방에 자리 잡고 앉아 모 일간지와 사상계 등을 부교재(副教材)삼아 현실 문제를 접하고, 자유당 말기의 온갖 비행과 부정부패를 비판하느라 날 새는 줄 모르는 생활을 한 경험이 있었기 때문에 그들에게서 지난날의 내 모습을 보는 것 같았다. 나는 서울에서 대학생활 4년을 다방과 막걸리 집에서 보냈고, 졸업장을 받아든 순간 내가 가진 것은 아무것도 없다는 것을 깨달았다. 그저 허전하기만 했다. 장래가 걱정스러웠었다. 이런 경험이 있었기 때문에 파리에서도 그러한 생활을 되풀이 하고 싶지 않았었다. 그리고 그런 분위기 자체가 싫었다. 프랑스에서만 할 수 있는 공부에만 몰두하여야 한다고 생각했기 때문이다.

이상과 같은 전반적인 상황에서 북조선 인민공화국이 파리의 한인 사회에 끼어 들어왔다. 북조선은 한인들의 동태를 확실히 파악하고 있는 듯했다. 우리들의 주소로 우편물을 정기적으로 보냈다. 우선 로동신문이 버젓이 배달되었다. 지질(紙質)은 파리에서 유통되는 인쇄물에 비하여 너무 저질인 것이 눈에 띄었다. 처음부터 끝까지 한자가 하나도 없는 것도 유별났다. 무엇보다도 우리를 당혹스럽게 한 것은 신문의 내용이다. 위대한 수령 김일성 동지의 교시와 지시로 꽉 채워진 이 유인물은 우리에게는 마치 무슨 괴문서 같았다. 어떤 친구는 신문에서 '위대한 수령 김일성 동지' 가 몇 번 나오는지 처음부터 끝까지 세어 보고 나에게 일러 주었는데 나는 그저 어이없어서 웃기만 했다. 신년 연두교서에서는 해마다 '이밥에 고깃국 먹고 기와집 쓰고' 살게 해주겠다는 수령 동지의 약속이 있었는데, 이 약속은 해마다 되풀이되었고, 몇 년이 지나도 계속 약속으로 남아 있었다. 이 신문은 두 가지 중심 사상(leitmotive), 즉 위대한 수령 김일성 동지에 대한 절대적 찬양과 남조선 '괴뢰' (傀儡)에 대한 욕설로 구성되어 있었는데, 누가 더 아부성 표현에 뛰어난지, 또는 미제국주의와 그 괴뢰에 대한 저주 섞인 독설을 잘 하는지를 겨루는, 언어적 폭력의 경연대회 같았다. 우리가 통상적으로 알고 있는 '신문' 의 개념을 넘어서, 찬양과 투쟁을 선동하고 '혁명' 열기를 불어넣으려 하는 선전물이었다. 이 신문을 보면 북한에서 현실적으로 무슨 일이 일어나고 있는지 전혀 알 수가 없었다. 인민들의 생활수준, 경제의 메커니즘, 대외 정치, 경제 관계, 그리고 교육 문제 등등 사람 사는 곳이면 생길 수 있는 그 많은 문제와 사건이 전혀 취급되지 않았고 오로지 위대한 김일성 동지만 외쳐댔다. 나는 북으로 넘어간 수많은 천재 작가들이 이런 일에 종사하고 있다고 믿지는 않았다. 왜냐하면 그 표현 방식이 도가 지나치도록 유치하였기 때문이다.

당시에는 파리에 대표부도 없던 나라가 어떤 경로로 우리들의 거주지를 알고 있는지 그것도 궁금하였다. 이제 그들은 출판물을 통하여 적극 공세에 나설 판이다. 화보는 눈으로 보기만 하면 되는 그림이니, 사람들에게 보다 쉽게 다가서는 듯했다. 이 잡지 역시 종이, 그림, 색채 등이 파리에서 출간되는 세련된 잡지들에 비할 때 조악(粗惡)하고 촌스럽기 짝이 없었다. 공산주의 국가들의 출판물은 주로 붉은 색을 밑에 깔고 이른바 사회주의적 리얼리즘식 그림을 그린다고 하나 쉽게 말하면 영화관 간판 수준의 그림이었다. 추상미술을 인정하지 않는 그들에게 예술은 오로지 혁명을 고취시키기 위한 구체적 사실 묘사로 끝난다. 한 마디로 이 잡지는 반(反) 디자인적, 거친 편집 등으로 사람들의 눈에 곧 띄었다. 이것은 그들이 세계와 문화교류를 차단하고 모든 것을 오로지 당의 지시와 훈령에 따른 결과라고 하겠다.

화보는 북조선 경제의 비약 상을 선전하려는 목적이 뚜렷했다. 그때 북한에서는 '천리마 운동' 을 벌이고 있었는데, 날으는 듯한 말 위에 주먹을 불끈 쥔 동무가 혁명을 외치며 타고 있는 모습 - 북조선의 조각, 그림 등에서는 이렇게 불끈 쥔 주먹이 자주 등장한다. 그리고 기관차와 '비닐론' 공장이 주로 선전 품목이었다. '비닐론' 은 공장규모도 컸고 북조선의 기술진이 독창적으로 개발한 제품이라고 했는데 그것이 우리가 알고 있는 비닐과 같은 것인지는 확실히 알지 못하였다. 기관차 역시 자체 능력과 기술로 제조한 국산이라는 것이 강조되었다. 이것은 파리의 한인들을 매혹시키고도 남음이 있었다. 왜냐하면 서울에서는 성조기와 태극기를 배경에 깔고 두 사람이 악수하는 그림이 붙은 전차가 다니고 있었기 때문이다. 이것은 미국으로부터 받은 원조물자로써 차체가 일제시대에 다니던 전차에 비하여 약간 컸기 때문에 두 대가 비껴가려면 서로 긁히지나 않을까 조심스럽게 몰았었다. 아슬아슬하게 지나치는 것이 보였다. 서울의 시내 한복판을 누비는 전차가 미국제 원조물자였던 것에 반해 북조선은 기관차를 직접 제조한다는 사실은 충격적이 아닐 수 없었다. 아무튼 화보는 역동적으로 변모하는 북조선 공업입국을 보여주고 있었다.

이상의 두 유인물이 한인들의 호기심을 자극했다면 제3의 신문은 — 그 신문 이름은 기억나지 않는다 — 보다 체계적으로 대한민국의 정통성을 부정하고 그 허구성을 부각시키면서 북조선의 우월성을 독자들에게 심어 주었다. 편집 방식이나 표현에 있어서 한국에서 발행되는 일반지의 형태를 갖추고 있는 이 신문은 한자를 혼용하고 있어서 얼핏 보기에 남한에서 만든 것 같은 인상을 주었는데, 우리는 그것이 일본의 조총련에서 발간하는 것이 아닌가 생각했었다. 이 신문은 한국(북조선은 제외)에서 일어나는 사건, 사실을 보도하면서 비판을 곁들였는데, 물론 대단히 부정적인 사건들이 취사선택 되었다. 전체적으로 남한을 부정하도록 유도하는 기사들이 중심을 이루었다. 이 신문에서 읽은 기사 가운데 지금도 생생하게 기억되는 것은 박정희 씨의 일대기를 — 출생에서부터 그 당시, 1960년 초까지 — 다룬 것이다. 신문 한 면 전지(全紙)를 할애하였는데, 박정희 씨가 센또보(해방 전 일본군이 쓰던 모자)를 쓰고 허리에는 닛본또(日本刀)를 차고서 깡마른 얼굴로 서 있는 모습의 사진이 게재되었다. 얼굴은 초췌해 보였지만 강인하고 단호한 모습을 보여 주었다. 기사 내용을 요약하자면 그는 일본인이 세운 만군 사관학교 출신으로, 소위로 임관되어 만주에서 만주인 항일 게릴라를 토벌하는 임무를 가졌다고 했다. 그의 작전은 대단히 효과적이었는데, 그 비결은 항일 운동가가 출몰할 때 출몰 지역 마을 전체를 불 질러 버리는 방법에 의한다고 했다. 사진에도 실제로 불타는 만주인의 마을도 나와 있었다. 그러는 한편 일본 천황에 대한 충성심을 보여주기 위하여, 매일 새벽, 같은 시간에 일본천황을 향하여 무릎 꿇고 절하였다고 했다. 이러한 그의 모든 것, 충성심과 반일 게릴라에 대한 무자비한 진압 등이 일본군(日本軍) 당국에 인정되어, 일본 육군 사관학교에 선발되었고, 일본 본토 육사에서 재교육을 받았다고 했다. 교육 후 다시 만주로 돌아와서 복무를 하던 중, 천황의 항복으로 무장 해제되었고, 민간인이 되어 단신 한국으로 귀국하는 도중 미군의 정보요원에 의하여 접촉, 그로부터 미군의 정보원이 되었다고 했다. 한국이 해방되면서, 국방경비대가 창설될 때, 국군장교로 군 생활을 시작한 그는 여수 순천 반란 사건이 일어나자, 처음에는 그들에게 가담하였다고 했다. 그러던 중 그는 반군을 배반하여 그들 주모자의 명단을 군 수사기관에 넘기고, 잠시 군을 떠났다가 복귀하였고 군복무를 하던 중에 혁명을 일으켰다고 했다.

이런 종류의 기사는 내용의 진위 여부를 떠나 일단 발표가 되면 당사자는 우선 명예에 손상을 입는다. 비록 진실이 밝혀지더라도 그에게는 '배신자' 라는 딱지가 붙어 다닌다. 다시 말하여 군사쿠데타라는 일종의 반역행위를 한 박정희 씨의 신용에 흠집을 잡는데 큰 역할을 하는 것이다. 이 기사를 접한 사람은 박정희 씨가 어떠한 숭고한 목적을 갖고 쿠데타를 일으켰다 하더라도 일단은 의혹의 눈길을 보내게 된다. 이 유령 신문 편집자는 아마도 이런 점을 노렸는지도 모르겠다. 이 신문 기사는 군사정권 자체에 거부감을 느끼던 파리의 한국인들에게 박정희 씨를 더욱더 믿을 수 없는 사람으로 만드는데 성공했다.

이와는 대조적으로 북조선에 관한 적극적인 홍보 전략은 북한을 미래의 희망으로 떠올리도록 하였다. 왜냐하면, 남과 북을, 자료상으로 비교하여 볼 때 한쪽은 사회주의 건설과 희망을 약속하는 나라로 비쳤고, 남쪽은 군사 독재하에 불투명한 미래를 가진 나라로 치부되었기 때문이다. 많은 사람들이 남쪽보다 북쪽이 더 잘산다고 생각했었다. 북조선은 개인의 자유, 인권이 완전히 박탈된 미증유의 독재국가라는 현실을 잠깐 덮어두었다. 그러다 보니 일부 유학생, 교민은 북조선에 관심을 갖고 그쪽에서 희망을 찾고 싶어 했다.

대사관도 이런 문건들이 한인들에게 배포된다는 것을 알고 있었을 것이다. 대사관은 이에 대응하여 적극적인 조치를 취하지 않고, 그저 사필귀정만 생각하는 듯했다. 북조선 사람들의 적극적인 공세에 대하여 한국 대사관은 복지부동과 침묵으로 일관했다. 가끔 홍보처에서 제작한 소식지를 보냈는데, 그 내용이 정부를 합리화하는 맥없는 기사로 채워져 있었다. 어쩌다가 월남전 참전용사가 용맹스럽다는 것을 선전하려는 의도를 가진 듯한 기사가 있었는데, 예를 들어, 세 명의 병사가 일렬횡대로 서서, 살아있는 뱀을, 꿈틀거리는 뱀을 머리 부분부터 먹어 들어가는 사진이 그것이다. 이것은 보는 사람에게 혐오감만 줄 뿐, 국군 병사가 월남에서 잔인하다는 소문을 뒷받침하는 역할밖에 하지 못했다. 대사관이 조금이라도 성의가 있었다면, 차라리 동아일보나 조선일보 같은 살아 숨 쉬는 신문, 로동신문과는 본질적으로 성격이 다른 신문을 배포해 주었어야 했다. 교포들도 그것을 원했었다. 다만 정부기관은 비판적인 기사가 있는 조선, 동아가 학생들에게 반정부 사상을 고취시킬 수 있다고 판단한 나머지, 신문을 학생들에게서 멀리하도록 하는 중요한 실수를 하고 말았다. 오히려 한인들에게 이런 신문들을 읽게 함으로써 한국과의 연대감을 유지하는 한편, 로동신문의 내용이 상대적으로 얼마나 반(反)지성적인 선전문이라는 것을 확인하게 할 수 있었을 것이다. 또 다른 한편으로는 객관성을 유지하며 비판적인 보도를 하는 우리 신문들은 유일사상을 강요하는 북조선 출판물에 대하여 면역력을 더욱 강화시켜주는 역할도 할 수 있었을 것이다. 정부는 혹은 무관심에 의하여, 혹은 사태파악과 해결책의 미숙함에 의하여 마치 동포들을 포기하는 듯한 인상을 주었다.

이런 와중에 일부 한국인들의 움직임이, 그것도 물밑에서 활발하게 전개되기 시작했다. 학생들의 비공식적인 모임도 잦아졌다. 나는 그런 모임에 관여하지 않고 일정거리를 두고 있었기 때문에 그들이 무슨 이야기를 나누었는지는 모른다. 한인들은 언어장벽으로 인해 프랑스 문화를 소화하는데 지장이 있었기 때문에, 당연히 말이 통하는 동포들을 찾기 마련이었다. 유학생의 리더 그룹은 그들대로, 또 학생은 아니지만 파리에 거주하는 사람들은 그들대로 어떤 구심점을 중심으로 뭉치는 분위기가 생겼다. 물론 모두 개인적인 친분관계를 중심으로 모였고, 특히 한인 신부, 이응로 화백 그리고 여러 유지들을 중심으로 모였었다. 이들 대부분은 공산주의라던가 사회주의라던가 하는 사상과는 거리가 먼 사람들이었지만, 어쨌든 그룹별로 모였고, 모이면 한국에 관한 부정적인 시각과 의견을 교환하였다.

이러한 전반적인 분위기 가운데 일부 소수 엘리트 학생들이 분주하게 움직이기 시작했다. 그들이 '빨갱이' 라는 구체적인 증거는 없었으나, 다양한 부류의 사람들과 조직망을 쌓는 것이 감지되었다. 그로부터 소문도 무성하게 돌기 시작했다. 아무개, 아무개가 '빨갱이' 라는 식의 막연한 소문이다. 그런데 문제는 이렇게 지목된 사람 몇 몇을 중심으로 파리의 한인사회가 심상치 않은 분위기를 띠기 시작했다는 사실이다. 친북주의자로 지목되는 인물들은 물밑에서 포섭 대상자를 공략하기 시작한 것이다. 이제 그 구체적인 예를 들어보자.

앞에서 언급한 유학생 리더 그룹의 주요 멤버로서 노일환이라는 사람이 있었다. 그는 문리대(文理大) 수학과를 졸업한 수재로서 우리보다 3~4년 먼저 파리에 유학, 이과대학(faculté des sciences)에서 수학과를 수료하였다. 이곳을 졸업한 후 정보통신(télécommunication)분야의 그랑떼꼴(Grande Ecole)에 진학했는데, 프랑스에서는 고등교육기관이 2중 구조로 되어 있다. 첫째는 우리가 보통 대학(University)이라고 하는 기관으로서 바깔로레아(Baccalauréat, 대학 입학자격 국가고시)를 통과하면, 학생이 원하는 대학(파리 또는 지방)에 등록, 수학할 수 있다. 그러나 그랑드 제꼴(Grandes Ecoles)은 바깔로레아를 통과하여도 선발시험을 따로 치르고 그 결과가 입학을 좌우한다. 이 시험은 유명한 고등학교에서 준비시키는데, 이 준비 과정을 까뉴(Khâgne)라고 하여 바깔로레아 통과 후 대개 2~3년 동안 준비한다. 그랑드제꼴은 철저한 엘리트 중심 교육을 하는 특수학교로서 입학시험에 통과하기만 하면 장래를 보장받는다. 노형이 입학한 에꼴 드 뗄레꼬뮤니까씨옹(Ecole de Télécommunication)은 통신관계 엔지니어 양성 기관이었다. 이 나라는 가히 엔지니어의 천국이라고 할 정도로 엔지니어들이 우대를 받고, 각 분야에서 요직을 차지한다. 노일환도 비록 국적은 한국이지만 이렇게 장래가 보장된 사람이었다. 그는 마음만 먹으면 프랑스 국적도 취득할 수 있는 사람이었다. 노형은 천성이 워낙 순진한 사람이었기 때문에 우리 같은 후배들을 진심으로 좋아했었다.

그는 'télécommunication'을 다니면서 장학금과 생활 보조금을 받아 재정적으로도 여유가 생겼고 장래도 보장되어 있었는데, 한국문제에 각별한 관심을 갖고 있었다. 조국에서 멀리 떨어져 있다는 그 사실 하나로서 그 역시 애국자가 되어 있는 줄로 생각했다. 그와 나는 한때 씨떼 기숙사의 Cambodia관(館)(시아누크公 王政시대) 아래 위층에 살았었다. 우리는 객지에서 서로 고독도 달랠 겸 저녁식사 후나 주말에 까페(café)에서 많은 시간을 같이 보냈다. 그 때는 거의 매일 저녁이면 만나다시피해서 나이 차이는 있었지만 가깝게 친구처럼 지냈다. 그와 인간적으로 가까워지면서 그의 성격에서 특이한 한 면을 보기 시작했다. 즉 그는 모든 사람에게 친절하고 너그러우면서 다른 한편으로는 모든 사람에게 부정적인 시각을 가지고 있음을 보일 때가 있었다.

원래 순진한 사람이었기 때문에 언행(言行) 모든 면에서 항상 단정했고 호인다웠지만 심리 한구석에 무슨 그늘 같은 것이 있는 듯했다. 그런 그가 자연스럽게 나에게 북조선 문제를 이야기하기 시작했다. 그도 다른 교민들처럼 특히 북조선에서 보내오는 화보에 매료된 것 같이 보였는데, 그 자신 과학도였기 때문에 더욱 그러했던 것 같다. 그는 눈에 보이는 북조선의 산업 발전에서 한반도의 미래를 읽는 듯했고, 보이지 않는 부분, 즉 스탈린型의 공산 독재 국가가 갖고 있는 내부적 모순, 폭력, 공포 따위는 눈 감아 버렸다. 그는 나에게 북조선이 한국보다 산업화에서는 앞섰다는 것을 강조하기 시작했고, 한반도의 미래를 위하여 그들과 대화를 가질 필요성을 역설하기 시작했다. 나는 처음에는 그가 성격이 단순하여 그러는 줄 알고, 그저 듣고

만 있었다. 그가 6 · 25를 어떻게 겪었는지 알 수 없었다. 그 연령대면 혹은 국군으로 혹은 인민군 의용군으로 끌려갔다 왔을 수도 있고, 경찰이나 군속 같은 것으로 병역을 면할 수도 있었는데, 그런 것에 관하여는 아무것도 말해 주지 않았다.

노형은 북조선을 화제로 점진적인 접근을 가해오다가, 어느 날 갑자기 북조선의 젊은이들과 한국의 청년들이 만나서 한반도의 장래를 논의할 필요가 있다고 하였다. 그러기 위하여 동베를린의 북조선 대사관에 같이 가서 그들을 만나 보자고 하였다. 처음에는 계획 없이 지나가는 이야기처럼 시작하다가 점점 더 본격적으로 그들과의 '만남'을 고집하였다. 나는 섬뜩한 마음에 '이 사람이 미쳤나' 하고 생각하며, 그곳에 발을 들여놓는 순간 우리는 그들의 포로가 될 것이라고 좋은 말로 사양하였다. 그는 나의 말은 들은 척도 하지 않고, 일방적으로 그곳에 가자고 조르기 시작했다. 북조선 사람들은 나 같이 젊은 사람을 좋아한다고 하였다. 나를 동백림으로 데려가기 위하여 그는 끈질긴 노력을 계속하였다. 마치 중립적인 입장에서 이야기하는 듯하면서 나를 설득시키려고 대단한 인내심을 발휘하였다. 이런 '공작'은 오래 지속되었다. 나를 만나면 — 우리는 거의 매일 만났는데 — 동백림 이야기를 하였다. 그와는 인간적으로 가까웠기 때문에 불가(不可)의 두 가지 이유를 말해 주었다. 첫째로, 노형 말로는 북조선 사람들이 한국의 젊은이들과 한반도의 미래에 관하여 대화를 갖자고 한다는데, 대화를 원하는 쪽에서 찾아오는 것이 예의가 아니겠는가? 파리는 개방된 국제도시이므로 그런 종류의 회합을 갖기에는 가장 이상적인 장소가 아니겠는가? 따라서 그들이 대화를 원하면 파리로 오라고 전하라. 그렇게 되면 못 만날 이유가 없다고 말해 주었다. 여기에 대하여 노형은 '그것은 불가능하다. 그들은 파리에 올 수 없기 때문에 내가 동백림으로 가야만 회합이 가능하다' 고 하였다. 그들이 왜 파리에 올 수 없는지, 그 이유는 설명하지 않았다. 내가 동백림을 갈 수 없다고 한 두 번째 이유는 사실상 근본적인 문제에 관한 것이었다. 즉, 북조선의 대사관 직원이나 또는 나를 만나고 싶다는 사람들 모두가 정보계통의 특수공작원이라고 보았기 때문이다. 내용이야 확실히 알 수도 없고 증거도 없지만 내 육감이 그런 쪽으로 판단하도록 하였다. 더욱이 그 당시 공산권과 자유진영 간의 냉전이 열을 올릴 때였고, KGB 요원이 CIA에 위장 투항, 그곳에 침투하여 조직을 뒤흔든 사건, 또는 KGB가 영국 첩보원을 매수하여 이중간첩으로 이용하는 등등의 보이지 않는 무서운 전쟁이 물밑에서 일어나던 때였다. 이러한 일들 때문에 나는 공산권에 속한 국가의 대사관, 또는 다른 기관은 모두가 첩보, 공작이 주 임무이자 활동이라는 고정관념 같은 것을 가지고 있었다. 따라서 동백림 방문의 위험성이 도출된다. 즉 나를 만나자는 동백림의 북조선 대사관 직원도 틀림없이 첩보원이거나 공작원일 것이고, 나와 같은 순수한 대학생이 아닐 것이라는 확신이 들게 된 것이다. 그렇다면, 이런 전제하에 내가 그곳을 간다면 어떻게 될 것인가? 그는 일단 나에게 냉면도 만들어 주고 듣기 좋은 이야기도 할 것이다. 그러나 몰래 사진을 찍어 놓을 수도 있을 것이다. 만일 그들이 동백림 대사관에 앉아 있는 내 사진을 한 장이라도 찍어서 갖고 있으면, 그 순간부터 나는 그들의 포로가 되고, 그들의 손아귀에서 빠져 나올 수 없게 될 것이다. 왜냐하면 당시 한국에서는 북한 사람과의 접촉이 반공법으로 금지되어 있었고 엄격히 관리되고 있었기 때문이다. 이런 상황에서 그들은 언제든지 나에게 협박을 가할 수 있을 것이다. "우리말을 듣지 않으면

이 사진을 남조선 정보당국에 넘기겠다. 네가 간첩이라고 남조선 당국에 알려 주겠다." 이 한마디면 나는 오도가도 못하게 되어 그들의 뜻대로 움직일 수밖에 없게 되는 것이다. 이상과 같은 추리에 따라 나는 동백림 행(行)을 초장에 딱 잘라서 거절하였다. 그리고 노형에게 충고도 해 주었다. '만일 당신이 그곳에 가면 그들에게 발목이 잡히게 될꺼요. 더욱이 그들은 당신을 애국적인 대화의 상대로 보지 않고, 간첩으로 이용할 수도 있을 것이요. 그러니 그런 사람들과는 파리처럼 개방되고 사람들의 왕래가 많은 곳에서 증인이 되어 줄 수 있는 사람 몇 명을 대동하고 만나기 전에는, 잘못하다가 노형은 헤어날 수 없는 함정의 구렁텅이에 빠질 수도 있다' 고 말해 주었다.

내가 동백림 행(行)을 거부한 데에는, 보다 근본적인 다른 이유도 있었다. 나는 북조선을 포함하여 공산권 국가 사람들에게는 무조건 호감이 가지를 않았다. 이들은 모두 비밀스럽고, 당인지 뭔지에 충성한다면서 사상과 표현의 자유를 박탈당한 가운데 순전히 지령에 따라 움직이는 로봇 같은 공작원의 모습을 띠고 있었기 때문이다. 영화나 뉴스에서 그렇게 묘사되고 있었다. 한마디로 기분 나쁜 사람들이며 진실성이라고는 찾아 볼 수도 없는, 자기 자신의 의사라고는 없는 사람들인데, 그들과 만나서 무슨 이야기를 한다는 말인가? 그런데 어찌 된 일인지 노형은 이러한 나의 논거는 들은 척도 않고 계속 나를 동백림으로 데려가는 데에만 정신이 팔려 있었다.

우리는 같은 기숙사 아래 위층에 살다보니, 수시로 만날 수밖에 없었다. 그의 방에서 커피(café)도 끓여 마시고, 식사 시간에는 학생식당도 같이 다니며 공부하는 시간 이외에는 함께 지내는 시간이 많았었다. 노형은 자기의 어렸을 적 이야기도 하였다. 초등학교 시절 6년 내

내 반장을 하였고 철봉도 제일 잘하였다고 했다. 같은 반에 문리대(文理大) 정치학과 교수가 된 김영국 씨가 있었는데, 그에 관한 이야기도 많이 들었다. 김 교수는 여유 있는 가정에서 자랐고 그 역시 공부도 운동도 다 잘하였다고 했다. 그러나 그가 아무리 노력해도 자기를 따라잡지 못하고 반장 자리도 뺏지 못한 채 늘 2등에 남아 있었다고 했다. 김 교수는 문리대(文理大) 정치학과에 진학하였고 자신은 수학과를 선택하였다고 했다.

그런데 이 두 사람 사이에 근본적인 차이가 있었다. 그것은 노형의 경우는 집안이 가난하여 초등학교 다닐 때부터 돈을 벌어야 했다는 것이다. 돈을 벌어 오지 못하면 아버지한테 맞았다고 하였다. 그런 말을 하며 내 얼굴을 쳐다보고는 했다. 내가 부럽다는 말도 하고 여동생이 있는데 나와 어떻게 인연을 맺어 줄까 하는 생각까지도 했었다. 노형이 북조선 공산주의에 관심을 갖게 된 연유는 아마도 위와 같은 성장배경이 큰 역할을 하였을 것으로 보인다.

그는 소련의 산업발전을 대단히 긍정적으로 받아들이고 있었으며 돈스코이(Donskoi, 영화 감독으로 고르키(Gorki)의 '어머니' 제작)와 돈바쓰(Donbass, 소련에서 가장 큰 탄광) 이야기도 가끔 하였다. 북조선에서 보내는 화보를 통하여 그곳에서도 경제가 발전할 것이라고 낙관적인 전망을 하였었다. 그는 마르크시즘(Marxism)이나 유사 마르크시즘에 관한 이론서적은 거의 읽지 않은 것 같았다. 본래 과학도였기 때문에 그런 종류의 서적과 가까이 할 기회와 시간이 없었던 듯하다. 정략적으로 그러했는지는 모르겠으나 계급투쟁이나 프롤레타리아 혁명에 관한 이야기는 거의 없었다. 그가 북조선 공산주의 쪽으로 경도(傾倒)한 것은 순전히 성장 과정에서 생긴 감정적 판단의 결과가 아닌가 하고 생각된다. 어쨌든 나에 대한 그의 '공작'은 상당히 집요했다. 내가 동독 행(行)을 거절하며 그 함정과 위험성을 일깨워 주는데도 불구하고 계속 설득하려고 한 데에는 더 이상 북조선의 지배에서 자유롭지 못한 지경에 이른 것이 아닌가 생각되었다. 이미 그쪽 사람들 세계에 깊이 관여되어 일종의 지령 같은 것을 받고 움직이는 것이 아닌가 하는 추측도 하였다. 그는 내가 공산세계에 관하여 계속 거부반응을 보이자 여러 가지 미끼를 사용했는데, 그중 하나가 책을 통한 사상 주입 시도였다. 그러나 이 계책은 나로 하여금 평소 갖고 있던 공산국가의 사회과학의 현실 문제를 확실히 하여 주는 계기가 되었다.

그는 어느 날 아침 자랑스럽게 소련 아카데미에서 출판된 '경제학 원리'를(불어판) 갖다 놓았다. 책의 두께나 장정(裝幀), 그리고 지질 등이 상당히 고급스러운 방대한 저서였다. 그러나 책의 목차를 본 순간 그것이 휴지보다 못하다는 것을 알게 되었다. 내용은, 예를 들어 '자본주의 경제에서는 물가가 불안정한데, 사회주의 경제에서는 물가가 안정되어 있다.' 또는 '자본주의 경제에서는 경기가 불안정한데 사회주의 경제에서는 경기가 안정되어 있다.' 이런 이분법적, 문답식 방법으로 그 두꺼운 책을 빼곡히 메우고 있었다. 이 책은 제목이 경제학 원리이지만 경제학이론을 설명해 주는 책이 전혀 아니었다. 마르크시즘의 자본주의 비판을 소련의 중앙집권적 계획 경제 체제에 적당히 끼워 맞춰서 '자본주의는 나쁘고 사회주의 경제는 좋은 것이라는' 순진한 선전물에 지나지 않았다. 그 당시 나는 파리 정치대학 재경학부 학생이었고 레이몽 바르 교수(Raymond Barre, 1924~ 전 프랑스 수상)로부터 경제학 원리를 직접 배우고 있었다. 그의 '경제학 I과 II 두 권은(l' Economie Politique) 학생들 사이에 르 바르(Le Barre)라는 별

칭을 가지고 경제학도의 필수 교과서로 널리 읽히고 있었다. 그때까지 경제학이 이룩한 모든 이론을 집대성한 책으로써 사회과학도들의 필수 서적이었다. 뿐만 아니라 외국서적을 웬만해서는 불역하지 않는 프랑스에서도 사무엘슨(Samuelson)의 '경제학' 이 번역되어 부교재 삼아 공부할 때였다. 이런 판국에 소비에트 아카데미라는 거창한 곳에서 내놓았다는 그 책은 내용이 초라한 정도가 아니라 내용이 아주 없는 책이라고밖에 볼 수 없었다. 일종의 교리문답 강의였다. 이 책은 언론의 자유, 사상과 비판의 자유가 없는 공산국가에서 사회과학이 입은 타격을 광고해 주는 듯했다.

그 당시 프랑스에서는 이미 마르크시즘이 사양기(斜陽期)에 접어들고 있었다. 비록 1920년대 베를린이 세느 강변 좌안(左岸)(rive gauche de la Seine)으로 옮겨 왔다고 할 정도로, 쌩 제르맹 데 프레(St. Germain des Prés)에서 마르크시즘이 활기 있게 논의되었지만, 그것은 어디까지나 철학자들의 담론에 지나지 않았다. 이른바 보수진영의 기수였던 R. 아롱은 싸르트르, 메를로 뽕띠 같은 철학자들이 마르크시즘을 논의하는 것은 경제학과 경제의 메커니즘을 모르기 때문이라고 비판하였다. 우파 정계의 수장이던 띠-그씨에 비냥꾸르(Tixier Vignancourt)는 유권자 20%를 확고히 유지하고 있는 프랑스 공산당에 대하여 ' 백년 전(前) 이론을 지금까지 붙들고 있는 수구세력들' 이라고 하며 한 마디로 공산주의를 깔아뭉개 버렸다.

나도 물론 학교에서 부루아(Brouha) 교수의 마르크시즘 강의를 수강했지만 그것은 어디까지나 사회사상사의 한 장(章)을 공부하고 지식을 습득하면서 학점도 딴다는 차원에서였다. 마르크시즘은 실천과학으로서의 가치를 이미 상실하고 있었다. 노형은 역시 과학도답게 이런 전반적인 흐름은 잘 모르고 있었던 것 같다. 소련에서 돼지고기 비계 한 덩어리를 구입하려고 장사진을 치고 서 있는 아주머니들의 텅 빈 쇼핑백을 신문에서 이미 보았겠지만 이런 소비재 산업은 중공업이 완성되면 저절로 해결될 것이라고 하는 말을 믿었고, 북조선도 그렇게 되리라고 희망을 걸고 있었다.

어쨌든, 구(旧)소련과 그의 위성국들이 — 여기에 북조선도 포함되어 있음 — 채택한 경제 개발 및 운영 방식은 가히 혁명적이었다. 기존의 자본주의 시장에 의하여 생산, 교환, 분배가 자연스럽게 이루어지던 방식을 힘으로 폐지하고, '무엇을 어떻게 생산할 것인가' 하는 기본 문제, 그리고 '누구를 위하여' 라는 분배 문제를 당(黨)과 그 하부 기관인 고스쁠랑(Gosplan, 계획원)을 통하여 행정적인 명령자 지시와 교시로 해결하려 들었다. 중앙집권적 완전 계획 체제라는 이 소련식 제도 하에서는 고스쁠랑이 재화(財貨)의 양적(量的) 생산 목표를 책정하고, 생산 방식 즉 투입량(input)의 내용까지 세세하게 정해 준다. 이 제도 하에서는 철과 석탄 및 다른 기간산업의 생산은 물론, 인민이 매일 매일 사용하는 모든 소비재, 식량과 의료 같은 생필품의 생산을 명령, 지시한다. 예컨대 직물 공장에서 직물을 짜기 위하여 보다 많은 기계, 또는 보다 많은 인력 등, 이른바 생산요소 배합(combination)의 문제까지 계획기관에서 정해 준다. 즉 어떻게 생산할 것인가라는 것까지 정해 준다. 이 계획경제체제 하에서는 모든 중간 생산재가 공장에 배급되고, 소비재는 인민에게 배급된다. 여기에서 생산 목표는 물론 당과 수령 동지의 독단적인 의지에 의하여 좌우되며, 소비자의 의사는 완전히 무시된다. 시장(市場)(광의의 추상적 개념으로서의)이 폐지된 상태에서, 소비자의 의사 표시가 실종된다. 소비자는 오로지 국가가(공산주의자들은 생산 수단을 막연히 '사회의 소유' 라고도 한다) 압수한 공장에서 생산한 물건 이상의 그 무엇에 대한 소유와 소비의 욕구를 포기해야 한다. 시장을 통하여 표현된 소비자의 수요가 늘어날 때, 생산자는 공급을 늘리고, 가격도 올리며, 그 반대의 경우, 가격이 내려가는, 기본적인 시장 메커니즘이 실종된 것이다. 다시 설명하자면, 예컨대 소비자들 사이에서 빨강 넥타이가 유행을 탄다고 하자. 이 넥타이를 구매하려는 사람이 늘어나고, 공급자, 즉 생산자는 이 기회에 돈을 벌자고 작정하고 빨강 넥타이의 공급, 즉 생산을 늘린다. 그러나 공급자 시장에는 한 사람만이 있는 것은 아니다. 다른 공급자도 이 기회에 돈을 벌어 보자고 작정하고 생산 시장에 끼어든다. 경쟁자보다 더 좋고 값싼 제품을 만들어서 시장에 내어 놓기 위하여 온갖 지혜를 짜낸다. 색깔도 점점 세련되어진다. 이렇게 하여 시장에는 빨강 넥타이가 충분히 공급되며 소비자는 선택의 폭을 늘려가며 점점 더 싼값에 양질의 넥타이를 구입하게 된다. 자본주의 경제하에서는 이렇게 하여 물건이 충분히 공급되고, 소비자에게도 혜택이 돌아간다. 이것이 시장의 메커니즘이다. 그런데 공급자 사이의 경쟁에 기초를 둔 이 시장 메커니즘이 실종되다보니, 소련의 경제는 활력을 상실하고, 국민은 정부가 하라는 대로, 수동적으로 움직이게 된다. 개개인이 창의력을 가지고 열심히 일하면 부자도 될 수 있다는 희망을 싹부터 잘라 버리기 때문에, 국민들은 자기에게 주어진 목표와 책임만 달성하면 그 이상 일을 할 이유나 필요가 없다. 그리하여 소련 경제는 탄력을 잃어갈 수밖에 없었다.

소련 당국은 국력을 높이고 군사력을 증강하는 것이 국력 신장이라는 판단하에 철 공업, 석탄 산업, 무기 산업 등에 우선순위를 두고 민중들의 일상생활에 필요한 소비재 산업은 뒤로 미루어 버렸음은 이미 앞에서 언급했다. 이로부터 소련에는 만성적인 소비재 물자 부족이 생긴 것이다. 농업의 국영화와 협동조합화는 소련인(人)들의 기근의 원인이 되었고, 북조선에서도 똑같은 현상이 발생하였다. 쉽게 이야기하여 농민은 남의 땅(국가 또는 협동조합)을 경작하는데 신이 날 이유가 없는 것이다.

이 경제 계획 방식은 '비효율'이라는 단어를 넘어서 완전히 경제를 파국으로 몰아가는 불합리한 제도였다. 스탈린의 계획 경제를 희화화(戱畵化)하며 불합리성을 쉽게 알려준 이야기를 인용해 보자. '고스쁠랑에서 건축을 장려하기 위하여 못의 증산을 지시했다. 생산 목표를 높게 잡아 공장에 명령을 하달했다. 이 체제하에서는 오로지 양적(量的) 목표를(여기서는 못의 數量) 책정 하달하기 때문에, 못 공장에서는 바늘처럼 가늘고 작은 못을 책정된 수량보다 더 많이 생산하여 목표를 초과 달성시키고 영웅 훈장을 받았다. 못이란 용도에 따라 크기와 굵기가 다양해야 하는데, 공장에서는 질적(質的)인 면은 무시하여 버렸다. 실제로 사용자에게 전부가 바늘 같은 못은 필요가 없어서, 이것은 쓸모없는 물건이 돼버렸다. 화가 난 스탈린 동무가 이번에는 못의 생산 목표를 중량(重量)으로 정해서 생산할 것을 지시했다. 못 공장은 전체 생산품의 무게만 초과 달성하면 되었기 때문에, 공장 동무들은 장대같이 큰 못을 소수 생산하여, 양적인 목표 달성만 초과시켰다.' 이상이 계획 경제 생산 방식을 한 마디로 요약해 준 현실이었다. 즉 이 경제 운용 방식에서는 소비자에게 필요한 제품이 적절히 공급될 수 없다는 근본적인 모순을 갖고 있는 것이다. 가격은 계획 수립자의 의지를 반영할 뿐, 시장 경제에서 볼 수 있는 '수요와 공급'의 결과가 아니다. 즉 가격은 수요와 공급이 만나는 곳에서 결정되지 않는다. 광의(廣意)의 시장에서 가격은 계획 수립자가 임의로 책정한 일종의 요금(料金)의 성격을 갖는다. 그렇기 때문에 소련에서 가격은 '안정' 되어 있다. 당과 정부에서 소비를 장려하고 싶은 제품은 낮게 책정하고, 그렇지 않은 제품의 가격은 높게 책정한다. 구체적으로 스탈린 시대에 TV 가격이 구두 한 켤레 가격과 맞먹은 때가 있었는데, 그것은 TV를 싼 값에 널리 공급하여 인민들로 하여금 스탈린 동무의 얼굴과 붉은 기와 혁명가를 자주 접할 수 있도록 하기 위한 배려의 결과였다. 또 한번은 모스크바 근처의 농민들이 가축을 사육하는데, 사료로 곡물 대신 빵을 먹인 일이 있었다. 당과 고스쁠랑이 시민들의 빵 값 부담을 덜어준다는 목적으로 빵 값을 낮게 책정하여 생긴 어처구니없는 결과였다.

경제가 이런 식으로 운영되면서 나라가 망하지 않는다면, 그것은 해가 서쪽에서 뜰 수 있다고 기대하는 것과 마찬가지이다. 공산주의 국가에서는 자원의 합리적 배분 없이, 정책 수립자에 의한 자원의 낭비만 있을 따름이다. 나는 소련의 경제문제를 보르다즈(Bordaz) 교수의 '소련 경제' 강의를 통하여 자세히 배웠고 소련식 계획 경제 운영 방식이 한계에 다다랐다는 사실을 잘 알고 있었다. 문제는 언제 파멸할 것인가를 점치는 일만 남아 있었다. 북조선을 포함한 사회주의 경제가 이런 파국을 맞이하고 있는 가운데 노형을 비롯한 일부 유학생들이 북조선 경제에서 희망을 보았다면 그것은 마치 신기루를 본 것이나 다름없다. 때문에 나는 노형의 대북 접근도 오래가지는 못하고 순간의 호기심의 환영(幻影)으로 끝날 것이라고 확신했었다.

우리들의 이런 관계는 2년여 동안 계속되었다. 노형은 다각적으로 공세를 펴오면서 아무개도 동백림에 갔다 왔다고 하며 여러 사람의 이름을 나에게 일러주었다. 그들이 갔다 온 증거물까지 받아서 나에게 전해 주었다. 한번은 ×씨가 동백림 북조선 대사관에서 받아왔다는 나일론 보자기를 주었는데, 그 색깔이 50년대 우리나라에서 볼 수 있던 촌스런 연한 보라색이었다. 나는 그것을 찢어서 화장실에 넣어 버렸다. 노형은 자신도 갔다 왔다는 말은 절대로 하지 않았다. 가끔 2~3일씩 여행을 다녀왔으나 행선지는 말하지 않았다.

노형이 나에게 동백림에 다녀온 사람들의 이름을 전부 옮긴 것은 아마도 두 가지 심리에 의한 것 같다. 첫째는 자기만의 비밀을 나와 함께 나눔으로써 나도 이미 그의 동지가 되어 있다는 것을 암묵적으로 기정 사실화하는 것이고, 또 다른 이유는 그의 성격에 따른 것일 수도 있다. 즉 남의 비밀을 간직해 주는 신중함이 결여된 성격이라고 하겠다.

이렇게 하여 나도 모르는 사이에, 나는 '너무 많은 것을 알고 있는 사나이' 가 되어 버렸다. 그러나 내가 그들 진영에 가담하지 않게 되자 나와 노형 및 노형 동지들 사이에 엄청난 긴장이 발생하였다. 특히 노형의 동지들은 나에게 노골적인 적의를 표했고, 자기들이 규합할 수 있는 세력과 연대감을 더욱 공고히 하는 것을 느꼈다. 그렇게 함으로써 나를 포위하고 있다는 일종의 협박 같은 신호를 보냈다. 이런 움직임이 확대되면서 나는 일부 파리 유학생 및 한인사회의 '공공의 적' 이 되어 있었다. 그들에게 '나' 라는 존재 자체가 부담스러웠다. 외국에서 동포들이 모이면 나라 걱정과 동포들에 대한 험담이 거의 전부라면, 아마도 동조하지 않은 내가 그들과 그들이 규합한 세력들의 '단골 안줏감' 이 되었던 것 같다. 물론 그들은 내가 북조선과 공산주의를 무시하는 사람이라고 매도하지 않고, 주로 사생활에 관한 험담을 하였던 것 같은데 많은 사람들이 같이 욕하면서 자기들끼리 '우리는 하나' 라는 의식을 느꼈던 것 같다.

이러한 긴장 상태가 극에 이르고 있던 어느 날 저녁, 노형이 내 방문을 두드렸다. 그는 몹시 초조해했으며, 누군가로부터 추궁과 질책을 당했는지, 나와 결판이라도 내려는 듯 들이닥친 것이다. 그는 다음과 같이 말했다. "만일 네가 우리들의 말을 안 들으면, 16구(區)로 데려가서 죽여 버린다"고 하였다. 파리 16구(區)는 부르주아 동네로써 점잖은 사람들이 사는 곳이었는데, 사람 죽이는 곳이 거기에 있다는 것을 처음 알았다. 그러나 노형은 어디로 보나 '마지메(모범생)' 이고 우등생이었기 때문에 이러한 공갈 협박이 그에게는 잘 어울리지 않았다. 사람을 죽일 수 있는 잔인한 인물은 더 더욱 되지 못했다. 내가 말할 차례가 되어, 침을 한번 삼키고 나서 "노형, 노형이 '우리들이 젊은 기분에 실수를 한 것이니 네가 한번 봐주라, 비밀을 지켜 달라' 그렇게 말하면 나는 얼마든지 그럴 용의가 있소. 그런데 지금처럼 사람을 죽이니 살리니 하고 나오면, 내가 너희들을 모두 죽여버릴꺼야!"하고 마지막 구절에서 폭발하여 벌컥 화를 냈다. 내가 사람을 어떻게 죽이나, 그가 그런 식으로 나오니까 나도 얼떨결에 한 번 해 본 소리였다. 노형은 잠자코 있더니 남의 침대에 벌떡 드러누워 버렸다. 얼굴은 벌겋게 달아올라 씩씩거리고 있는 모습이 참으로 고통스러워 보였다. 내부적으로 엄청난 갈등을 겪고 있는 사람 같았다. 한참 후 그는 침대에서 일어나 비스듬히 벽에 기대어 앉더니, "상필이, 내가 모든 것을 대사관에 가서 대사에게 불어 버리고, 아프리카로 튀면 어떨까?" 하였다. 나는 잠시 생각한 다음 " 노형, 그렇게 되면 당신과 같이 일한 사람들은 모두 어떻게 되는거요? 그러지 말고, 지금 이 순간부터라도 그쪽(북조선) 애들과 손을 끊고, 잠적하여 조용히 몇 해를 보내면 모든 것이 흐지부지 될 것 같으니 그렇게 하는 것이 좋겠소" 하였다. 그는 아무 대답도 하지 않고 조금 더 있다가 내 방을 나갔고, 그 이후 서로 연락이 끊겼다. 어쩌다 학생 식당에서 마주치는 경우가 있어도 서로 고개만 끄덕하고 말도 없이 스쳐 지나갔다. 그 때 그는 파리 남쪽의 부르 라 랜느(Bourg la reine)라는 조그만 마을에서 방을 하나 얻어 기거하고 있었다.

이런 일이 있은 후 파리에는 이상한 기류가 흘렀었다. 나는 사람들을 거의 만나지 않았었고, 만날 일도 없었지만, 한편에서 무슨 일이 부산하게 움직이는 듯했다. 몇 사람 안 되는 한인 사회가 보이지 않는 세력에 의해 그룹화하는 것을 알 수 있었다. 그렇다고 이 움직임이 뚜렷한 동기와 목표를 가지고 그런 것도 아니고 친북 좌익을 표방하는 것은 더 더욱 아니었다. 그 그룹들 중 어떤 것은 확실히 나를 간접적으로 비방하는데 열중하는 것도 알고 있었지만, 우선 그 구성원들이 내가 상대할만한 사람들이 아니었고, 또 객지에서 사람들이 모이면 남의 욕하는 것이 보통이니, 나는 무관심으로 일관하였다. 그런 가운데 한인 사회에 두 가지 큰 사건이 일어났다. 첫 번째는 내가 관련된 일이고, 두 번째는 대사관 영사가 공개적으로 공격을 받은 일이다.

학생회 사건

1965년 초 어느 일요일 아침에 누가 내 방문을 노크했다. 문밖에는 6~7명의 우리 동포들이 있었다. 당시 학생 기숙사 규칙이 토요일 오후와 일요일 하루는 외부인(外部人)이 자유롭게 출입할 수 있도록 개방되어 있었다. 주 중에는 방문자가 오면 수위가 방에 있는 벨을 통해 알려 주고, 내가 만날 의사가 있으면 내려가서 방으로 데리고 오던가, 기숙사 응접실에서 만나도록 하였다.

그날은 일요일이었기 때문에 그들이 곧바로 내 방문을 두드리게 된 것이다. 한 묵 화백과 성두영 씨를 비롯해, 파리에 유학중인 예술가들과 이재환이 서 있었다. 성두영 씨는 파리의 에꼴 노르말(E.N.M.P)에서 앙리 뒤띠외(Henri Dutilleux)교수에게는 작곡을, 쥘 쟝띠(Jules Gentil) 교수에게서는 피아노를 공부하던 음악도(徒)였고, 이재환은 서울 문리대(文理大) 출신으로 파리에서 건축 공부를 하고 있던 수재 중의 수재였다. 그들은 이번 학생회장 선거와 관련하여 상의할 일이 있다고 하며 내 의견을 묻지도 않고 내가 회장선거에 출마하여야 한다고 거의 지시하듯 말했다. 특히 한 화백은 홍익대(弘益大) 교수를 하던 분으로서 교수직을 버리고 파리에서 자신만의 독창적인 세계를 찾겠다고 혼신의 힘을 쏟아 부으며 작품 활동을 하고 있던 분이었다. 그때 나는 6월에 있을 학년말 시험을 앞두고 교과서 공부하느라 시간적 여유가 전혀 없었기 때문에 완곡히 사양하였다. 그런데, 이분들은 새로 뽑게 될 회장에 출마한 사람이 파리 유학생 회장으로는 적절한 인물이 아니라고 말하였다. 이 후보는 무엇보다도 파리에 온지 얼마 되지 않았고, 더욱이 정규대학에서 정규과정을 공부하고 있는 학생이 아니었기 때문에, 유학생 전체 모임인 학생회장으로는 부적절하다는 주장이었다. 그들은 상당히 심사숙고한 끝에 나를 찾아왔던 것이다. 나에게는 의견을 개진할 여유도 주지 않고 몰아부쳤는데 두 가지 생각이 머리를 스쳐가서 그들의 제안을 받아들이기로 했다. 첫째로 이 학생회는 말이 학생회이지, 별로 하는 일이 없었다. 우선 대사관 보조금이 년 400$ 이었기 때문에, 이 금액으로 의미 있는 행사를 한번이라도 치룰 형편이 못 됐었다. 김신환(테너) 선배, 그리고 알제(Alger) 대우(大宇) 지점장으로 근무중 아랍 근본주의자들의 총에 맞아 비명횡사한 강대현 등이 회장을 하였는데 그들은 이 적은 자금을 가지고 몸으로 때우면서 학생회를 이끌었었다. 예를 들면 어떤 학생이 감기가 들어 거동이 불편하면, 쥬스 사들고 방문하거나 또는 한국을 알릴 수 있는 대사관의 행사 등에 여학생을 동원, 그들이 한국에서 가져온 한복을 입고 우리 문화를 뽐낼 수 있게 하는 일들을 하였다. 새로 도착하는 이들에게는 까르띠에 라땡(Quartier latin)의 '광명' 우동집에서 국수를 사 주는 일도 그 중 하나였다. 이런 일들은 자금은 적게 들지만 회장이 시간을 쪼개어 봉사하는 일들이다. 달리 말하자면 학생회는 학생 전부가 참여하는 행사를 벌일 수가 없었다. 또 한 가지 생각은 — 이것이 나의 착각이자 잘못이었다. — 당시 파리의 한인사회가 보이지 않는 어떤 세력에 의해, 모이면 남의 이야기나 하고 중상모략하는 분위기인데, 그 한복판에 나 자신이 있다는 점에서 차제에 내가 전면에 나서서 그런 분위기를 바꿔 보자는 생각이었다. 결국 나는 선거에 나섰고 회장에 뽑혀서 파리 유학생 회장이 되었다. 학교 다니느라 바쁜 데다 학생회라야 달리 사무실이 있는 것도 아니어서 한두 달을 아무 일 없이 지냈다. 그런데 대사관에서 년 보조비 400$을 수령해 가라는 전갈이 왔다.

학생회 임원들이 모여서 이 돈을 어떻게 쓸 것인지 상의 끝에, 르와르성(城)들을(Châteaux de la Loire) 가기로 합의를 보았다. 이곳은 예전이나 지금이나 여전히 프랑스의 관광 명소이다. 르와르(Loire) 강을 끼고 양쪽에 드문드문 들어선 성(châteaux)들은 영화에서 볼 수 있는 바로 그것이다. 그 당시 한인 중에 자동차를 소유하고 있는 사람이 한 명도 없었는데, 이곳은 차가 있어야 제대로 구경할 수 있는 곳이다. 따라서 그곳을 가는 것이 유익하겠지만 400$, 이 적은 돈으로 어떻게 유학생, 교민 등 수십 명을 데리고 갈 것이냐가 문제였다. 그래서 일단 운전기사 딸린 전세버스 한 대를 빌리고 나머지는 우리가 직접 모든 것을 해결하기로 정했다. 안내와 건축물 설명, 해설은 이재환형이 맡기로 했다. 제일 큰 문제가 식사인데, 30~40명분의 김밥에 음료수를 준비하면 훌륭한 피크닉이 될 것 같았다. 특히 한국인 중에는 프랑스 음식에 적응하지 못하고 맨밥만 먹어도 좋아하는 이들이 태반이었기 때문에 김밥은 이상적인 식사라고 판단했다. 문제는 누가 그 많은 김밥을 말아 줄 것인가에 있었다. 한 화백에게 김밥을 부탁했더니 기꺼이 해주겠다고 하였다. 그는 대학 제자로서 이곳에 살고 있는 Miss.김을 동원하여 밤새도록 30~40명분의 김밥을 말았고 나는 재료비 겸 사례금조로 300프랑(60$)을 드렸다. 이것이 후일 큰 문제가 될 줄은 꿈에도 몰랐다. 우리는 즐거운 당일 관광을 마치고 돌아온 뒤 모두 만족해했지만 불평하는 사람도 한두 명 있었다. 예를 들면 왜 사과 주스가 아닌 오렌지 주스를 사 갖고 왔느냐는 등의 불만이었다. 듣기 거북하였지만 무시하여 버렸다.

연말이 되어 학생회 총회를 열었고 새 회장을 뽑게 되었다. 나는 아무 생각 없이 회의를 시작했는데, 평소 못 보던 사람들도 많았고 분위기가 긴장되어 있었다. 박휘수라는 사람이 '의사진행 발언'을 한다고 손을 들더니 학생회비 사용에 관하여 다짜고짜 따지기 시작했다. 요는 400$ 중 일부를 내가 개인적으로 유용했다는 것이다. 그는 그림 공부를 하러 온 사람으로 인텔리 같지는 않았지만 말을 변사(辯士)보다 더 잘했다. 사전에 리허설이라도 하고 온 듯이 회의를 자기가 극적으로 끌고 갔으며, 내가 답변을 하려고 하면 앞쪽에 앉은 두 사람이 악을 바락바락 쓰며 말을 막았다. 후에 알고 보니 한 사람은 천주교 신부가 되기 위하여 이태리의 수도원으로 갔다가 그곳에서 도망 나와 파리에 머물고 있는 룸펜이었고 또 한 사람은 독일에 광부로 갔다가 고용계약이 끝난 후 귀국하지 않고 역시 파리에서 떠돌던 사람이었다. 이들이 짜고 치며 나를 공격하는데, 나를 지원하던 사람들도 영문을 모른 채 맞고함만 치니 회의장은 삽시간에 난장판이 되어 버렸다. 나를 어리둥절하게 한 것은, 학생회에서 합심하여 돈 400$ 가지고 수십 명을 풀코스 서비스하면서 하루 관광을 하였는데 거기서 무슨 돈을 떼어 먹었다는 것인지 알 수가 없었다. 회비는 고사하고 입장료까지 우리가 대납해 주었었다. 그러나 박휘수는 고삐를 늦추지 않고 계속하여 나를 공격하였고, 나는 무슨 이야기인지 잘 분간할 수 없어서 대꾸도 잘 할 수가 없었다. 이렇게 진행되는 가운데 박휘수가 보따리를 풀기 시작했다. 즉 내가 400$ 가운데 60$을 유용했다고 구체적인 금액을 들고 나오며, 이 자리에 모인 사람 가운데 돈 받은 사람은 손 들라고 하였다. 세상인심이 아무리 각박하고 사상이 아무리 중요해도 이렇게까지 비정(非情)한 세상이 되어서는 안 된다고 생각했다. 그는 내가 한 화백에게 60$을 주었다는 정보를 손에 꽉 쥐고, 그것이 공금 유용이라고 따지는 것이다. 그런데 한 화백으로 말하면 박휘수가 다니던 학교의 교수였고, 또 박휘수는 박응진 화백의 조카이며, 모두 미술 하는 사람들이니, 그를 공개적으로 망신시킨다는 것은 우리로서는 상상도 할 수 없는 일이었다. 이 60$은 30~40명의 식사를 준비하는데 들어간 재료비와 사례금으로 그분에게 드렸는데 그것을 불법적으로 유용했다는 그의 언변에 우리는 놀랄 따름이었다. 누가 손을 들 것인지, 범죄를 자백할 것인지 장내에 긴장이 흘렀다. 한 화백이 손을 들었다. 그분은 회의 참가자 모두가 지켜보는 가운데 학생회 지원금 400$ 중 60$을 착복한 장본인이 되고 말았다. 이 광경을 지켜보던 재일 동포이자 학생회가 열린 '신동경'(新東京) 식당 주인이 얼굴이 하얗게 되더니, "나도 한국 사람이니까 한 마디 하겠다"고 흥분된 어조로 말했다. '유학생이라면 한국의 지도자급이어야 하는데, 잘 모르겠지만 돈 400$로 수십 명이 르와르 城(Châteaux de la Loire)을 갔다 왔다면서 그 돈에서 떼어먹을 것이 어디 있느냐' 고 하며 박휘수와 그 지지자(支持者)들을 향하여 '당신들 너무 한다' 고 야단을 쳤다. 회의를 빨리 끝내야겠다고 작정하고, 400$의 사용 명세서를 작성하여 모든 사람에게 우편으로 부쳐 주겠다고 약속하고 학생회 총회를 마감했다.

나는 두 가지가 마음에 걸렸다. 이해가 되지 않았다. 첫째는, 회의장에 있던 사람들 가운데 피크닉에 함께 갔던 사람들도 많았는데, 그들은 눈, 입과 몸만 가지고 입장료도 안 내고 관광을 다녀왔으며, 그 내용을 누구보다 잘 알고 있을 터인데 어째서 나를 공격하는데 동원되어 혼연일체가 되어 있는가? 이것이 바로 배은망덕이라는 것이 아닌가? 이런 배신감이 나를 우울하게 만들었다. 이런 일이 프랑스 사람들 사이에서도 일어날 수 있는 일인가? 둘째는 그들이 회의를 진행시키는 수법이 너무나 일사불란하게 조직적으로 진행됐기 때문에 혹시 어떤 세력이 배후에서 조종한 것이 아닌가? 그런 생각이 들었다. 앞에서도 언급하였지만 내가 동백림의 북조선 대사관 나들이를 거절한 뒤부터 파리의 한인들 일부가 음성적으로 나를 치고 헐뜯었는데, 이 사람들이 결집, 학생회 총회를 이용, 어떤 꼬투리를 잡아 공개적으로 망신을 주고 매장시키려는 작전을 편 것이 아닌가 하는 생각이다. 물론 동원된 사람들 대부분은 이러한 깊은 뜻을 모르고, 단순히 내가 나쁜 사람이라는데 동의하여 나온 사람들처럼 생각된다. 또 일부는 한국음식을 먹을 수 있는 흔치 않은 기회였기 때문에 아무 생각 없이 따라 나왔다고 전해 들었다. 나를 지원하던 사람들도 모르기는 마찬가지였다. 나는 그들에게 나와 노형 사이에 있었던 일, 그리고 친북계열 사람들이 결집하고 있다는 사실을 이야기하여 주지 않았다. 왜냐하면 그 당시 상황에서는 즉 반공법이 무섭게 적용되던 때라, 사람들은 그런 이야기를 듣기만 하는 그 자체로도 불편해 질 수 있고 부담이 될 수도 있었기 때문이다. 또한 그런 비밀스런 이야기를 하면, 이것이 날개에 날개를 달아 걷잡을 수 없이 퍼져나갈 것은 뻔한 일이고 나도 감당할 수 없는 사태가 일어날 수도 있다고 판단했기 때문이다. 또 한 가지 중요한 이유는 나를 지지하던 사람들 대부분이 순수한 예술가들이었기 때문에, 정치적이고 지저분한 문제를 그들과 나누고 싶지 않았던 심정도 있었다. 여하튼 박휘수와 그 지지자들은 나를 격렬하게 몰아붙였고, 나를 지원하는 사람들, 특히 성두영 씨가 적극적으로 반격을 가하였으나, 내용을 모르는 상태에서 자신감이나 확신을 가지고 대항할 수 없었다. 그래서 한 화백이 손을 드는 사태가 발생한 것이다. 그날 한 화백은 젊은 사람들을 앞에 놓고 돈을 받았다고 자백했고, 나는 공금을 유용한 사람으로 낙인 찍히고 말았다.

그런데 한 가지 의문이 남아 있었다. 내가 한 화백에게 사례금을 건네는 것을 본 사람은 그 분을 도와주던 Miss.김 한 사람뿐이다. Miss.김은 한 화백 제자로서, 파리에 온지 몇 달 안 되는 신참이었다. 그녀 오라버니가 장군이라고 하며, 가끔 군복을 걸치고 다녔다. 그녀가 유학 온지 얼마 되지 않은 때라 재정적으로 여유가 있을 것이라는 생각에 그에게는 사례금을 주지 않았고, 이것이 그녀를 섭섭하게 하여 모든 문제의 화근이 되었던 것이 아닌가 하는 추측을 해 보았다. 왜냐하면 그녀는 박응진 화백의 집에 자주 드나들었고 박휘수는 박 화백의 조카였기 때문에, 우리 쪽에서 일어난 모든 일이 Miss.김을 통하여 그들에게 전달되었던 것 같다. 여기서 박휘수는 나를 공격할 수 있는 확실한 '증거물'을 확보하고 학생들을 동원했던 듯하다. 당시 박 화백네는 노형과 더불어 파리 유학생 사회의 친북계(親北界) 양대 축의 하나인 변호사 조정일 씨가 드나들었는데, 그는 법과대학을 다닌 우수한 인재였기 때문에, 작전에 일익을 담당한 것이 아닌가 하고 생각도 해 보았다.

회의가 끝난 다음날, 나를 지원하던 사람들의 불만을 들어야 했다. 그들은 내가 한 화백을 효과적으로 방어하지 못했다는 것 때문에 나한테 유감이 많았다. 그렇다고 하여 추측에 불과한 배경설명을 할 수도 없었고, 그저 책망을 들으며 입을 다물 수밖에 없었다. 이렇게 하여 총학생회는 회장인 나의 완패로 끝났다. 내가 명세서를 모든 사람에게 우편으로 보내 주겠다고 약속했지만, 나는 더 이상 학생회 문제를 끌고 다니고 싶지 않았다. 그 학생회 지원비의 사용에 관한 관리 책임 소재는 대사관 영사과에 있었고, 책임을 추궁할 자격이 굳이 있다면 그것 역시 영사였기 때문에 며칠 지난 뒤, 책상 서랍 등에서 걷어 본 영수증(전세버스 임대료, 성(城) 입장권 등)을 모아서 영사를 찾아가 내주었다. 그는 받아 쥐더니 주먹 안에서 뭉개며 '에이 썅' 하고 혼자 말하듯 중얼대더니 휴지통에 던져 버렸다. 법적으로도 그 돈은 영수증이 필요 없는 지원비였다. 이 영사도 총회에서 있었던 일을 다 알고 있었다.

나를 공격한 사람들, 그들에 의하여 동원된 사람들에게는 '너희들은 사용명세서를 보고받을 자격이 없다. 나는 이제 너희를 모르고, 너희도 나를 모르기야' 그렇게 생각하고 그 일을 끝내 버렸다. 그때 생각에도, 이러한 일에서 자기 자신을 변명하려고 어떤 액션을 취하면, 그것이 또 다른 이야기꺼리가 되고, 이미 난 흠집을 더 크게 할 뿐, 흠집을 아물게 할 수는 없을 것 같았다. 우리는 현재에도 선거철이면 이런 종류의 무고(誣告) 사건을 심심치 않게 접하는데, 이런 경우 일단 흠집을 입으면 당한 사람이 손해를 감수하는 길밖에 다른 뾰족한 수가 없다.

그날 공세의 전면에 나섰던 박휘수는 우리가 동백림 사건으로 잡혀 온 시기를 기점으로 한국과는 인연을 끊고 40년 가까이 망명자처럼 파리에서 지냈다고 한다. 노무현 정권이 들어선 후 '해금'이 되고 '민주열사'가 되어, 40년 만에 금의환향하면서 고국 땅을 다시 밟는 그의 모습을 뉴스에서 비춰준 적이 있다. 그도 머리가 희끗희끗 늙어 있었다. 박응진 화백 모임의 핵심 인물이었던 조정일은 우리가 납치될 때 사전에 정보를 입수하고, 파리에서 증발했다고 들었다. 그가 북조선으로 피신했다는 소문만 나돌 뿐, 어디에서 무엇을 하고 있는지 아는 사람(우리들 가운데)은 아무도 없다.

이 영사 사건

이 사건이 있고 몇 달 동안, 파리 한인 사회는 조용함을 찾은 것 같았다. 나는 어차피 사람들을 만날 이유도, 필요도 없었기 때문에 아주 가까운 사람 몇 명을 빼고는 전혀 교류를 갖지 않고 살았다. 어차피 프랑스에 간 것은 그곳 문물을 익히러 간 것이지, 한국 사람 만나려고 유학 간 것이 아니기 때문에 나에게는 불편할 것이 전혀 없었다.

김상기라는 사람이 새 학생 회장으로 선출되었는데 재일동포 출신이라고 하였다. 그가 조총련계인지, 민단계인지, 아는 사람은 없었고, 다만 술을 마시면 소련 혁명가 같은 노래를 부른다는 소문만 나돌았다. 그는 유학생 가운데 친북계열로 치부된 사람들과 급속히 가까워졌다. 어느 날 학생 회장 명의로 된 편지 한 통을 받았다. 내용 중(中)이 영사의 바르지 못한 품행에 관한 보고서도 있었는데, A4 용지 크기에 사건을 빼곡히 적은 유인물이었다. 내용이 별것도 아니어서, 잘 기억이 나지는 않는다. 구체적으로 정확히 옮겨 적을 수는 없지만 대충 정리하면, 이 영사가 토요일, 몽빠르나스의 일본인이 경영하던 한 술집에서 술을 마시고 그곳에 있던 일본인들과 시비를 벌인 끝에 칼부림까지 갔었다는 것이다. 물론 부상자가 있었다는 말은 없었던 것으로 기억된다. 이런 종류의 유인물은 일단 배포가 되면 거론된 사람은 명예 손상을 입는다. 특히 공인을 표적으로 삼을 때에는 회복 불가능(irrécupérable)한 손상을 입힌다. 당사자뿐만 아니라 그가 갖고 있는 직책이 같이 공격을 당하기 때문이다. 이 영사는 직업 외교관으로서, 영사로서 이런 유인물이 공개되면 본국에 보고가 될 것이 뻔하고, 사고의 경중(輕重)을 떠나 어떻게든 근무 평가에도 영향을 줄 수 있지 않을까 생각되었다. 또한 영사는 교민 담당 책임자이기 때문에, 이런 유인물은 그에 대한 신뢰와 권위를 실추시킨다는 것은 자명한 사실이다. 편지를 낸 사람의 의도도 그런 것이 아니겠는가? 이 사건은 보기에 따라 각기 다르게 해석할 수 있었다. 첫째는, 한국 영사가 왜 하필이면 일본인이 경영하는 술집에 가서 술을 마셨는가? 또 술 마시고 시비가 있었으니 그것은 대한민국 외교관의 품위를 손상시킨 것이 아닌가? 하는 해석이고, 회장이 노린 것도 이상과 같았을 것이다. 김 회장은 외국에 나가면 특히 강하게 나타나는 한국인의 애국심 및 반일 감정을 자극하려 했는지도 모르겠다. 또 다른 해석은, 외교관이라고 하여 주말에 술집에 가서 한잔 못 마실 이유가 있나? 술 마시고 시비가 생길 수도 있지 않은가? 큰 사고만 없으면, 그대로 지나쳐 버릴 수도 있는 일인데, 사건을 문서화하여 한인들에게 배포하는 의도가 무엇인가? 하는 것이다. 이 영사는 해군 장교 출신으로 외무부에 근무하게 되었는데, 고지식할 정도로 정직하였고, 항상 정도(正道)를 걸으려고 하던 모범적인 공무원이었다. 그에게는 꾸밈이나 술수가 없었다. 그런 인물에게 자신이 주인공이 된 불미스러운 사건에 관한 유인물이 배포되었으니, 타격을 크게 받은 듯했다. 그의 원래 까무잡잡하던 얼굴이 더 까맣게 되었고, 입술이 마른 가운데, 일을 수습해 보려고 초조하게 나섰다. 그는 학생회 총회를 소집하여 자기가 출두, 직접 해명을 하겠다고 나섰다. 준비과정에서, 평소 자기가 믿을 수 있다고 생각한 사람들에게 일일이 전화를 하였다. 나에게는 총회 전에 만나서 도움을 받고 싶다고 하여 식사를 같이 했다. 나는 그가 냉정함을 잃고, 그저 분하고 어이없다는 생각으로 준비를 착실히 하지 못할 것 같다는 생각이 들었다. 나는 그 총회 소집 자체에 부정적이었다. 얻을 것보다는 잃을 것이 더 많다고 판단했기 때문이다. 그가 아무리 총회에서 해명을 잘 한다고 하더라도, 일단 금이 간 흠집을 치유하기는커녕, 또 다른 이야기꺼리를 낳게 할 수도 있다는 우려에서였다. 몇 달 전 학생 총회에서 있었던 일로 미루어 볼 때, 재일 동포 출신 학생 회장이 동원할 수 있는 학생들의 조직력을 당해 낼 수 없을 것 같다는 생각도 들었다. 그러나 이 영사는 터무니없는 공격에 당황하고 이성을 잃고 있었다. 막무가내로 총회 소집을 고집했다. 그도 그럴 것이 이 사건은 그의 외교관으로서의 장래가 걸려 있는 문제일 수도 있다고 판단했기 때문일지도 모르겠다. 나는 별로 예감이 좋지 않았지만, 혹시 투표라도 하게 되면 한 표 보탤 심정으로 회의장에 나갔다. 마침 빌린 장소가 씨떼 기숙사 뒷편에 있는 가까운 교회였다. 나의 예상대로 김 회장은 자기가 동원할 수 있는 한인들을 전부 동원했다. 이 영사 쪽도 만만치 않았다. 그러나 이런 회의에서 수세에 몰려 있는 사람은 항상 불리하기 마련이다. 이 영사는 까맣게 된 얼굴에 초조해 하며, 그날 있었던 일의 전후 사정을 이야기 하였다. 그리고 그 일이 유인물을 통하여 공개적으로 지탄받을만한 사건이 되지 못한다고 말하였다. 이것은 우선 모양새가 좋지 않았다. 왜냐하면 영사는 현지에서 한국인의 생명과 안전을 책임지는 일종의 보호자인데, 그가 피보호자들 앞에서 자기 자신의 입장을 해명하고 있는 모습이 우선 딱하게 보였기 때문이다. 그는 재일 동포 출신 학생 회장 앞에서 결백을 주장하는 피고발자의 입장이 되어 있었다.

김 회장 측은 이 해명을 순순히 받아들이지 않았다. 그들은 오히려 반격을 가함으로써 장내는 설전으로 긴장감이 돌았다. 그러나 먼저 있었던 학생회 보조금 유용 의혹 사건 때와는 달리, 이날 동원된 김 회장 측 사람들은 이 영사에게 공개적으로 대들지는 못했고, 조직적 공세도 없었다. 따라서 회의는 지루한 공방전으로 시간만 끌었다. 그러다가 점잖은 중년 부인이 격앙된 어조로 발언하기 시작했다. 그 부인은 너무나 흥분했던 나머지 얼굴이 창백해 있었으나, 정리된 음성과 논리로서 김 회장을 나무랐다. 후에 들으니 이 부인은 수도 여자 사범대학교의 학장을 지냈고 소르본느의 동양(東洋) 학자 아그노에르(Charles Haguenauer) 교수 초청으로 파리에 기거하고 있던 교육자였다. 부인은 '김 회장을 훌륭한 유학생으로 생각했는데 무슨 짓을 하고 있느냐는 것, 유학생은 앞으로 우리나라를 이끌고 나가야 할 지도자 급이라는 것, 이런 일로 영사를 공개적으로 망신을 주고 신용을 떨어뜨려서야 되겠냐는 것과, 회장은 영사에게 사과하고 회의를 끝내자' 고 하였다.

부인의 말은 조리가 있고 위엄이 있었다. 장내는 조용해졌고, 이어서 힘을 얻은 이 영사 측 사람들 한두 명이 그를 옹호하는 발언을 하고 회의는 끝났다. 물론 김상기 회장은 사과를 하지 않았다. 내가 보기에 이 설명회는 승자도 패자도 없이 끝났지만 결과적으로 이 영사에게 가해진 상처는 그대로 남은 가운데, 그의 위신은 회복되지 못했고, 사람들의 기억 속에는 '사고 친' 영사로 남아 있을 뿐이었다.

김 회장이라는 사람은 동백림 사건이 터져서 우리가 서울로 잡혀 갈 때, 정보를 사전 입수하고 파리에서 증발하였다고 한다. 사건이 종결되어 다시 파리로 돌아와 보니, 그는 스위스로 피신한 것으로 사람들이 알고 있었다. 그가 함께 데리고 간 부인은 서울 사람인데 서울에서 부인의 부모가 스위스 등 중립국을 백방으로 뒤지며 딸의 행방을 알아내려고 했으나 오리무중으로 그들이 어디에 있는지 알 수 없다고 했다.

그날 폭로성 유인물로 상처를 입고 해명에 나섰던 이 영사는 월남으로 전근 발령을 받았다. 내가 잡혀 올 때, 나를 대사관으로 불러 낸 바로 그 사람이다. 그는 나를 상당히 혼란스럽게 만들었었다.

심문(審問) I

남산 위에는 시멘트 색의 콘세트가 여러 채 있었다. 김포 공항으로부터 검은 지프차에 태워 나를 데려온 사람들은, 그 중의 한 곳에 나를 풀어놓고 돌아갔다. 콘세트 안에는 책상 서너 개와 의자 몇 개, 그리고 고물상에서 가져온 듯한 낡은 소파 한 개가 있었다. 바닥은 물론 시멘트 콘크리트였다. 그 안에는 너댓 명의 청년이 있었는데, 그들이 나를 인계받은 셈이다. 나를 책상 앞의 의자에 앉혀 놓고, 자기들끼리 잡담을 나누었다. 가끔 한마디씩 말을 걸기도 했다.

저녁때가 되자 군복을 입은 사병이 식사를 들고 왔다. 밥 한 그릇, 국 그리고 김치와 계란 후라이 하나. 끼니때가 되니 시간 맞추어 식사를 제공하는 이 사람들이 프랑스와 특히 독일에서 나를 감금하던 사람들보다 훨씬 인간적이라고 느꼈다. 비행기에서 점심을 공쳤고 하루 종일 굶었기 때문에, 그 밥상이 참으로 반가웠다. 우리나라를 대표하는 음식인 김치는, 정갈하게 담가 적당히 숙성되었을 때는 참으로 맛있는 음식이지만, 아무렇게나 담가서 시어 버리면 구미 당기는 음식은 될 수 없다. 지저분하다는 생각까지 든다. 나는 김치 대신 계란 후라이를 반찬삼아 밥을 먹었다. 그때까지만 하더라도 우리나라에서는 계란 후라이를 할 때 소금을 많이 뿌렸기 때문에 반찬 삼아 요령껏 아껴서 먹으면 밥 한 그릇을 비울 수 있었다. 남산에 갇혀 있는 동안 매일 계란 후라이 세 개씩을 먹어 주었다. 앞으로 있을 시련을 이기기 위하여 체력을 유지해야 한다고 생각한 나머지 끼니때마다 밥 한 그릇을 꼬박꼬박 비웠다.

첫날은 심문도 없었고 의자에 앉아서 저녁 시간을 보냈다. 방 안에 있던 청년들은 서로 교대 근무를 하는 것인지, 사람이 자주 바뀌었다. 나를 의자에 앉혀둔 채 한두 명은 잠을 자러 나간 것 같았다. 나도 너무 피곤하여 의자에 앉은 채로 곯아떨어졌다. 가끔 누가 나를 툭툭 치며 잠을 깨게 하였다. 자다가 눈을 떠 보니 한밤중인데, 두어 명이 이야기를 하며 밤을 새우고 있었다. 나는 눈치 없이 옆에 있는 책상 위에 올라가서 새우처럼 구부리고 누워 잠을 자 버렸다. 이렇게 첫날 저녁은 정신 없이 지났다. 다음날 아침이 되자, 예의 그 병사가 또 밥상을 들고 왔고 반찬은 전날 저녁과 같았다. 사람들이 들락거렸고 분위기도 부산해졌다. 심문이 준비되는 줄 알고 기대 반 불안 반으로 그 순간을 기다렸다. 그러나 온종일 아무 일도 없었다. 나를 그저 같은 의자에 앉혀 놓고만 있었다. 그렇게 또 하루가 지났고, 그날 밤은 저녁 먹고, 아주 초장에 책상 위에서 새우처럼 웅크리고 누워서 잠을 잤다. 몇 일간의 피로가 쌓였던 모양이다.

2~3일을 콘세트에 앉아 있기만 하였는데, 사흘째인가 — 확실히 기억되지는 않지만 — 수사관이 나타났다. 보조원 2명과 더불어 팀이 구성된 모양이다. 그들이 들어오는 순간, 그중 한 사람과 눈이 마주쳤고, 그 사람도 나를 보는 순간 주춤했다. 낯이 익었다. 그는 깔끔하게 생긴 얼굴에 키도 크고 뼈도 굵은 통뼈 스타일로 미남형이었다. 또 한 사람은 해병 마크가 새겨진 군용 혁대를 차고 있는 것으로 보아 해병대 출신인 것이 틀림없었다. 깡마른 체격에 필요한 부분에만 근육이 붙어 있고, 얼굴은 쌈닭처럼 상처투성이었다. 한 마디로 그의 매는 매울 것 같았다. 팀장인 듯한 수사관이 책상에 앉고 자기 옆에 나를 앉혔다. 그리고 심문이 시작되었다. 그는 상당히 근엄한 표정을 지으려고 애썼지만 본성은 독한 사람 같지 않았다. 경상도 사투리를 썼는데 마구잡이 같지도 않았다.

그는 다짜고짜 "김화수가 평양에 갔다 온 사실을 잘 알겠지" 하고 입을 열었다. 나를 공산주의자라고 하는 사람이 있어서 여기까지 끌려 왔는데, 나에 관한 질문은 생략하고 엉뚱한 사람에 관한 말을 끄집어내어 의아스러웠다. 그때까지만 하여도 그곳에서 심문을 받을 사람은 나와 김영철 두 사람인 줄로만 알고 있었는데, 파리에서 우리와 친분이 있던 사람들 모두를 수사 대상으로 삼고 뒤지는 듯했다. 나는 김화수를 잘 알고, 그가 나라 걱정을 많이 한 것도 알고 있었지만 평양까지 찾아갈 정도로 대범한 사람이라고는 생각하지 않았다. 또 노형도 그에 관하여는 어떤 이야기도 하지 않았었다. 따라서 나는 그의 간첩 행위에 관하여 아무것도 아는 것이 없었을 뿐 아니라 그가 공산주의자, 그리고 더 나아가서 간첩이 될 수 있는 인물이라고는 전혀 생각하지 못했었다. 수사관은 나에게 다그쳤다. 그러나 나는 "그 사람이 평양에 갔다는 것은 전혀 모를 뿐 아니라, 그럴 사람이 아니다."고 답했다. 수사관은 얼굴이 벌겋게 상기되더니 언성을 높이기 시작했다. 그는 내가 김화수와 모두 한패라고 하였다. 김은 평양에 가서 북로당에 가입하였고 김일성을 알현하여 충성을 맹세하면서, 그 증표로 자신이 차고 있던 롤렉스시계를 선물로 바쳤다고 하였다. 수사관은 이래도 모른다고 잡아뗄 것이냐고 하며 점점 더 톤을 높였고, 고함을 지르고 책상을 주먹으로 치기도 하였다. 이러한 기상천외의 이야기에 놀란 것은 나 자신이었다. 나는 김화수가 무엇이 답답하여 김일성에게 충성을 맹세하려고 평양까지 제 발로 찾아갔는지 전혀 감이 잡히지 않았다. 상식이 조금이라도 있는 사람이라면, 개인의 자유는 완전히 말살되고 눈만 뜨면 김일성 찬양으로 시작하여 잠잘 때까지 하루 종일 김일성 장군만 외쳐대는 희한한 나라, 북조선 인민 공화국을 제 발로 걸어 들어간다는 것이 가능한가? 더욱이 그 나라는 사람을 감시하고 통제하는 지구 최고의 독재 국가가 아닌가?

수사관이 나를 몰아붙이는 동안 구면인 미남형 신사는 소파에 앉아서 오른쪽 손으로 턱을 괴고, 왼쪽 벽만 보고 있었다. 그 얼굴에는 난처하고 거북스럽다는 표정이 역력했다. 그러나 한 계급 낮은 듯한 해병 '쌈닭' 은 미남형 신사가 움직이지 않으니까 긴장하고 자기 책상 앞에 앉아만 있었다. 나는 오로지 공산주의자가 아니라는 것을 어떻게, 명쾌하게 이해시킬 것인가 하고 머리 속에서 별의별 궁리를 다 하고 있었는데 — 이것은 아닌 밤중에 홍두깨 격이었다. 참으로 난감하고 몸에서 진땀이 쭉 흐르는 것을 느꼈다. 앞으로 갈 길이 첩첩산중인 것처럼 생각 되었다. 좌절감마저 들었다. 이 난관을 어떻게 무사히 극복할 것인가? 첫날 심문은 김화수에 관한 것이었는데, 실제로 그의 간첩 행위에 관하여 아는 것이 없었기 때문에 이날의 심문은 일방적으로 추궁만 당하는 가운데 끝났다. 오후가 되자 수사관은 철수했고, 청년들이 드나들며 자기들끼리 잡담도 하고 수사 도중에 있었던 이야기도 하였다. 나는 내 의자에 앉아 듣기만 하였다. 그들이 웃고 떠드는 이야기 중에는 나에게도 답답한 느낌을 주는 이야기도 있었다. 어떤 사람은 잡혀 들어오면서 "나를 지식인으로 대해 주시오." 라고 하였단다. 이 말에 수사관과 보좌관들은 "그래? 그렇다면 지식인으로 대해주지." 하고 유감없이 패주었다고 했다. 이 사람은 쓸데없는 말 한마디로 매를 벌은 셈이다.

다음날도 같은 심문이 되풀이 되었다. 수사관은 김화수의 부인이 음부에 난수표를 숨겨 들어왔다고 하면서 그것과 관련된 질문을 하였는데 잘 알아들을 수가 없었다. 문제는 난수표에 있었는데, 나는 그것이 백지수표가 아닌가 생각했었고, 그는 다른 뜻의 이야기를 하고 있었던 것이다. "난수표가 뭡니까?" 했더니 내 얼굴을 한번 보더니 말을 딱 멈추고 다시는 난수표 이야기를 꺼내지 않았다. 그들은 아마 내가 '숙맥' 인데 쓸데없는 것을 가르쳐 줄 필요가 없다고 생각한 듯하다. 2~3일을 이렇게 지내는데, 수사관은 내가 알만한 사람을 차례로 거론하며, 그들의 간첩활동에 관하여 아는 것을 말하라고 추궁했다. 그러나 나는 그들에 관해 딱히 말해줄 것이 없었기 때문에 대답도 같을 수밖에 없었다. 그랬더니 내 문제를 집중적으로 묻기 시작했다. 그러니까 그물을 넓게 편 다음, 핵심으로 좁혀 오는 수사기법을 사용하는 것 같았다. 나는 노형과 있었던 일을 상세하게 이야기 해주었다. 처음에는 수사관이 내 진술을 받아서 기록하였다. 그때까지만 하여도 이 사건이 나에게만 국한된 것이고, 수많은 사람이 연루된 대형 간첩단 사건이라는 것을 전혀 모르고 있었다. 왜냐하면 나는 콘세트 안에 갇혀서 그 안에서 먹고 자고, 화장실에는 경호원과 같이 다녔기 때문이다. 외부세계와는 완전히 차단되어 다른 사람들도 심문을 받고 있다는 것을 알지 못했다. 내 자신에 관한 집중적 심문은 계속되었고 겸해 다른 사람에 대한 질문도 그치지 않고 진행되었다. 그런 조사를 하기 위해 나를 다른 콘세트로 데려가는 출장수사도 병행되었다.

한번은 조사를 받고 나오는데 깜짝 놀랄 일이 생겼다. 통로에서 이철진과 마주친 것이다. 그는 경호원과 같이 다른 콘세트로 가는 길이었다. 파리에 있는 것으로 알고 있었는데, 그도 여기까지 불려 와서 조사를 받고 있는 것을 전혀 몰랐던 것이다. 우리는 반갑게 인사했고, 그는 나를 보자 "우리 알고 있는 것 다 이야기하자"고 말했다. 피조사자들 사이의 대화가 원칙적으로 금지된 모양으로 경호원들은 지체하지 않고 우리를 데리고 각기 자기 갈 길로 갔다. 그런 일이 있은 지 얼마 안 되어 이번에는 박응진 화백과 또 통로에서 마주쳤는데, 나도 놀랐지만 그도 어색한 표정이었다. 그는 푸른색 죄수복을 입고 있었는데 아마 유죄가 인정되어 형무소에 이첩되었고, 조사를 받으러 그곳으로 온 것 같았다. 그와 동행하던 수사관이 박응진 씨에게 나를 가리키며 "이 사람 알아?" 하고 묻자 "네, 잘 알고 있습니다."며 겁에 질려 답했다. 이러한 일련의 만남은 나를 점차 당혹스럽게 하였다. 도대체 이 사건이 무엇을 다루는 사건인가? 파리에 있는 한국인 모두를 조사대상으로 삼는 것인가? 파리에 있었다는 것 그 자체로 조사를 받는 것인가? 내 생각으로 이철진은 절대로 공산주의자가 될 수 없는 사람이었다. 머리가 좋고, 성격이 너무 복잡하여 노형도 그를 포섭대상에서 제외시켰던 것 같다. 한번은 이 형이 씨떼의 정원벤치에서 돈 문제를 가지고 노형과 격하게 다투는 것을 나를 비롯한 여러 명이 목격한 적도 있다. 그런가 하면 박 화백은 초기의 재정적 어려움을 벗어나, 동양 미술 학원도 차려 놓아 여유 있는 생활을 하고 있었고, 그 집에는 사람들이 많이 모였었다. 그 여유가 물론 작품을 판매한 수입이 아니라는 것은 모두가 다 알고 있었다. 이유는 동양화가가 파리의 미술계에 본격적으로 진입하여, 인정받기는 하늘의 별 따기였고, 또 그러한 예도 많지 않았기 때문이다. 1930년대, 일본인 화가 후지타(Fujita)가 유일하게 몽빠르나스 서클의 일원으로 활약했던 것은 잘 알려진 사실이다.

나는 이철진과 박응진 화백을 만나면서 이 사건이 상당히 넓고 깊게 진행되고 있다는 것을 알게 되었으며, 처음에 가졌던 불안감도 많이 줄어들었다. 박 화백을 보는 순간, 나는 거대한 수사망에 걸린 대어(大漁) 가운데, 한 모퉁이에 끼인 잡어 정도로 생각되었기 때문이다.

그러나 조사의 고삐는 늦춰지지 않았고 우리 콘세트에 내 담당 수사관 이외에 다른 수사관들도 드나들면서 나에게 이것저것을 물어왔다. 나 자신과 관련된 것보다 나와 직, 간접으로 관련이 있다고 생각되는 사람들에 관하여 집요하게 조사를 하였다. 그 중에 하나가 6인위(六人委)에 관한 것이다. 앞에서 언급했거니와 이것은 60년대 초, 일부 유학생들이 한국의 장래를 걱정하여 정치, 경제 등 현안 문제를 놓고 토론을 한 비공식적인 모임에 지나지 않았는데, 당시 유럽공동체를 건설하기 위하여 회원국들이 거의 상설기구처럼 설치한 6인위(人委)(Conseil des Six)에 빗대어 내가 장난삼아 지은 별명이었다. 그런데 이 6인위(人委)를 정보부에서는 구체적이고 의미 있는 조직체인 것처럼 의심하고 있었다. 우리나라에서는 6·25 때, 너무나 많은 '위원회'가 행패를 부렸기 때문에 정보부는 그 명칭 자체에 거부 반응을 보였고 조사대상으로 삼은 듯하다. 나는 그 내력을 설명하고 그것이 어떤 반국가적 또는 사회주의적 성격을 띤 모임이 절대로 아니었다는 것을 성의껏 설명했다. 이와 관련하여 조사를 받은 사람들에게는, 이 자리를 빌려 미안하다는 말을 전하고 싶다.

조사관들은 이러한 방식으로, 공산주의나 스파이 행위 등과 직접 관련은 없어도 혹시 티끌만한 혐의라도 건질 것이 있을까 하고 바라며 대단히 세밀한 조사를 벌였다.

어느 날인가, 밤에 수사과장이라는 사람이 우리 콘세트에 들이닥쳤다. 한여름인데도 정장을 말끔하게 입고 있었으며 얼굴에는 양쪽에 까만 콩알만한 눈이 박혀 있었다. 이 눈이 움직이지 않고 상대를 노려보는 폼이 상당히 매서운 사람 같았다. 나를 째려보면서 질문을 했는데, 그가 조사에 직접 나선 목적은 이영일에 관한 것을 확인하려는 것 같았다. 앞에서도 잠깐 언급하였거니와, 이영일은 파리의 좌익으로 치부되던 유학생들과 자주 접촉하며 술도 나누었는데, 이러한 사실을 다각적인 수사과정에서 알게 된 듯하다. 그의 질문에 아는 대로 대답을 하려고하면, "이×× 왜 이렇게 머리가 나빠. '네', '아니오' 로만 대답하란 말이야" 하고 당장 죽이기라도 할 것처럼 달겨들었다. 이 사람은 대단히 흥미 있는 인물이라고 생각되었다. 우선 자기가 하는 일에 확신을 가지고 빈틈없이, 철저하게 문제를 다룬다는 인상을 주었다. 그가 정보부 동료 직원을 조사하고 있다는 생각이 들었고, 이 조직은 의외로 무섭고 살벌한 조직이라는 것도 알게 되었다. 나는 '국제공산당원' 으로 시작하여 '머리가 나쁘다' 는 지적까지 받았으니 이제 더 들을 말도 없다는 생각이 들었다.

수사는 산만하게 시작했는데 점차로 노형과 나의 문제로 좁혀 들어갔다. 사실상 파리 한인사회의 공산주의와 관련하여 내가 아는 것, 말할 수 있는 것은 노형과의 관계에서 있던 일이 전부라고 해도 과언이 아니다. 수사 초기에 그 이야기를 하였는데 수사관은 내 문제를 노형과의 문제로 축소시키기로 결론 낸 것 같았다. 노형과의 관계를 처음에 이야기하였을 때, 나의 진술을 적어 놓는 것을 보았는데도, 매일 같이 똑같은 질문을 하였다. 두툼한 원고뭉치를 주면서 이제는 나에게 처음부터 끝까지 쓰라고 하였다. 매일 이 일이 반복되었다. 같은 내용을 수도 없이 되풀이하여 쓰게 하는데, 그들은 이것을 '소설 쓴다' 고 하였다. 훗날 알게 되었지만 진술자가 거짓말을 기록하면 원고 내용이 매일 바뀐다는 것이다. 그렇기 때문에 내가 거짓말을 하는지, 사실을 말하는지, 그것을 확인하기 위한 수단으로 매일 소설을 쓰게 한 것이다.

이렇게 조사를 받으며 콘세트에 들어온 지도 며칠이 되었다. 딱딱한 책상의자가 내 자리였고, 그 자리에 앉아 밥 먹고 잠자도록 되어 있었다. 물론 눈치 없이 책상 위에 올라가서 새우잠을 잤다. 그러던 어느 날 오후, 경비가 나를 다른 콘세트로 데리고 갔다. 그곳은 남산 정보부 경내의 경비를 하고 있는 헌병들의 막사였다. 역시 콘세트인데 안 쪽 끝에 벽을 치고 문을 달아 헌병들의 내무반과 차단시켜 놓았다. 서너 평 되는 이 공간은, 내무반에 칸을 막아 놓은 것이었기 때문에 내무반과 똑같은 구조였다. 가운데 좁은 통로가 있고 양쪽에 마루바닥이 있었다. 경호원과 그곳에 들어서니 나보다 앞서서 한 사람이 자리 잡고 있었다. 30대 후반이나 40대 초반으로 보이는 이 사람은 눈을 말똥말똥 뜨고 우리를 쳐다보았다. 그는 그곳에서 기숙하고 있는 모양이었다. 내 자리가 그곳으로 옮겨진 것이다.

우선 이곳은 큰 대(大)자로 다리 뻗고 누울 수 있으니 살 것 같았다. 그리고 수많은 수사관, 보조원 등이 수시로 드나들던 콘세트에 비해 비교적 조용했다. 옆에 있는 헌병들은 경계 근무하느라고 낮에는 내무반을 비워 놓기 때문이다. 이 임시 숙소에는 앞서 말한 남자와 우리를 감시하는 정보부 직원 한 명이 항상 같이 있었는데, 처음에 비하여 나에 대한 경계가 느슨해진 것을 느낄 수 있었다. 직원은 가끔 우리 둘을 놓고 자리를 비우기도 하였다. 그럴 때면 기회를 놓칠세라, '감방 선배'에게 말을 걸었다. 그는 눈을 말똥말똥하면서 "많이 맞았시다. 많이 맞았시다."만 되풀이했다. 내가 어떻게 여기에 왔는가 물으니, 외대(外大)를 졸업하고 독일에서 철학 공부한 뒤 귀국, 고대에서 교수로 있다고 하였다. 그러니까 현직 교수가 잡혀 와서 그 막사에 앉아 있는 것이었다. 그는 나를 의심이라도 하는 듯, 그 이상은 한마디도 하지 않았다. 말 한번 잘못했다가 꼬투리를 잡혀서, 수사과정을 다시 밟는 일을 피하고 싶은 듯했다. 이렇게 우리는 '감방 동기'가 되었고, 아무런 대화도 나누지 못했다. 그곳에는 침낭이나 생활용품 등이 전혀 없었고, 그저 마룻바닥 하나가 전부였다. 나는 그것도 고마워서 잘 때에는 바지를 벗어 똘똘 말아 가지고 베개로 쓰고, 상의는 벗어 이불 대신 덮고 잤다. 아무리 한여름이었지만, 산 속이어서 그랬는지, 새벽에는 추웠다. 아침에 일어나면 헌병들이 세수 끝내기를 기다려야 했다. 우리 막사 건너편에 세면장이 있었는데, 세면장이라야, 벽에 빙 둘러서 수도꼭지 있는 세면대가 있고 그 아래 배수가 잘되도록 홈이 파인 시멘트 바닥이 전부였다. 헌병들은 기침하여 각기 자신의 세면도구를 들고 그곳에 가, 뻑적지끌 요란하게 세수도 하고, 목물도 하며, 비누냄새를 풍긴 채 수건을 들거나 어깨에 걸치고 나왔다. 이렇게 한차례 지나가면 우리가 그 뒤를 이었는데, 알다시피, 나는 개인용 세면도구도 수건도 없었다. 맹물에 얼굴 씻고, 손가락을 입에 넣어 이를 문지르며 양치질을 하였다. 수건 대신 와이셔츠 자락으로 얼굴을 닦았다. 이 없으면 대신 잇몸으로 산다는 것이 이 경우를 두고 한 말일 것이다. 우리가 세수한 후 막사에 돌아오면 군복차림의 병사가 계란 후라이가 딸린 한정식을 가져다 주었다. 그곳에서 며칠 지난 뒤, 군인을 따라 식당에 가서 밥을 먹는 것이 허용되었다. 메뉴는 늘 같은 것이었다. 그렇더라도 참으로 오랜만에 식탁에서 병사와 마주 앉아 밥을 먹을 수 있게 되었다.

하루에 한 번씩 소설을 쓰는 이외에 새로운 수사관이 헌병막사에 나타나서 나를 다른 콘세트로 데려가 심문받는 일이 계속되었다. 이문동 본부에도 두세 차례 다녀왔다. 헌병막사에서는 낮이고 밤이고 잠을 잤다. 나를 데려가는 사람은 내 다리를 흔들어 잠을 깨게 한 뒤 함께 갔다. 어떤 수사관은 나에게 잠만 잔다고 하며 하숙비를 내라고 하였다. 그러나 그런 말이 전혀 우습지가 않았다. 새사람이 나타나면 지금까지 조사받던 것과 다른 것들, 극히 지엽적인 사건들을 캐어물었기 때문에 상당히 귀찮았었다.

조사가 막바지에 다다른 느낌이 들었다. 우선 나의 담당 수사관이 눈에 띄게 긴장을 풀었기 때문이다. 그는 자기 이름도 가르쳐 주면서 고향이 경주라고 하였다. 성악가가 되는 것이 꿈이었는데, 6 · 25가 터지는 바람에 경찰에 복무하게 되었다고 했다. 그는 아무르(amour)를 본토 식으로 발음하며 '사랑'이 맞느냐고도 하였다. 나에게 호기심 내지 관심을 가졌던 것으로 보였고 물어보고 싶은 것도 많았던 듯한데, 직업윤리상 입을 다물었던 것 같다. 이렇게 2~3일을 지냈는데 수사가 원점으로 다시 돌아가는 것 같은 일이 생겼다. 이철진 형이 내가 수사관에게 밝히지 않은 새로운 사실을 말했기 때문이다. 즉 노봉유 형의 애인을 내가 소개해 주었다고 했고, 그밖에 시시콜콜한 이야기를 기억력도 좋게 모두 쏟아냈다. 수사관은 그가 한 말을 나에게 다시 확인해야 했고, 그것이 비록 북조선과의 접촉과 관계가 없는 것들이라도, 형식상 확인을 해야만 했다. 이 형은 나를 간첩으로 몰아가려고 작정한 사람 같았다. 이 형은 나에 대해서만 그런 것이 아니라, 우리가 다 같이 알고 있는 사람들에 관해서도 비슷한 유의 이야기를 하였다. 그러니까 우리 모두를 걸고 넘어가자는 심산이었다. 수사진은 긴장하였고, 수사관들은 모두 그가 진술한 이야기들을 확인하며 이른바 크로스 체킹(cross checking)을 하였다. 그는 나를 비롯해 여럿이 간첩활동에 연루되어 있을지 모른다는 의심을 갖도록 하는 진술을 세세하게 하였기 때문에 그것이 사생활에 관한 이야기들이라고 하더라도 혹시 무슨 꼬투리라도 잡을 수 있을까 하여 수사관들은 긴장하였다. 그로 인해 나는 수없이 불려 다녔고 그들의 확인 작업에 응해야 했다. 며칠을 그렇게 보내다가, 이번에는 수사방향이 이 형을 의심하는 쪽으로 180° 방향을 틀었다. 그가 우리들을 간첩으로 몰아가려던 저의(底意)를 의심하였던 것이다. 그 자신이 간첩이기 때문에 우리를 제거하고 자신은 풀려나가려는 술책이 아닌가 의심하였다. 수사진은 이 형에 관한 강도 높은 조사를 시작하였다. 물론 나는 이 형이 성격상 절대로 공산주의자가 될 수 없다는 것을 누누이 이야기 해주었다. 그와 함께 반공투쟁을 했다는 것도 되풀이했다. 나의 반공투쟁이라야 동백림에 가지 않겠다고 한 것이 전부이지만. 시간은 자꾸 흘러갔고 수사를 종결시켜야 할 시기를 지나친 듯하였다. 그에 대한 무엇이 더 없었기 때문에 수사진은 미완의 상태에서 결론을 내려야 했던 것 같다.

어느 날 아침 마지막으로 수사관과 끝마무리를 하는데, 느닷없이 "이철진이 너와 제일 친한 친구야? 너 그 사람 조심해." 하고 일러주었다. 진심으로 나에게 충고를 해주는 것 같았다. 그 수사관이 참으로 고마웠다. 이렇게 나에 대한 심문은 끝났다.

처음부터 영문 모르고 잡혀 와서 조사를 받던 이 사건은 종결을 맺고 있는 것이다. 막사로 돌아오자 미남신사가 정장을 말쑥하게 차려입고 들어왔다. 나에게 악수를 청하며, 일이 잘 풀려서 다행이라고 하였다. 끝나면 술이나 한잔하자며 나갔다. 그는 양정고등학교의 럭비 선수였고, 군에 입대, 장교로서 정보부에 차출된 스포츠맨이었다. 그는 내가 살던 낙원동에 친구가 있어서 자주 놀러 왔었다. 그 후 다시 만나지는 못했지만 일생동안 고마운 마음을 지니고 산다.

조사가 끝나고 사람들이 나를 이문동으로 데리고 갔다. 수사과장실로 안내되었는데 그곳에는 이미 7~8명이 모여 있었다. 그 까만 눈의 김 과장은 우리를 앉혀 놓고 일장 연설을 하였다. 요는 큰 나무를 뽑는데 옆에 있던 잡풀들이 피해를 보았다는 것이다. 간첩용의자가 수사를 혼란시키기 위하여 자기들이 포섭 대상자로 삼았던 사람들의 이름을 마구잡이로 부는 바람에 우리가 잡혀 왔다는 것이다. 김 과장은 언어구사에 있어서 확실히 나하고 의견이 맞지 않는 사람 같았다. 하필이면 우리를 잡풀에 비유할 필요가 있겠는가? 어쨌든 우리가 풀려난다는 사실이 기쁠 따름이었다. 그는 일장 연설을 끝내면서, 이 중에는 분명히 간첩이 한 명 있는데, 심증은 가지만 물증이 없어서 일단 풀어준다고 하였다. 장내는 찬물을 끼얹은 듯 조용했다. 우리는 또다시 긴장했다. 그때 이 형이 벌떡 일어나더니. "과장님, 할 말이 있습니다." 라고 하였다. 그를 그 방에 남겨 놓고 우리는 모두 지하실의 어두운 방으로 안내되어 결말을 기다리게 되었다. 그 순간은 참으로 길었고 이 형이 정말 원망스러웠다. 그가 또 무슨 말을 할 것인가? 우리가 또다시 취조실로 돌아가는 것은 아닌가? 이런 생각으로 초조하게 앉아 있는데, 이 형이 얼굴이 벌겋게 달아서 들어왔다. 나는 너무 화가 나서 그를 외면했다. 우리는 다 함께 지하실에서 올라왔다. 그런데 낯익은 사람이 활짝 웃으며 나에게 다가왔다. 나를 무작정 껴안더니, 해결이 잘 되어 참으로 기쁘다고 하였다. Mr.경상도였다. 친형제라도 되는 듯, 내 등을 두드리며 진심으로 기뻐해 주었다. 우리는 곧 헤어졌지만, 그 사람의 그 투박한, 그러나 선량한 모습의 얼굴을 잊을 수 없다. 그는 정말 좋은 사람이었다.

혐의가 풀린 우리 몇 사람은 행정실에 모여, 행정관으로부터 차후 진행될 일정에 관한 설명을 들었다. 그는 전화번호를 하나 주며, 매일 아침, 그 번호로 전화를 걸면 지시가 있을 것이라고 하였다. 우리의 혐의는 풀렸지만 정보부로부터 자유스러워진 것은 아니었다. 행정관은 택시비라고 하며 봉투를 나누어 주었고, 각자 택시 타고 일단 집으로 돌아가라고 하였다. 집으로 돌아간다? 우리 집에서는 내가 파리에 있는 것으로 알고 있을 터인데, 지금 불쑥 나타나면 놀랄 것이 아닌가? 이런 생각을 하면서 택시를 탔다. 우리 집은 내가 유학 떠나기 전에 살던 집에서 수유동으로 이사를 하였지만 쉽게 찾아갔다. 대문 가운데 한 사람 정도 드나드는 조그만 보조 문이 있었는데 잠겨 있지 않은 것 같았다. 문을 밀고 안으로 들어가니. 어머니가 마루에 앉아 계시다가 "누구세요?" 한다. "상필이예요" 하니까 또다시 "누구세요?"한다. 이번에는 한 발 앞으로 나서며 상필이라고 하니까, 어머니는 "어– 어–" 하면서 앉은 채로 뒤로 물러앉는다. 갑자기 얼굴도 창백해지셨다. 어머니는 허깨비를 보았다고 생각한 듯했다. 숨을 돌리더니 "애가, 애가……." 하였다. 나는 재빨리 머리를 감고, 세수하고 면도도 했다. 며칠간인지 알 수 없는 세월을 정보부에서 지내는 동안 면도 한 번 못했고, 비누를 한 번도 써본 적이 없었기 때문에 아마 내 모습은 노숙자와 같았을 것이다. 씻은 후 어머니 앞에 앉았다. 어머니는 살아 돌아왔으니 다행이지만 무슨 일로 갑자기 나타났는지 걱정이 된 모양이었다. 어머니를 안심시키기 위하여 거짓말을 했다. 파리 대사관에 놀러 갔다가, 서울에 가는 전세기에 마침 무료로 탈 수 있는 빈자리가 있다고 해서 타고 왔다고 했다. 어머니는 아무 대꾸도 하지 않았다. 조금 있다 아버지가 들어오셨고, 병원을 하던 큰형님도 왔다. 때맞추어 석간신문이 배달되었는데, 얼핏 보니 일면 톱기사로, '동백림 간첩단' 사건이라는 기사의 제목이 대문짝처럼 실려 있었다. 신문이 온통 처음부터 끝까지 그에 관한 보도였던 것 같다. 큰형님이 신문을 첫 글자부터 끝 글자까지 뚫어져라 읽고 있었다. 형님은 내 이름을 찾고 있었는지도 모르겠다. 이것이 워낙 엄청난 사건이었고, 파리에 잘 있을 것이라고 믿던 내가 예고도 없이 들이 닥치는 바람에, 식구들은 각자 자기 머릿속에서 추리를 하고 있는 것 같았다. 그러나 식구들은 아무 말도 하지 않았다. 내가 사건에 연루되어 잡혀 온 것을 눈치 챘지만 내색을 하지 않았다.

어머니가 저녁상을 차려왔다. 7년 만에 돌아왔으니 반찬이 상에 가득하였다. 그런데 상 한 모퉁이에 두부 반모가 접시 위에 초라하게 놓여 있었다. 나는 무슨 뜻인지 알아차렸지만, 먹을 수도 안 먹을 수도 없어서 우물쭈물하고 있는데, 어머니가 옆에 앉아서, 한 조각 떼어 입에 넣으라고 한다. 우리나라 사람들은 감옥소에서 나오는 순간 두부를 한입 넣는데, 그것이 무슨 미신인지 모르겠다. 더욱이 감옥에서는 콩밥을 준다고 하지 않았던가?

나는 이렇게 한달 여를 끌려 다니다가 결국 무사히 집까지 오기는 왔으나 앞으로의 일이 걱정되었다. 이 동백림 사건은 신문을 보니 규모도 크고, 관련된 사람도 많으며, 독일, 프랑스를 망라하는 국제 간첩단 사건으로 국민들에게 대단한 충격을 주었던 것 같다. 나 자신도 이렇게 많은 사람이 관련된 사건인지 까맣게 모르고 있었다. 그런데 비록 무혐의로 풀려 났으나, 그 사건에 연루되어 서울로 잡혀 왔으니 나의 입지가 불안하게 느껴졌다. 사람들이 나도 이상한 인물로 보는 것은 아닌가? 내가 정상적인 사회생활을 할 수 있을 것인가? 그보다도 그들이 나를 다시 파리로 데려다 놓을 것인가? 이런 생각들로 머리가 어지러웠다. 어쨌든 나는 여권을 비롯한 증명서라고는 아무것도 없이 맨몸으로, 정보부에서 준 전화번호 하나 달랑 들고 있었다. 아침 9시에 그 번호로 전화를 걸 때마다, 무슨 접선이라도 하고 있는 느낌이 들었다. 그 번호는 내 신분을 보장해줄 수 있는 유일한 장치가 되는 셈이다. 전화를 안 하면 내가 정보부와의 관계를 끊는다는 신호가 될 수 있고, 그 후 복잡한 문제가 발생할 수 있었기 때문에 아침에 일어나면 주어진 번호에 전화부터 걸었다. 전화를 걸 때는 공중전화를 이용하였기 때문에 식구들은 통화 내용을 알 수도 없었고, 나는 계속 비밀스럽게 움직인 셈이 됐다. 전화를 하면 예외 없이 아스토리아 호텔로 몇 시까지 나오라는 지시가 있었고 나는 정확하게 호텔 커피숍으로 출근하였다. 그곳에 가면 일정이 이미 잡혀있고, 무혐의로 풀려 난 우리 일행 6~7명은 그 스케줄대로 같이 움직였다. 김태봉 씨가 고정 인솔자였다.

하루는 서대문 형무소로 데리고 갔다. 어떤 이유로든 형무소에 간다는데 기분 좋은 사람은 없을 것이다. 음침한 건물 속으로 들어가니 사무실에 공안 검사가 서기를 대동하고 나를 맞이했다. 단정한 모습에 예의바른 이 검사는 나에게 심문을 시작했다. 나는 순간적으로 또 다시 새로 시작인가 하는 생각으로 몸에 진땀이 나는 것을 느꼈다. 검사는 파리에서 있었던 일을 물었고 서기는 기록을 하였다. 심문은 비교적 짧은 시간에 끝났고, 그는 나에게 혹시 파리에 돌아가더라도, 북조선 사람이나 친북 하는 사람들과 마찰을 일으키지 말고, 그들을 피하는 것이 상책이라고 일러주었다. 그는 진지하게 나의 안전을 걱정하여 주었다. 나는 그가 훌륭한 사람이라고 생각했다. 한참 뒤, 우연히 신문에서 그의 사진을 보았는데, 바로 그 사람이 법무장관에 임명되었다는 보도였다.

그 후, 어느 날 간단한 세면도구를 준비하여 나오라는 지시가 떨어졌다. 우리들을 울산으로 데려가, 산업시찰을 시키기 위함이었다. 기차를 타고 일단 대구에서 내려, 나일론실을 뽑는 직물공장을 방문했다. 가는 곳마다 상당히 신경 써서 식사를 준비하였고, 우리들은 VIP대접을 받았다. 당일로 울산에 가서 공장 한두 곳을 방문하였는데, 동양에서 제일 큰 합판 공장이 인상적이었다. 여공들이 부지런하게 손을 놀리고 있는 모습이며, 기계가 잠시 멈추는 짬을 이용하여 기계 주변을 빗자루로 깨끗이 쓸어내는 모습을 보고 동양인 특히 한국인들의 우수한 노동 인력에 감탄하였다. 그 당시 울산을 비롯해, 온 나라가 빈곤에서 탈출하겠다는 일념 하에 국민 전체가 산업화의 역군이 되고, 적극적으로 참여하고 있다는 느낌을 받았다. 그러나 울산의 큰 공장에서 얼마 떨어지지 않은 곳에 구멍가게가 있었고, 주인이 파리채를 들고 말린 오징어를 앞에 놓고 앉아 있던 모습도 인상적이었다. 산업화의 열기 속에 재래식 유통구조가 병존하는 모습은 모든 후진국이 갖고 있는 문제임을 나는 교과서에서 배웠고, '경제의 모든 분야가 동반(同伴) 도약을 할 수 있는가' 라는 문제를 놓고 한국이 시험대에 올라있다고 생각했다.

우리는 요정에도 자주 다녔다. 정보부에서는 우리에게 가한 부당한 행위에 대하여 미안하다는 뜻을 전하려는 듯, 무교동의 고급술집에 데리고 다녔다. 그러나 술이라는 것은 아무리 어여쁜 여자가 서비스를 하여도, 내 뜻대로, 내가 원해서 마셔야지 신이 나는 것이기 때문에, 나는 그저 참석하는데 의미를 두고 따라다녔다. 한번은 황사장이라는 우악스럽게 생긴 중년의 남자가 동석했는데, 그가 우리들 각자에게 진짜 소설 같은 이야기가 담긴 작품을 나누어 주고 그것을 다음날까지 암기하여 다시 만나자고 하였다. 내용은 우리들이 각기 자발적으로, 서울까지 제 발로 왔다는 것이고, 오는 도중 우리가 머물렀다는 가상 호텔 이름도 기록되어 있었다. 날짜와 시간까지 적혀 있었다. 나에게 매일 소설을 쓰게 하더니, 이제는 자기들이 쓴 진짜 소설을 암기하도록 하였다. 나는 하라는 대로 할 수밖에 없어서, 초 중고 시절의 당일치기 실력을 발휘하여 암기해 두었다. 이렇게 며칠 동안, 아침에는 호텔에서 모닝커피로(그 시절에는 커피에 생 계란을 곁들여 주었는데, 프랑스인들은 계란은 반드시 익혀 먹고, 그것을 날로 먹으면 야만인 취급을 한다. 물론 그들이 월요일에 주로 먹는 '따르따르(tartar)' 라는 음식은 말고기 회에 생 계란을 소스와 버무려 놓은 몽고식 요리이다.) 시작하고 저녁은 요정에서 술과 요리로 끝내는 고등룸펜 같은 생활을 하고 있었다. 하루 날 잡아서 정보부장을 방문하는 프로그램도 있었다. 우리는 현대식 건물의 이문동으로 갔고, 몇 개의 사무실을 거쳐서 김형욱 정보부장실로 안내되었다. 땅딸막한 키에 다부진 체격의 김 부장은 천하를 쥔 듯한 자신이 있었다. 인민군의 따발총을 실내장식 삼아 벽에 걸어 놓았는데 꽤 인상적이었다. 우리에게 무엇인가 이야기했는데, 미안하게 됐다는 말을 들은 기억은 없다. 의미도 뜻도 없는 말 몇 마디 하고 한 사람씩 금일봉을 나누어 주었는데, 집에 가서 열어보니 미화 45$이 들어 있었다. 사람 한번 쩨쩨하다고 생각했었다.

김 부장에 이어, 부부장(副部長)을 방문했는데 깡마른 체격에 상당히 까다로운 사람 같았다. 이어서 이번 작전을 총지휘했다는 2국을 방문했는데, 이곳이 해외 공작국이라 하였고, 이번 사건의 총책이 바로 국장(局長)인 이철희(李喆熙)라는 사람이었다. 그는 대단히 유순한 사람 같았고 말은 전혀 없었다. 고생했다는 위로의 말도 할 줄 몰랐다. 우리를 안내한 정보원이 인사를 시키면 머리만 끄덕끄덕하였다. 우리가 파리로 돌아가게 될 것인지, 또는 서울에 그대로 주저 물러앉게 되는 것인지, 아무것도 알 수가 없었다. 학업 도중 학교에 아무런 연락도 취하지 않은 채, 서울에서 이런 생활을 하고 있으니 답답한 마음은 이루 다 말할 수 없었다.

나는 다시 돌려보내 달라는 말을 할 수 없을 정도로 겁먹고 있었다. 내가 그렇게 말한다고 하여 그들이 들어줄 리도 만무했다. 우리가 처해 있던 상황은 정보부가 결정하는 대로 따르는 수밖에 없는 그런 상황이었다. 물론 나에게는 내 신분을 증명해 줄 수 있는 여권이나 시민증 같은 서류가 아무것도 없었다. 파리에 있어야 될 사람이 서울에서 공중에 떠다니는 느낌이었다.

신문에 대서특필된 간첩단의 명단에는 내 이름이 빠져 있었지만, 불기소 처분되었다는 짤막한 기사가 모 일간지에 실렸다는 이야기를 전해 들었다. 아마 서대문 형무소에서 있었던 공안 검사와의 심문 결과가 발표된 것이 아닌가 싶다. 이렇게 불확실성의 상황에서 지내던 어느 날 정보부는 간단한 여행준비와 사진 두 장을 들고 중앙청으로 나오라고 하였다. 우리가 안내된 곳은 본관 건물 7층의 한 자그마한 사무실이었다. 직원은 — 그가 외무부에서 나왔는지 정보부에서 나왔는지 알 수 없었지만 — 여권을 즉석에서 만들어 주었다. 파리에도 여권이 하나 있으니 2개가 된 셈이다. 그렇게도 어렵게 발급되던 여권이 이렇게 쉽게 발급되는 것이 신기했다.

우리는 중앙청에서 곧바로 김포공항으로 갔고, 그곳에서 청년들이 우리를 PAN AM으로 안내했다. 이 비행기는 소위 남쪽 항로(south bound)를 논스톱으로 달려 파리까지 다이렉트로 가는 비행기였다. 우리를 갑자기 돌려보내기로 결정하고서, 찾아본 비행기가 PAN AM인 듯했다. 나와 이철진은 비행기에 올랐고 이번에는 보디가드 없이 우리끼리 여행길에 나섰다.

그런데 문제는 우리 둘이 자리를 잡으면서 시작되었다. 이철진이 이상한 행동을 하기 시작한 것이다. 우리는 나란히 좌석에 앉았는데, 그가 횡설수설하기 시작했다. 지금 기억나는 것은, 밑도 끝도 없이 부다(부처)를 들고 나오는데, 부다를 보았다는 것인지, 어떤 사람이라는 것인지, 그런 것도 아니고 막연하게 부다를 들추어내면서 스푸트니크와 연결시켜서 앞뒤가 안 맞는 이야기를 두서없이 하는 것이었다. 잠시도 쉬지 않고 중얼거렸다. 마치 미친 사람 같았다. 갑자기 우주의 원리를 깨달은 사람치고는 말의 두서가 너무 없었다. 나는 겁이 나서 그를 내 왼쪽 창가 쪽으로 자리를 옮기도록 하고 내가 그의 오른편 통로 쪽에 앉았다. 발작이라도 일으키면 팔로 통로를 막아버릴 요량이었다. 그의 이상한 태도를 신경 쓰면서 20여 시간 비행기를 타니, 피곤하기가 이루 말할 수 없었다. 나는 녹초가 되어 파리의 오를리(Orly) 공항에 도착했다.

우리가 김포공항을 출발할 때 배웅 나온 정보부 직원이 여럿 있었다. 그중 한 사람이, 파리 공항에는 한국대사관 직원이 나와서 대기하고 있다가 우리를 데리고 나올 터이니 염려 말라고 일러주었다. 그런데 출입국 관리소 앞에서 우리를 기다리고 있을 것이라고 믿었던 대사관 직원은 눈에 보이지 않았다. 그들은 약속을 어기고 그곳에 오지 않았다. 나는 당황했고, 혹시 그 자리에서 연행되지 않을까 두려웠다. 정부기관의 거짓말에 맥도 빠지고 화도 났다. 이런 식이라면 어떤 국민이 정부를 믿을 것인가? 자기들이 저질러 놓은 일에 책임을 지는 자세가 있어야 할 것이 아닌가? 나는 그들의 배신에 허무감을 느꼈다. 그리고 앞으로는 한국의 어떠한 정부기관에도 도움 주는 일은 없을 것이라고 다짐하였다. 그 당시 외교관은 공항 내 출입이 자유스러웠다.

우리는 프랑스에서 출국할 때 이상한 방법으로 떠났었기 때문에, 1개월여 만에 재입국하는데, 문제가 생기지 않을까 걱정을 했었다. 정부기관에서 약속을 하였기 때문에, 당연히, 출입국 관리소에서 대사관 직원이 우리를 기다리고 있을 것으로 믿고 비행기에서 내려 아무 생각 없이 출입국 관리소를 통과하러 나왔다. 그러나 우리를 마중 나온 사람은 없었다. 그렇다고 뒤로 돌아갈 수도 없고, 초조한 마음을 진정시키며, 출입국 관리소로 다가섰다. 물론 여권을 요구했다. 내가 갖고 있는 여권은 급조한 것이고, 진짜 여권은 파리의 내 방 책상 서랍에 있지 않은가? 가짜 여권을 내밀었더니 공항 경찰은 내 얼굴을 쳐다보지도 않고 도장을 찍었다. 무사히 관리소를 빠져 나온 것이다. 겁먹고 고아가 된 기분으로 마음속에 유감을 품고서……. 자유가 된 느낌이었지만 마음은 가볍지 못했다.

나는 프랑스 경찰을 코믹하게 묘사하는 영화들을 머리에 떠올렸다. 이 영화들은 경찰을 순진하기보다 바보스럽게 묘사했는데, 경찰이 바보짓을 하다가 엉뚱하게 흉악범을 잡는다는 스토리로 관람객들을 많이 웃겼었다. 영화야 단순히 웃기기 위해서 만들었겠지만, 그리고 결국은 범인을 잡는 해피앤딩으로 끝나지만, 이런 종류의 영화가 우리에게 남기는 인상은 프랑스 경찰이 만화 같다는 것이다. 이런 이미지가 머릿속에 있었기 때문에 공항 관리소 경찰이, 내 여권을 자세히 들여다보지도 않고 무관심한 척하면서 꽝하고 도장 찍으며 나를 내보냈을 때, 프랑스 경찰은 정말 나사가 풀려 있다는 생각이 들었다. 문제가 생기면 마중 나온 한국대사관 직원을 붙들고 늘어질 요량으로 있던 나에게 모든 것이 싱겁게 끝났다.

나는 잡혀올 때 살던 씨떼 학생기숙사로 곧바로 가기보다는 근처 호텔에서 하루 푹 쉬며 생각을 정리한 후 그 다음날 아침에 기숙사로 돌아가기로 하였다. 근처 뽀르뜨 도를레앙의(Porte d' Orléans) 뒷골목 자그만 호텔에 방을 얻어, 침대에 눕자 그대로 곯아떨어졌다. 비행기에서 이 철진이 발작할 것이 걱정되어 신경을 계속 쓰고 있었던 것이 나를 피곤하게 만들었을 것이다. 몸을 가누기가 힘들 정도였다.

다음 날 아침, 내가 살았던 씨떼로 걸어갔다. 파리로 다시 돌아온 것이 감개무량했다. 아침에 분주하게 움직이는 까페, 거리와 가로수, 키오스크(신문 잡지 가두 판매소) 그리고 녹색 버스 등 이미 내 생활의 일부가 되어 있던 그런 것들을 다시 보게 되었는데, 기분은 전과 같지 않았다. 나에게서 가볍고 즐겁던 마음은 사라졌고, 음울하고 머리가 무거웠으며 가벼운 불안감도 있었다. 파리는 변하지 않았지만 나는 이미 예전의 내가 아니었다.

여러 가지 복잡한 생각에 몰두하며 기숙사에 도착하여 관리사무실의 문 앞에 서는 순간 누가 뒤에서 내 오른쪽 어깨를 가볍게 두들겼다. 프랑스 경찰은 장난이 아니었다. 돌아보니 한 사람은 정장을 단정히 입었고, 다른 한 사람은 가죽옷을 입었는데 나를 보며 차가 밖에 있으니 같이 가자고 점잖게 말했다. 나는 또 한번 가슴이 덜컥 주저앉았다. 그들이 공항에서부터 내 뒤를 따라왔을까? 어쨌든 그들이 형사들 같아서 따라나섰다. 씨떼 기숙사에는 외부 차량의 출입이 금지되어 있었기 때문에 건물 밖, 길거리에 차를 주차시켜 놓고 있었다. 나는 숨돌릴 틈도 없이 또 연행당하는 것이다.

심문(審問) II

우리가 간 곳은 그 유명한 오르훼브르가(街)(rue des Orfévres), 이곳은 프랑스에서 일어나는 모든 정치적 사건만 전담 수사하는 사법 경찰(Police judiciaire)이 있는 곳이다. 이 기관은 일간지의 쎈쎄이셔널 뉴스의 초점이 되는 곳으로 큰 사건이 일어나면 언론계의 스포트라이트를 받는 곳이다. 국장은 뽀와블랑(Poivlanc)씨. 그는 마치 아가타 크리스티의 추리물에 나오는 명 탐정 프와로처럼 유명한 인물인데, 후자가 순전히 상상력의 소산이라면 뽀와블랑 씨는 실존인물로서 실제 사건을 다루는 총책임자였다. 동백림 사건으로 우리가 납치되기 1년 반 전, 이른바 벤 바르카(Ben Barka) 사건이라는 것이 있었는데, 그 비중 때문에 연일 신문과 방송이 요란하게 보도했다. 모로코의 야당 당수인 벤 바르카 씨가 파리에서 납치되어 흔적도 없이 사라진 사건으로, 모로코 정보국의 소행으로 판명되었고, 이 사건의 수사 책임자가 쁘와블랑 씨였다. 그는 연예계 스타보다 더 유명한 '형사' 였다.

나는 취조실로 안내되었는데, 뜻밖에 쁘와블랑 씨가 나를 기다리고 앉아 있었다. 에까이유(écaille — 거북의 잔등)의 두꺼운 테 안경을 낀 그의 첫인상은 우선 능하다는 인상을 풍긴다. 그는 법조인과 대학교수, 그리고 형사를 뒤섞어 놓은 듯한 품위 있는 모습을 하고 있었다. 그렇게 유명하던 이 쁘와블랑 국장 앞에 앉은 나는 일개 학생이었기 때문에 그의 위엄에 압도되었다. 교수 앞에서 시험을 보는 기분이 들었다. 그가 책상 뒤 의자에 앉아 있었다면 또 한 명의 젊은이는 나의 맞은편 왼쪽에 비스듬히 의자에 앉아 있었다. 가죽잠바를 입은 폼이 형사 초년병 같았다.

우리들의 납치사건을 쁘와블랑 씨가 직접 담당한 사실로 보아, 동백림 사건이 간단한 사건이 아니라는 것을 느낄 수 있었다. 물론 벤 바르카 납치 사건이 있은 뒤에 우리가 납치되었기 때문에 프랑스에서는 이것을 엄중히 다루기로 결정한 듯하다. 또한 파리는 자유 도시이고 온갖 사람, 망명 정치인, 스파이, 도망자 등이 모여 있는 곳이기 때문에, 경찰이 전면에 요란스럽게 나서지는 않지만, 납치 같은 사건에는 정부가 상당히 신경질적으로 반응했다. 왜냐하면 이런 종류의 사건은 겉으로 평온한 국제도시 파리의 명성에 먹칠을 하고, 안전과 질서를 파괴하며 외국인에게 불안감을 심어줄 수 있는 성격의 사건이기 때문이다. 둘째로 외국인에 의한 외국인의 납치사건은 프랑스의 주권을 침해하는 것으로, 마치 강도가 남의 집 안방에 들어가서 휘저어 놓고 나오는 것과 같은 이치이다. 그들은 그 누구라도 자기네 영토에서 일어나는 이러한 범죄 사실을 용납할 수 없었고, 이것은 국가 자존심에 관한 문제였다. 벤 바르카가 프랑스 영토에서 납치되었을 때에도 드골 대통령은 진노하였고 모로코왕(王)은 프랑스에 내무장관을 보내 백배 사죄하였으며, 그것으로도 끝나지 않고 드골 대통령은 모로코에 모종의 보복조치를 취했던 것으로 안다. 이번 사건은 내가 야당 당수도 아니고 일개 대학생이었지만 사건의 성격과 내용은 벤 바르카 사건과 유사하였다. 그래서 뻐와블랑씨가 직접 나선 것 같았다. 다시 말하여 동백림 사건은 외국기관이 프랑스 국내에 잠입하여 거주자를 납치, 영토 밖으로 빼내간 사건이기 때문에 프랑스 국내법과 국제법을 동시에 위반한 사건이 되었다. 더욱이 납치는 '반 인륜적 파렴치 범죄' 라고 하여 프랑스인들이 가장 혐오스러운 범죄로 취급하고 있던 터였다.

나를 한가운데 앉혀 놓고 뻐와블랑 씨가 먼저 입을 열었다. 그는 품격 있는 고급 불어를 사용하고 있었다. 나는 몸과 마음이 지쳐 있었는데, 또 다시 새로운 조사를 받는다는 생각에 기운이 더 빠져 버렸다. 그가 무슨 말을 했는지 기억도 나질 않는다. 다만, 내가 누구에게 언제, 어떻게 납치되었으며 프랑스는 어떻게 다시 돌아오게 됐는지, 그 경위를 자세히 말해달라고 한 것밖에 생각나는 것이 없다.

나는 납치되지 않았고 자의로 한국에 갔다가 돌아왔다고 대답하였다. 마치 그 순간을 기다렸다는 듯 내 왼쪽 맞은편에 비스듬히, 의자에 앉아 있던 젊은 형사가 용수철처럼 튀었다. 그는 먹이를 낚아채는 표범처럼 달겨들었다. 노골적으로 아르고(argot — 비속어)를 섞어가며 그가 쓰는 언어는 나를 자극하였다. 그는 영화에서 형사가 범죄자를 앉혀 놓고 추궁하듯이 이것, 저것을 물었다. 예컨대 당신이 제 발로 여행을 떠난 것이라면, 여행을 떠나기 위해 챙겨 갔어야 할 짐(세면도구 등)이 왜 그대로 있고, 기숙사에서는 당신이 여행 떠났다는 것을 왜 아무도 모르느냐? 하는 식이었다. 통상 우리가 여행을 떠날 때는 기숙사 관리인에게 며칠간 방을 비울 것이라고 통고하고, 장기간 떠나게 되면, 짐을 정리하여 창고에 맡겨 놓고, 그 방을 임대하도록 한다. 그런데 한 달 이상 방을 비우면서 관리인에게 통보하지 않은 것을 지적하였다. 그는 내가 없는 동안 방에 들어가서 현장조사를 샅샅이 하고 갔었기 때문에 내가 일상 쓰던 물건이 제자리에 그대로 놓여 있던 것이며, 서랍 속의 여권 등을 모두 보고 간 모양이었다. 이런 상황에서 그가 묻는 질문에 두서없이 거짓말로 대답했다. 그는 끈질기게 비속어(argot)를 섞어가며 나를 자극이라도 하려는 듯 예리하게 질문공세를 퍼부었다. 심지어는 야유까지 하였는데, "당신은 여행 떠날 때 칫솔도 안 가져가느냐?" 하던 말이 기억난다. 그 당시만 하더라도 여관이나 호텔에서 일회용 칫솔을 제공하지 않았기 때문에, 여행 준비물로 제일 먼저 챙기는 것이 칫솔이었다. 우리말에도 친구 집에 며칠 유숙하러 갈 때에 "칫솔 하나 꽂고 놀러가겠다"고 하지 않는가? 나도 자주 쓰던 말이다. 젊은 형사의 질문에 모욕감도 느끼고 심신은 피로하고, 참으로 힘들었다. 쁘와블랑 씨가 딱하다는 듯 결정적인 증거를 들이대며 — 그러나 점잖은 표현으로 — 나를 어렵게 만들었다. 내가 힘들었던 것은 이런 종류의 심문이 있으리라는 것을 전혀 모르고 있었기 때문이다. 떠나기 며칠 전 황 사장이 요릿집에서, 우리가 자발적으로 서울에 갔다는 삼류 시나리오를 외우게 한 것을 보면 정보부도 심문을 예측한 듯싶은데, 프랑스 수사기관의 수준을 모르고 있었던 것 같다.

그들은 내 입에서 '납치 됐었다'는 한마디를 끌어내기 위하여 집요하게 달라붙었다. 점심시간도 거른 채 계속 코너로 나를 몰아붙였다. 아침에 호텔에서 커피 한잔 마시고 나오다가 압송되었기 때문에 배도 고팠다. 그보다도 전날 20시간 넘게 비행기를 탔고, 기내에서는 이철진의 헛소리에 시달렸었기 때문에 피로가 극에 달했다. 서울의 정보부에서 처음 수사관의 조사를 받을 때 진땀이 몸에 좍 퍼지는 것을 느꼈는데, 또 한번 그런 것을 느꼈다. 나는 너무 지쳐서, 그리고 거짓말을 너무 하다보니 짜증도 나고 화도 났다. 포기하고 싶은 유혹을 여러 차례 받았다. 공항에서 나를 기다리고 있겠다는 정보부의 약속도 저버린 사람들을 위하여 내가 이렇게까지 할 필요가 있을까? 차라리 사실대로 말해주고 편히 쉬는 것이 낫지 않겠나. 이런 유혹이 자꾸만 머릿속을 스쳐갔다. 그러나 내가 포기하면 그 후 서울의 가족이 보복을 당하지 않을까 걱정이 되어 끝까지 버텼다.

정곡을 찌르는 쁘와블랑과 형사의 질문에 터무니없는 거짓말로 시간을 끄는 조사 과정이 그들도 지치게 만들었던 모양이다. 오후에 쁘와블랑이 벌떡 일어서더니 자기를 따라오라며 자신의 개인 사무실로 데리고 갔다. 캐비넷에서 편지 한 통을 꺼내들고, 이것은 자기가 받은 투서라고 하였다. 우표를 흘깃 보았더니 연두색 바탕에 무늬가 있었다. 프랑스 우표가 아니었다. 파리 저축은행에서 같이 일하던 프랑스 직원이 우표 수집광이었는데, 점심시간에 은행의 길 건너편에 있는 우체국 본부를 자주 다녔었다. 그곳에는 우표 전시실이 있어서, 그와 함께 우표를 구경했었다. 그래서 나도 모르게 적어도 프랑스 우표와 외국 우표는 한눈에 구별할 수 있게 되었다.

쁘와블랑은 투서를 읽었는데, 우선 완벽한 프랑스 언어 구사가 나의 주의를 끌었다. 우리 유학생 가운데 그런 수준의 불어를 할 수 있는 사람은 한두 명, 그 중 친북계열의 한 사람이 머리에 떠올랐다. 투서 내용이 나를 또 한번 깜짝 놀라게 했는데, 내가 프랑스 주재 한국 대사관에서부터 독일 주재 한국 대사관을 거쳐 서울로 가는 사이의 여정(旅程)을 마치 누가 우리 뒤를 쫓아다닌 듯이 정확하게 기술하고 있었다. 투서자는 한국정부기관에 의하여 저질러진 나에 대한 인권 유린을 염려하여 그 점을 고발하고, 나를 구출하여 달라는 청원에 목적을 두고 투서를 쓴 것 같지는 않았다. 투서한 사람은 우리가 불법 납치되었다는 것을 사법 경찰에 알려줌으로써, 프랑스와 한국 사이에 외교전쟁을 유발시키도록 종용하려는 숨겨진 의도가 있는 것 같았다. 쁘와블랑은 편지를 다 읽고 난 뒤, 투서 내용이 사실과 일치하는지 물었다. 나는 투서 내용의 정확성에 어이가 없어서, 아무 대답도 못하고 그저 침묵으로 일관했다. 달리 도리가 없었기 때문에 바보처럼 앉아 있었다. 쁘와블랑은 여비서에게 자기 말을 받아 타자를 치도록 지시하였다. 내용인즉 심 아무개는 자의에 의하여 한국에 갔고 자의에 의하여 파리로 돌아왔다는 것이었다. 비서가 타자 친 것을 빼어 주니 쁘와블랑이 그 진술서를 손에 들고 나에게 말했다. "당신이 처음부터 거짓말하고 있다는 사실을 우리는 다 알고 있으며, 한국에서 떠나올 때, 사실을 말하지 말라는 협박을 받고 왔을 것이라는 것도 다 알고 있다. 이번 사건에서 물먹은(couilloné) 사람은 당신이기 때문에 당신의 거짓 진술을 사실인 것처럼 받아주겠다" 이렇게 이야기하고는 진술서에 사인하라고 책상 위에 놓았다. 나는 무안했다. 그의 능수능란한 언변과 사건 처리 능력에서 프랑스 경찰의 진면목도 알아보았다. 서명(사인)을 하자 풀어주었다. 나는 프랑스와 한국의 외교 분쟁 소지를 원천적으로 봉쇄시킨 것이다. 나도 한번은 구체적으로 애국을 했다고 생각했다.

오르훼브르가(街)에서 큰 길로 조금 걸으면 세느강이 나온다. 다리를 건너면 쌩 미셸 거리이고, 이곳은 내가 늘 다니던 친숙한 거리이다. 나는 그저 걷고 싶었다. 걷다가 카페에서 샌드위치로 시장기를 덜었다. 그리고 또 걸으면서 지금까지 나에게 일어났던 일을 회상해 보았다. 어처구니없게 붙들려 다니고, 프랑스 경찰까지 졸업하게 된 그 동안의 경위가 '부조리' 그 자체였다. 화가 또 치밀어 올랐다. 내가 이런 고초를 두 번째 겪게 된 데에는 전적으로 한국 정보부와 외교 당국의 책임이 있다고 본다. 한국 정부의 무모하고 미숙한 일 처리 능력을 이해한다 하더라도 수사가 끝난 뒤의 불성실에 대하여는 용서가 잘 되지 않았다. 서울에서 수사가 끝난 후 정보부에서는 우리를 매일 대접하기만 했고, 고등룸펜처럼 시간을 메우고 있는 동안, 정보부 당국은 동백림 사건으로 프랑스에서 일어나고 있던 일에 관하여 한마디 귀띔도 해주지 않았기 때문이다. 그런데 후에 알고 보니 우리가 잡혀 온 뒤 곧바로 프랑스 경찰 당국은 사건을 파악하고, 조사에 착수했다고 한다. 파리에 있는 한인들 몇 명을 경시청에서 소환하여 우리에 관한 탐문조사를 했었다고 한다. 신문에서도 우리 이야기가 보도되었고, 까다롭기로 이름 난 '르 몽드'에서도 우리가 납치되었다는 기사를 연일 내보내고 있었다. 그때 최소한 파리에서는 내 이름이 박정희 씨보다 더 알려졌었다고 했다. 물론 프랑스 외무부에서도 한국 정부에 해명을 요구했을 것이다. 프랑스 학생 총회는(UNEF) 우리를 위하여 데모도 했다고 한다. 외교 분쟁으로 번질 수도 있는 이 사건에서 정부 당국자는 처음부터 끝까지 우리를 속이기만 했다. 당국자는 갑자기 우리를 프랑스로 돌려보내기로 한 이유, 우리가 다시 파리로 돌아갔을 때 일어날 수 있는 일들을 설명하는 성실성을 보여주어야 했다. 파리로 돌아간다는 것을 하루 전에 알려 준 이면에는 아마 프랑스 외무당국의 항의가 있지 않았나 싶다. 황 사장이 써준 시나리오도 프랑스의 압력에 대한 준비였던 것이 틀림없었다.

그렇다면 정보부는 이 문제를 우리와 진지하게 상의하고 대책을 강구했어야 했다. 우리에게 아무것도 알려주지 않고 파리로 돌려보냈을 때, 사전지식이나 정보가 없는 상태에서, 우리가 당황할 수밖에 없는 사정을 면밀히 검토하는 세심함이 없었다. 더욱이 쁘와블랑 같은 프랑스 최고의 수사관을 상대하게 될 경우, 우리가 겪을 당혹감을 서울의 수사관들은 짐작도 하지 못한 것 같다. 그들은 뭘 모르고 있었다고 하는 것이 옳을 것이다. 정부 당국은 남의 나라에 가서 불법으로 사람을 잡아온다는 것이 국제법상으로 얼마나 중대한 사건이라는 것을 감도 잡지 못하고 있었던 듯하다. 한마디로 그들은 그 부분에서는 백지 상태에 있었다. 그도 그럴 것이 외교부는 수동적 역할을 하고 있었고 정보부는 국제무대에서 활동할 요원을 양성할 시간과 역량이 없었을 것이다. 요원들은 충분한 국제 감각이나 국제법의 기초를 습득, 인지할 수 있는 세련된 특수훈련을 받지 못한 것이다.

내가 이런 배경을 알지도 못한 채 그들 앞에 앉아 있었으니, 결국 나는 바보가 된 셈이다. 질문에 엉뚱한 거짓말 답변으로 일관하고 있었으니 그들 역시 답답했을 것이다. 황 사장이 써주었던 시나리오는 완전히 빗나갔고, 나는 임기응변식으로 수없이 거짓말로 둘러댔다. 프랑스인들은 이런 경우를 '귀머거리들의 대화(dialogue de sourds)'라고 한다. 정확한 질문에 엉뚱한 대답으로 장시간을 질질 끌게 되니까, 쁘와블랑 씨가 생각을 바꾸게 된 것이다. 우리는 프랑스에서 일어나고 있던 일은 아무것도 모르고 있었으며, 다시 돌아가기만 하면 예전처럼 평화스럽게 지낼 수 있을 것이라고 믿고 있었는데, 그것은 순진하기 짝이 없는 생각이었다. 세상은 그렇게 단순하지 않다는 교훈을 그때 얻을 수 있었다.

나는 너무나 화가 나서 쌩 미셸 거리를 걸으면서, 국제사법재판소에 한국정부를 고발할까 하는 생각까지 했었다. 만일 나에게 연로한 부모와 형제가 없었다면 그렇게 했을지도 모르겠다.

EPILOGUE

파리는 나에게 예전과 같은 도시가 아니었다. 서울 가기 전의 파리가 아니었다. 도시가 변한 것이 아니라 내 자신이 변해 있었다. 나는 긴장에서 해방되지 못한 채, 마음 한구석에는 늘 불안감이 자리 잡고 있었다.

쁘와블랑 씨로부터 온종일 시달린 후 호텔로 돌아와서 하루 저녁 더 쉬고 다음날 아침 기숙사를 찾아갔을 때, 냉정한 사회 현실 앞에 또 한번 놀랐고 세상이 그렇게 낭만적이고 간단하지 않다는 것을 처음으로 깨달았다. 기숙사 관리인을 만나, 방을 예고 없이 비운 것을 사과하고 방을 다시 쓰겠다고 하였다. 관리인은 정색을 하더니 "당신은 정치적 사건에 연루되었었고, 기숙사 규정에는 정치학생은 받을 수 없게 되어 있다."고 하였다. 나를 다시 받아들일 수 없다는 것이다. 규정을 들고 나오는데, 무슨 할 말이 있겠는가? 그래서 짐이라도 찾아 가겠다고 하였다. 나는 학위 논문 초고를 책상 위에 놓아둔 채, 사건을 당했기 때문에 그것이 제일 걱정이 되었었다. 논문이 없어졌다면 또 다시 새로 쓸 기력이 없을 것 같았다. 60년대 중반에는 PC가 없었다. 관리인은 내 방이 있던 6층의 청소부(femme de ménage)를 만나보라고 하였다. 아주머니를 만났더니, 한다는 이야기가 나를 어리둥절하게 만들었다. 내가 납치되어 죽었다는 이야기를 전해 듣고 내 방에 있던 짐을 대충 치워버리고 중요하다고 생각되는 것은 박스에 담아 창고에 넣어두었다고 하며 창고 문을 열어주었다. 짐은 일부 되찾았지만 졸지에 오갈 데 없는 신세가 되었다.

사르트르의 나라 프랑스에서 인권 문제에 관한 한 국적을 따지지 않고 피해자의 편에 서서, "정의의 사람들"이 핏대를 올리던 일을 잘 알고 있던 나로서는, '사회의 두 얼굴' 의 법칙을 처음으로 깨닫게 되었다. 지식인들이 베트남의 피난민(Boat people)을 위하여 거리에 나섰던 일, 알제리의 독립을 위하여 반정부 시위를 하던 지식인의 나라, 이런 것들이 모두 나를 혼란스럽게 만들었다. 그리고 냉정하게 만들었다.

다시 호텔로 돌아가 숙소를 찾아야 했다. 그러던 중 양승권 형이 씨떼에서 여름방학을 지내기 위하여 방을 빌려 놓았는데, 사정이 생겨 못 쓰게 되었으니 그 방을 사용하라고 하였다. 씨떼에는 세계 각국에서 자기 나라 유학생을 위하여 지어 놓은 기숙사와 프랑스 학생들을 위하여 마련된 기숙사들이 있었는데, 그 방은 프랑스 농과대학 학생들을 위한 기숙사에 있었다.

각 기숙사는 일정 비율에 해당하는 방을 자국 학생 아닌 타국 학생을 위하여 할당하는 제도를 실시하고 있었다. 프랑스는 1년 한 학기제로, 즉 9월 중순 경에 학기가 시작되면 다음해 6월 중, 하순까지 스트레이트로 공부하고 그 대신 여름방학(vacances)을 2개월 반 내지 3개월 쉬게 하였다. 이 기간 중 씨떼에 있던 학생들은 혹은 고향으로 혹은 외국으로 여행을 떠나면서 방을 비워 주고, 그 자리에 이 기간 중 파리를 찾는 외국인을 빠싸제(passager – 지나가는 사람)로 호텔보다 저렴한 숙박요금을 받으며 머무를 수 있게 해주었다. 그렇게 나도 빠싸제로 양승권 형이 얻어 놓은 방을 사용하게 된 것이다.

그 방에 짐을 풀고, 다행히 찾은 논문 원고를 우선 정리하여 마무리 짓기로 하고, 식당과 방만 오가며 작업에 몰두하였었다. 그러나 마음 한 구석에는 불안감이 남아 있었는데, 특히 저녁에 잠을 자려고하면 누가 쳐들어오지 않을까 하는 걱정으로 방 안의 집기와 짐을 문 안쪽에 바리케이드처럼 쳐 놓고, 침대 밑에는 큼직한 맥주병을 놓고 잤다. 누구라도 들어오면 요절을 내버리겠다고 생각했다. 남쪽이건 북쪽이건 또다시 그런 식으로 나를 데려갈 수는 없을 것이라는 생각으로 그렇게 하였다.

불안해 한 것은 나 혼자만이 아니었다. 이철진 형 역시 기숙사에서 쫓겨나 나와 같은 농업관(館)에 방을 얻어 들어왔다. 그와 나의 관계는 정보부에서 있던 일 때문에 전과 같을 수가 없었다. 비행기 내에서는 그가 발작할 것 같아 가로막고 앉아 있었지만, 파리로 돌아온 이후로는 그와 거리를 두고 지내고 싶은 마음뿐이었다. 또 한편 그와는 반드시 짚고 넘어가야 할 일이 있었다. 그와 청산할 일이 있었다. 파리에서의 삶을 다시 시작하기 전, 하루는 그가 공원 벤치에 앉아 있는 것을 보고 다음과 같이 말해 주었다. "이 형, 어려울 때일수록, 극한 상황에 처했을 때일수록, 서로 믿어야지, 이 형이 나를 공산주의자로 의심이 가도록 몰고 가면 어떻게 하는 거요. 나는 이 형과 같이 반공투쟁했다고 처음부터 우겼는데. 기회가 생기면 정보부에 있는 나의 진술서를 한번 보시오." 그는 얼굴이 벌겋게 달아오르면서 아무 대꾸도 하지 못했다. 그리고 혼자 다녔다.

파리의 한인사회도 분위기가 확 변해 버렸다. 다수의 사람들은 동백림 건이 터지기 전에, 친북세력에 의하여 자신도 모르게 동원되고, 모여서 남의 험담을 즐기다가 찬물을 맞은 것 같았다. 마치 폭풍우가 지나간 것 같았다. 중심축이었던 박응진 화백 등이 죄수복을 입고 재판정에 나타난 것을 비롯하여 핵심세력을 구성하던 유학생의 엘리트들이 외국으로 도피하여 파리에서 증발한 사실은 한인들에게 패닉(panic)을 일으키기에 충분하고도 남았다. 이들은 혹시 나도 잡혀가는 것이 아닌가 하고 불안해 했다. 특히 박응진 화백, 조정일, 재일 교포출신 김상기 회장, 노일환, 노준배 등등의 잠적은 한인들에게 충격을 주었다. 이들은 모두 공부 끝나고 귀국하면 자기 역할을 톡톡히 할 수 있는 우수한 인재들이었다. 특히 조형과 노일환이 그러했는데, 조형은 파리 법과대학을 졸업하고 변호사 자격도 갖고 있는 인물이었고, 노형은 이과대학을 마치고 정보통신학교(télécommunication)에 재학중이었다. 그는 최첨단 정보통신 엔지니어로서 한국의 경제발전에 크게 기여할 수 있는 인물이었다. 이들이 모두 스위스 또는 북조선으로 피신하였다고 하며, 노형은 평소 그가 가슴에 담고 있던 아프리카로 도피했는데, 얼마 후 그곳에서 죽었다는 소문을 전해 들었다. 한마디로 파리 유학생회는 쑥대밭이 되고 말았다. 영문도 모르고 그들 주변에 있던 사람들이 불안, 초조했던 것은 오히려 당연한 일일 것이다.

대사관이 한인사회에 다시 신뢰회복을 주기 위해 전면에 나섰다.

나를 대사관 지하실로 유인하여 국제공산당원이라고 하던 '신사'가 정보부 영사로 부임하여 온 것이 큰 도움이 되었다. 이 사람은 장씨 성으로 서울의 J 중학을 졸업하고 서울 법대 재학 중 6 · 25가 터져서, 국군에 입대하였는데, 군에서 HID 요원으로 차출되어 전쟁 중 맹활약을 하던 인물이었다. 그는 사지(死地)에 혼자 떨어져서 맹장염이 걸려도 유리조각 하나만 있으면 자신이 수술을 할 수 있다고 자신 있게 말하였다. 언행이 바르며 예의가 있어서 우리는 친구처럼 가까운 사이가 되었다. 그는 서울 문리대를 수석 입학, 수석 졸업한 이형동(불문과) 형과 중학 동기동창이라고 했는데, 활달한 성격의 유능한 사람이었다. 그가 김 회장의 증발로 자동 해체된 학생회를 재건하기 위하여 나를 찾았다. 그는 윤공사와 더불어 이미 파리 한인사회의 사정을 모두 파악하고 있었으며, 한묵 화백을 중심으로 파리 한인회를 구성하려는 구상을 하고 있었다. 과거의 학생회에서 범위를 확대하여 재불 한인회로 탄생시키도록 하는 구상이다. 대사관의 이러한 계획에 파리의 한인들 모두가 협조하였고 한 화백이 구심점이 되어, 다시 신뢰를 회복하고 서로 돕는 분위기를 되찾았다. 한 묵 화백은 내가 학생회장 당시 '사례금'을 수령하였다가 제자들과 젊은이들 앞에서 손을 드는 수모를 겪었던 분이다. 그는 한인회장이 됨으로써 잃어버렸던 명예도 회복하였고, 그 후 오랜 기간, 파리의 한인들을 위하여 많은 일을 하셨다.

북조선 당국에 의하여 한국 학생을 포섭, 대남 공작원 또는 외화벌이 꾼으로 이용하려던 이 동백림 사건은 많은 인재를 파멸시키고 일단 막을 내렸다. 그러나 이 같은 비극이 지금도 2막~3막으로 이어지는 것이 아닌지 그것이 궁금하다.

박응진, 박휘수, 김상기, 김화수, 조정일, 노춘배, 이영일, 이철진, 노일환, 한문수, 이민희, 김영철 등 이상은 모두 가명이다.

1968년 5월

68 학생 소요로부터 드·골 대통령의 퇴진까지

특이한 교육제도

파리에서 한 시간 남짓 서쪽으로 가는 전철을 타면 낙후성이 한눈에 들어오는 전형적인 교외(banlieu) 도시가 나타난다. 낭테르(Nanterre)라는 이름의 이 소도시는 68년 5월까지만 해도 그곳 소르본느대학 분교에 적을 둔 1만여 명의 학생들과 그 친구들 이외에는 거의 알려지지 않은 가난한 도시였다. 2차 세계대전 이후 베이비붐(baby-boom) 세대의 폭발로 늘어난 학생인구를 수용하기 위하여 급조한 소르본느대학 분교다. 고색창연한 중세(中世)풍의 본교와는 너무나 대조적인 분교 — 이하 낭테르대학 — 는 현대건축의 모든 장점을 모아놓은 듯한 시멘트블록의 직선의 건물로 구성되어 있다. 물론 이 건물이 주위의 분위기와 조화가 될 리 없다. 파리 교외 도시 가운데에서도 상대적으로 보다 낙후한 이 대학 부근에는 영화관도 카페도 바

(bar)도 없다. 카프테리아(cafétéria)가 하나 있으나 카페(café)와 다른 분위기이다. 학생들은 수업이 끝나면 성냥갑 같은 자신의 기숙사 방에 들어박히거나, 공용체육관, 수영장등에서 신체단련에 몰두할 수 밖에 달리 시간을 보낼 수가 없다. 프랑스인들 그리고 특히 학생들이 즐기는 친구들과의 대화를 나눌 수 있는 공간이 부족하거나 아예 없는 것이다. 프랑스인에게 말할 기회를 주지 않으면 그들은 돌아버린다고 말할 수 있을 정도로 그들은 말이 많다. 같이 있는 사람이 말을 하지 않으면 상대방이 자기에게 화가 나 있다고 생각하는 사람들이 프랑스인이다. 그만큼 그들에게 대화는 중요하다. 그런데 새로 건축된 이 교사(校舍)와 주변에는 이런 만남의 장소가 거의 없었던 것이다.

그러면 이러한 외딴곳에 새로 건설한 학교에 다니게 된 학생들은 어떤 경위로 이 대학에 등록하게 되었는가? 파리에 있는 수많은 학교들을 두고 왜 하필이면 이런 곳에 등록하게 되었는가? 우리는 이 물음에 답하기 위하여 프랑스의 대학 입시 제도를 간단히 소개하여야 할 것 같다.

A. Baccalauréat

프랑스에서는 고교 졸업 시(時) 대학 입학을 위한 자격시험을 치르며, 그 시험을 '바칼로레아' (Baccalauréat)라고 한다. 우리나라보다 훨씬 앞서서(Napoléon, 1808년) 시행되었고 물론 국가고시이다. 이것을 통과하느냐, 못하느냐에 따라 대학 진학이 결정된다. 즉 이 제도는 패스 오아 낫(pass or not)을 결정지어주는 제도이지 수험생의 점수 수준차를 결정지어주는 순위고사가 아니다. 통과하면 대학진학이 가능하고 그렇지 않으면 대학과는 아듀(adieu)를 하도록 하는 무자비한 시험이다. 그런데 이 바칼로레아 — 이하 '바크'로 표기함 — 는 시험방법과 내용면에서 우리나라의 수능시험과는 본질적으로 다른 면이 있다. 우선 알기 쉽게 두 나라 제도를 구별 짓기 위하여 정의를 내리자면 전자는 완전히 객관식인데 비하여 후자는 완전히 주관식이라는 점이다. 한국 수능시험에서는 학과별 출제된 문제에 대하여 학생들이 맞는 것을 점으로 꼭 꼭 찍어 넣고, 결과를 합산하여 학생의 총점수를 계산하는데 프랑스 학생들에게는 이러한 객관식 출제방식, 시험방식은 들어보지도 못한 생소한 방법이다. 즉 그들의 '바크'는 논술고사 하나로 끝난다. 논술고사는 제기된 문제에 관하여 수험생이 4시간 동안 시험지 6장 분량에 자기 생각과 판단을 정리하여 논리적으로 써 놓는 작문이다(composition écrite). 그러니까 그 내용은 시험당사자들의 문제에 대한 개인적 판단, 즉 자기 생각을 앞뒤가 맞도록 하여 소논문을 작성하는 것이다, 여기에는 나름대로 일정한 규칙이 있어서, 서론이 있으면 본론이 따르고 그것이 끝나면 결론을 내리는 형식을 취한다. 문제를 받으면 수험생들은 각기 답안의 구성을 하는데(plan을 짜야 하는데), 그것은 구조를 짜놓고 거기에 맞추어 논술을 써나가기 때문이다. 프랑스에서 실시하는 모든 시험의 정형(定型)으로서 이 방법은 '그랑제꼴'이라는 특수대학의 입학시험, 또는 대학에서 학기 중에 치르는 학기말고사 등에서도 채택하는 방법이다.

이해를 돕기 위하여 예를 들어 설명하여 보겠다. 예컨대 19××년 바칼로레아 시험에서 '공익(公益)과 사익(私益)은 서로 보완적인가, 또는 서로 충돌하는가?' 라는 문제가 출제되었다고 하자. 수험생은 이 문제의 성격을, 즉 출제자가 묻는 바를 이해하여야 한다. 만일 두 가지가 서로 보완적이라면 또는 상충한다면 그 이유를 논리적으로 설득력 있게 서술하여야 한다. 이런 문제에는 정답이 없다. 답안지 채점은 전국에서 동원된 교사가 하는데, 채점자가 답안지의 완성도에 따라 20점 만점에 10점 이상을 주면 패스(pass)가 된다. 만일 10점 미만이면 낙방으로서 이 학생은 대학에 등록할 자격을 갖지 못하게 되는 것이다. 20점 만점에 9.45점을 받으면 그는 대학 입학자격을 갖지 못하게 된다. 점수야 항상 많이 받으면 좋은 것이지만, '바크'에서 20점 만점에 19점을 받은 학생과 10점을 받은 학생 사이에 대학입학자격에 차이가 있는 것은 아니다. 일단 20점 만점에 10점을 넘으면 대학에 등록할 자격과 권리를 갖는다. 다만 시험에서 최고점을 받은 학생의 답안지는 'Le Monde'라는 일간지에 답안 전문을 게재하여주었다. 필자가 대학을 다니던 1960년대만 하더라도 이 시험은 국가적인 행사로서 언론에서도 관심을 가졌던 것은 당연한 일이다. 1960년대 후반, 서울대(大) 문리대(文理大)의 송욱 교수가 파리에 온 일이 있었다. 마침 신문에 답안지가 발표될 때였다. 송 교수님은 신문에 게재제된 답안지를 읽고 충격을 받았는지 할 말을 잃었다. "고등학생이 그런 논문을 쓰다니……." 하고 혼잣말처럼 중얼거리더니 무엇인가 깊이 생각하는 듯했다. 우리는 둘이서 파리의 밤거리를 밤새 걸었고, 송 교수님은 한국의 대학교수도 이런 답안을 쓰기 어려울 것이라고 하였다. 출제되는 문제가 대부분 철학적이고, 사람들에게 생각을 요구하는 성질의 것이기 때문에 '바크'의 문제는 온 국민의 관심사가 되었었고, 각기 자기 입장에 따라 의견을 나누고는(discussion) 했었다. 우리나라에서 수능시험이 당사자 외에는 별 관심을 끌지 못하며 시험과목의 난이도가 예년에 비해 어떻다는 등이 수험생 당사자, 학부모와 언론의 관심사인데 반(反)해, 프랑스 제도에서는 출제된 문제가 너무 철학적이라던가, 또는 풍부한 역사적 지식을 요구한다는 등의 의견 교환이 있을 뿐 점수를 문제로 삼지는 않는다. 이렇게 장황하게 '바크' 이야기를 한 것은, 이 시험이 학생에게는 물론 국가교육정책과 직접 관련이 있기 때문이다. 이 '바크'는 정권에 따라 난이도에 차이가 생긴다. 학생들의 대학 입학을 장려하려면 '바크'의 수준을 낮게 해주면 되는 것이다. 즉 1960년대 이전에는 이 시험을 상당히 어렵게 출제하여 합격생의 수를 제한하였다고 하는데, 그 때에 이 국가고시에 통과한 사람은 바슐리에(Bachelier - Bachelor)라고 하여 지금의 대학 졸업생과 같은 대우를 받았고 대학(Licence - License)을 졸업한 사람도 극소수였다고 한다. 그러니까 '바크'는 당시의 프랑스에서 고등교육을 받았다는 징표였고 '바크'만 끝내고 사회활동을 한 인구가 상당히 많았다고 한다. 정권이 바뀌고 평등을 지향하는 사회당이 들어서자 더 많은 사람에게 고등교육의 혜택을 주자는 주장이 일어났고, 특히 정치가들은 여기에서 인기를 얻을 수 있는 기회를 잡는다. 이것은 프랑스 판 '대중영합주의(populism)'다. 80년대 '미테랑'의 사회당 정권이 14년 동안 계속되면서 프랑스의 '바크'는 과거의 명성을 버리고 합격생을 양산하였다. 그러니까 이 시험이 국민적 관심 하에 국민들에게 철학적 토론의 장을 제공하던 그런 난해한 시험이라는 인식도 점점 약화되었다. 지금의 '바크' 시험 합격생은 과거의 수험생에 비하여 전반적으로 수준이 낮아졌다는 중론이다. 그러나 프랑스는 이러한 하향 평준화 국가고시의 폐해를 빠져나갈 수 있는 비장의 무기를 갖고 있는데, 그것이 이른바 '그랑제꼴'이라는 기관이다.

어쨌든지 이 바칼로레아 시험은 온 국민의 관심 하에 200년이 넘게 방법에 변함이 없이 매년 치러진다. 앞서 말했지만 이 시험에 통과한 학생은 자기가 원하는 대학에 등록할 자격과 권리를 갖기 때문에 낭테르 대학생들도 모두가 '바크'를 거쳐서 이 학교에 등록하고 공부하고 있던 학생들이다.

그러면 파리의 소르본느대학 — 낭테르대학의 본교에는 어떤 학생이 등록하는가? 그 결정은 순전히 학생의 거주지를 고려해 교육구청에서 배정을 한다. 내가 여기에서 말하려고 하는 것은 이 낭테르 대학생들이 본교학생들에 비하여 수학능력 면에서 전혀 떨어지는 학생들이 아니라는 점이다. 물론 '바크' 시험은 3계열(人文, 社會經濟, 理科)로 분류되어 실시되고 우수한 학생들은 대부분 이과(理科)를 선택한다. 그렇다고 해서 문과계열에 열등생만 있다는 것은 아니다. 그들 가운데에는 장차 철학자나 문필가를 꿈꾸는 우수한 학생들도 많이 있다. 낭테르의 학생들은 모두가 인문, 사회계열 학생임을 알려둔다.

그런데 이 제도에는 우리나라의 수험생과 학부모를 당혹스럽게 하며, 가히 생사를 걸고 싸울 수 있게 하는 문제를 내포하고 있다. 즉 필자가 말하기를 '바크'(20점 만점에 10점을 받았다 하더라도)에 통과한 학생은 대학등록 자격과 권리를 갖는다고 하였는데, 그 많은 학생이 하나의 대학(예컨대 한국으로 치면 서울대(大)에 모두 등록할 수 있다면 아무 문제가 생기지 않겠지만(그렇더라도 과(科) 배정에서 학부모와 대학 측에 엄청난 갈등이 있을 수 있다.) 소르본느대학이 그들을 모두 수용하기란 물리적으로 불가능하다. 그래서 설립된 것이 낭테르 분교인데 프랑스대학 구조는 일반대학과 특수대학(고등교육기관의 총칭, Grandes écoles)의 2중 구조를 갖고 있다.

B. 고등교육의 2중(重) 구조

프랑스에는 우리가 보통 말하는 일반 대학(Université) 외에 그랑제꼴(Grandes écoles)이라는 특수 전문대학이 있는데, 이 기관이 국민교육의 하향평준화를 방지하도록 하는 대단히 효과적인 수단이 된다. 이 그랑제꼴은 대부분 이공계(理工界)에 진치고 있다. 우리나라에도 알려지기 시작한 파리 이공과 대학(에꼴 폴리테크닉, Ecole Polytechnique)이나 고등사범학교(에꼴 노르말 쉬페리외르, L' Ecole Normale Supérieur, rue d' ulm) 같은 학교는 가장 우수한 학생이 지망하는 대학 중의 대학이다. 이 학교에 입학하면 본인에게는 '가문의 영광' 일 뿐 아니라 주위 사람들 모두가 진심으로 입학을 축하해 준다. 특수 고등 교육 기관인 이 그랑제꼴들을 조금 더 자세히 설명하기 전에 우리나라 학부모들의 관심사가 될 만한 것 — 즉 누가, 어떻게 특수대학에 들어가느냐 하는 물음에 대답하여야 할 것이다.

뒤에서 설명할 다른 그랑제꼴 — 예컨대 토목학교(에꼴 데 뽕제 쇼쎄, L' Ecole des Ponts et Chaussées)나 광산학교(에꼴 데 민느, L' Ecole des mines) 등과 마찬가지로 이 그랑제꼴에 입학하려면 일단 '바크' 를 성공한 다음 바로 대학으로 가는 것이 아니고, 전국의 유명고등학교(주로 파리의)에서 그랑제꼴 준비반에 등록하여 그곳에서 최소한 2년을 열심히 공부하는 과정을 거치고 난 뒤 자기의 적성에 맞는 그랑제꼴의 입학시험에 응시하여야 한다. 낙방하면 재도전을 하거나 앞에서 언급한 일반 대학(Université)에 등록하면 된다. 비록 그랑제꼴에는 낙방하더라도 이 학생들은 일반대학생이 될 수 있고 준비과정에서 보낸 그들의 학업은 대학에서 인정받는다. 그랑제꼴 준비과정은 '프레파’(préparation-준비의 약자) 또는 ‘까뉴’(khagne)라고 하는데 프랑스를 이끌어 갔던 대부분의 산업계와 정계 사람들이 이 과정을 거쳤고, 이 사람들은 기회가 있을 때 국민이 모두 보고 있는 TV.에서도 ‘까뉴’ 시절의 생활을 자랑삼아 이야기하기 좋아한다. 그 시기에 엄청나게 공부를 했다는 것과, 그들이 일생을 살아가는 동안 그 때 공부했던 지식이 밑천이 되었다는 것을 말하려는 것이다. 퐁피두 대통령이나 후에 세네갈 대통령이 되었던 생고르(Senghor)가 그러했다.

그러면 그랑제꼴이라는 대학의 입시준비반에 입소하려면 어떻게 해야 하나? 시험은 따로 없다. 파리의 명문 고등학교들인 앙리 까트르(Henri IV), 꽁도르쎄(Condorcet), 루이 르그랑(Louis le Grand) 등등에 설치된 이 ‘프레파’의 입학은 간단하다. 원하는 학교에 자신이 졸업하는 학교의 내신 성적을 제출하면, 교장을 비롯한 학교당국에서 그 자료를 놓고 선발한다. 만일 우리나라에서 이런 일이 있다면(이런 제도가 있을 수도 없겠지만) 학부형과 학교당국 사이에는 재판과 소송이 끊이지 않을 것이다. ‘바크’ 시험의 출제나 채점에서도 그러하듯이 프랑스의 학부모는 학교당국의 결정을 신뢰하고 이의를 달지 않으며 무조건 따른다. 그렇지 않으면 이 ‘프레파’ 제도는 운영될 수 없을 것이다.

C. 엔지니어들의 천국

그랑제꼴의 대부분은 엔지니어를 양성하는 이공계열(理工系列)이 대부분이지만 사르트르의 모교인 고등사범학교(에꼴 노르말 쉬페리외르, L’Ecole normale supérieure)나 상업학교(H.E.C., Hautes Ecoles Commerciales) 등도 우수대학 중 하나다. 오히려 우리나라에서 고등사범학교로 번역되는 '노르말 쉬페리외르'는 프랑스의 지성과 사상의 요람이라는 점에서 프랑스 대학구조에서 특수한 위치를 차지한다.

그랑제꼴의 8~90%가 이공(理工)계 특수대학이라는 점과 어떻게 프랑스인들은 이처럼 이공계를 선호하게 되었는지를 한번 따져보는 것도 문제의 이해에 도움이 되리라 생각한다.

우리가 일반적으로 프랑스인에 대하여 갖고 있는 인식은 그들이 포도주 몇 잔에 취해 멋있는 시를 읊조리는 낭만적인 데카당(décadent)으로 비논리적인 사람들 즉 조직적이지 못하고 나태한 사람들로 생각하는 경향이 있다. 그러나 프랑스를 내부에서 들여다보면 우리가 상상하는 것과 전혀 다른 프랑스인을 만나게 된다. 포도주도 좋아하고 시도 좋아하지만, 이들의 DNA에는 수학적 사고를 하는 논리적이고 빈틈 없으며 또 명료함이 있다는 것을 알게 될 것이다. 일단 일을 맡게 되면 열심히 한다. 세계 근로자들의 작업능률과 열의를 비교하는 국제기구의 통계조사에 의하면 프랑스 근로자는 늘 상위권에 속한다고 한다. 초등학교 시절부터 수학과 프랑스어(국어)를 집중적으로 공부하는데, 수학을 숫자보다는 사고력과 응용력을 통해 논리적으로 해결책을 찾는 방식이다. 교육을 이런 방향으로 정착시켜 놓은 데에는 윗세대가 세워놓은 전통의 공(功)이 클 것이다. 즉 프랑스에서는 데카르트(René Descartes)나 파스칼(Blaise Pascal)처럼 수학은 모든 학문의 기초라고 믿으며 이러한 기초 위에서 철학과 논리학을 발전시켜 왔다. 그들의 언어 자체가 수학과 같이 빈틈없이 짜여 있다. '명료하지 않으면 프랑스 말이 아니다.'라는 가르침이 생활화되어 있다. 언어 자체가 수학적이고 논리적이면 사람의 사고도 그렇게 닮아가기 마련이다. 따라서 프랑스인들은 자연스럽게 수학을 응용하거나 사용하는 이공계를 일등학문으로 치고 우수학생들이 거의 다 그랑제꼴을 선망하게 된다고 볼 수 있다. 이러한 이유와 연관이 있는 지는 몰라도, 프랑스에는 우리에게도 잘 알려진 과학자가 많이 있다. 파스퇴르(Pasteur)를 비롯하여 라브와지에(de Lavoisier), 라그랑쥬(de Lagrange) 같은 순수 이론가들이 상당히 많이 있고, 학생들은 이들을 수시로 접할 수 있다는 것이 그들로 하여금 이공(理工)계를 선호하도록 하는데 일조한다고 본다. 이런 과학자의 이름을 붙인 거리도 많이 있다. 또한 프랑스에는 과학자, 공학자들이 설계한 작품(예를 들면 에펠탑)이 의외로 많이 있는데, 시민들은 이런 것들을 가까이에서 접하면서 과학의 필요성을 몸으로 익힌다고 할 수 있다.

쉽게 말하여 프랑스에는 고등수학을 필요로 하는 첨단산업이 — 이것을 크레노(crénaux)라고 함 — 상당히 발달되어 있고 이 산업은 프랑스 경제의 강점이 되어 있다. 고속열차(T.G.V.), 미라쥬 전투기(Mirage), 꽁꼬르드(Concorde) 초음속여객기, 광학기(光學器)가 그러하다. 이렇게 과학을 이용하는 첨단산업을 경제의 전략산업으로 키운지 오래 되었기 때문에 과학은 그들 생활의 일부분이 될 정도로 친숙해 있다. 이런 분위기에서 학생들이 공과계열을 선호하는 것은 오히려 당연한 일일 것이다. 젊은 학생들은 그랑제꼴에 입학하여 자신들도 미래 첨단산업의 주역이나 특이한 발명가가 되고 싶어 한다.

결론하여 프랑스에는 우리가 보통 말하는 일반 대학(université)외에 각 분야의 특수 그랑제꼴이 모두 오랜 역사를 가지고 우수학생들을 흡인하고 있다. 이공과 대학(에꼴 폴리테크닉, L' Ecole polytechnique)을 위시하여 역사가 가장 깊은 토목학교(L' Ecole des Ponts et Chaussées), 광산학교(L' Ecole des Mines), 기계공학의 에꼴 성트랄

(Ecole Centrale des arts et manufactures), 아르 제 메티에(Ecole des arts et métiers) 등 기계공학 부분, L' AGRO로 불리는 농과대학(에꼴 다그로노미, L' école d' agronomie) 등은 산업, 경제 각 분야를 커버하는 그랑제꼴이다. 겉으로는 요란하지 않지만 모든 점에서 실속 있는 대학으로 자리 잡고 있다. 물론 상업학교(H.E.C.) 역시 오랜 전통을 자랑하는 그랑제꼴이며 우리나라에서 행정대학원으로 불리는 국립행정학교(E.N.A., Ecole nationale d' administration)도 그 중의 하나다. 이 학교는 1945년 '드골' 에 의하여 설립되었는데 당시 수상이던 미셸 드브레(M. Debré)가 실무 책임자였다. '드골' 은 프랑스 관료조직의 우수인재 선발제도를 합리적 근거에 따라 모집한다는 뜻 외에, 프랑스에서 가장 우수한 학생들을 훈련시켜서 각 주요 행정부의 요소에 배치한다는 목적을 가지고 설립하였다. 보통 그랑제꼴에 입학하려면 '바크+2' 이지만 'E.N.A.' 는 이미 그랑제꼴을 졸업하고 정치와 행정에 진출하려는 야심 찬 학생들이 이 학교에 응시하는 경우가 많이 있다. 'E.N.A.' 는 2년제(年制)이며 학생들의 기초공부는 이미 준비되어 있는 것으로 간주하여 1년만 학교에서 공부하고 1년은 행정부와 지방군청 등에 실습생으로 파견된다. 졸업 때 성적순으로, 학생들의 지원에 따라 각 행정부서에 배치되는데, 60년대 초까지만 해도 가장 우수한 점수를 받은 학생들은 외무부를 선택하였다고 한다. 60년대 중반부터 학생들은 경제 부서를 택했는데, 많은 학생들이 가장 선호하는 기관은 국가 정무원(Conseil d' état)이었다고 한다. 그러다 보니 60년대 이후 재무부나 외무부 기타 정부 주요기관의 국장, 대사 등 요직이 모두 'E.N.A.' 출신으로 채워져서 'E.N.A.' 출신이 국가를 통치한다는 뜻의 에나르크(énarque)라는 별명도 얻게 되었다. 이 제도가 너무 잘

운영되다 보니, 'E.N.A.'를 졸업하지 못한 학생들이 소외된다는 여론도 있었고 그것을 개혁하자는 주장도 있었다. 사회당 정권 때, 쌩제르멩 데 프레(Saint-Germain-des-Prés)의 정치대학(Ecole des Sciences Politiques, 약자로 Siences-po라고 함)과 이웃하고 있던 교사를 프랑스 북서쪽의 유럽의회가 있는 스트라스부르(Strasbourg)로 이전시켰다. 낙향을 시킨 것이다. 현직 대통령은 국립행정학교도 정치대학도 또 다른 그랑제꼴 출신도 아니라는 점에서 이 학교의 운명이 앞으로 어떻게 될 것인지 궁금하다. 프랑스에서 고급관리나 정계에 진출하기 위해서는 그랑제꼴 + 'E.N.A.'가 정 코스로 이제 거의 제도화되었다.

그랑제꼴에 입학이 되면 이들은 졸업 후에 그들이 근무할 국가 산업공단 엔지니어의 초임의 절반에 해당하는 월급 아닌 월급을 받으면서 학교를 다닌다. 이들 학교는 소속도 모두 다르다. 이공과 대학은 국방부 소속이고 토목학교는 산업개발부 소속이다. 학교생활도 모두 다른데 예를 들어 이공과 대학은 아예 입학과 동시에 군대의 병영과 같은 곳에서 합숙하며 행사 때 입는 사관생도의 예복 같은 복장도 지급받고, 체육도 미래 국가의 지도자에 걸맞게 승마나 펜싱 같은 고급운동을 한다. 이들은 국가 장학생이며 반(半)군인 반(半)민간인 셈이다. 7월 14일 국경일에 개선문에서 시작하여 샹젤리제 대로(大路)를 행진하는 연례 군사 퍼레이드 때 나폴레옹의 근위병을 연상케 하는 날씬한 제복에 큰 칼을 차고 맨 앞줄에서 행진을 선도하는 이들 학생의 모습을 보는 시민들은 그들에게 뜨거운 박수를 보낸다. 이 광경을 볼 때마다, 파리지엥들은 폴리테크니시엥(Polytechnicien)에 대하여 대단한 자부심을 갖는 것이다. 그들이 앞으로 프랑스의 미래를 끌고 갈 국가의 동량(棟樑)이라고 생각한다. 이 그랑제꼴들은 우리나라와는 달리 각기 다른 학사운영을 하고 있다. 그러니까 우리나라에서 '예술종합학교' 같은 특수학교도 일반 대학의 카테고리에 들어가려고 연판장을 돌리며 운동을 하는 풍토는 프랑스인의 사고방식과는 너무 다르다.

D. 소르본느(Sorbonne)와 특수대학

이 그랑제꼴은 교수진에서도 일반대학과 큰 차이를 보인다. 일반대학의 교수가 보통 티튤레르(Titulaire-정교수)라는 존칭을 받으며 자기만의 전공과목을 일생 동안 강의하면서 자기 강의의 후계자도 교수 자신이 정해 놓는 고전적 방식을 유지한다면 — 여기에서 교수의 절대적인 권위가 발생한다 — 그랑제꼴의 교수진은 보다 신축성 있게 임명된다. 즉 이 특수 대학에서는 모교 출신의 저명한 엔지니어 또는 외부의(극히 드물게) 엔지니어를 겸임교수로 초빙하여 강의를 위촉한다. 그것은 이 특수학교가 이론과 실무를 동시에 가르쳐야하는 필연성에 기인한다. 우리나라에서도 얼마 전부터 사용되는 '겸임교수' 제도는 잘만 운영하면 참으로 유익한 제도다. 예컨대 '토목학교' 에서 철근구조건축물 강의를 하는데 이론상으로, 노트북상으로 아무리 완벽하게 가르친다 하더라도, 학생들은 건설현장에서 교량을 직접 건설, 지휘해 본 사람으로부터 더 많은 것을 배울 수 있을 것이다.

따라서 일반대학과 달리 그랑제꼴에는 순수이론을 가르치는 교수 외에 실무를 직접 가르치는 교수도 상당히 많이 있다. 내가 다니던 정치대학(Sciences-po) — 이 학교는 엄밀히 말하여 그랑제꼴이라고 할 수는 없지만, '바크' 에 합격한 학생이 입학시험을 치고 선발된다는 점에서 그랑제꼴에 가깝다고 할 수 있다 — 에는 재정경제학부에 수

많은 겸임교수들이 진을 치고 있었다. 프랑스 제일의 경제학자 레이몽 바르(R.Barre-후에 首相이 됨), 경제학계의 원로 장 마르샬(J. Marchal) 같은 티튤레르가 자리를 잡고 있는 가운데, 실무를 알아야하는 재정학이나 화폐론, 은행론 등의 과목은 정부의 예산국장 또는 시중은행의 간부들이 강의를 맡고 있다. 우리나라에서 관료가 위로 승진하면 할수록 실력이 낮아진다는 것이 통설이라면 프랑스에서는 지위가 높아지면 높아질수록 실력도 높아진다. 실무를 맡고 있는 관료들의 강의에서 실제로 정부예산이 어떻게 작성되고 사용되며, 그것이 어떤 경제적 영향(impact)을 일으키는가 등에 관한 구체적인 설명을 들을 수 있었다. 은행가들로부터는 돈(화폐)이이라는 산물이 어떻게 만들어지게 되고(créé ex nihilo), 어떤 경로를 거쳐서 유통되며, 실물경제와 균형을 이루지 못할 때 경제가 어떤 어려움을 겪게 될 것인가를 실감나게 가르친다. '인플레이션은 스탈린보다 더 무서운 것' 이라는 말도 그때 배운 것이다.

그랑제꼴에서는 교수운영을 융통성 있게 운영하는데, 일반 대학은 이런 면에서 그랑제꼴과 판이하게 다르다. 소르본느(Sorbonne)를 필두로 일반대학에서는 정교수(titulaire)만이 강의를 할 수 있고, 티튤레르가 되기 위하여 거치는 절차가 — 교수자격시험(agrégation) — 프랑스에서 제일 어려운 시험으로 되어 있다. 어떤 사람을 보고 저 사람 '가정학 박사' 라고 하면 프랑스인들은 이상한 눈으로 쳐다본다. 일반적으로 그 당시 박사는 의사를 가리켰다. 그러나 역사학의 아그레제(agrégé-교수자격 시험 통과자)라고 하면 일단 대단한 사람으로 보며 존경심을 갖는다.

그랑제꼴이 대학 정교수와 겸임교수를 신축적으로 운영한다고 하여, 순수학문을 가벼이 여기는 것은 물론 아니다. 이 학교에는 대단히 유능한 과학자들이 있고 학생들도 교수들도 기초과학을 착실히 공부한다. 우리나라에서도 '순수경제학 원리' 라는 제목으로 번역된 *레옹 왈라스(L. Walras-발라로 표기함이 옳다)의 경제이론서도 경제학을 한 단계 올려놓은 고전 중의 고전인데, 이 왈라스(발라)가 '광산학교' 출신이며, 1988년 노벨 경제학상을 받은 모리스 알레(Maurice Allais) 역시 '광산학교' 교수였다. 그는 선배인 레옹 발라의 연구를 계승 발전시킨 독창적인 이론가였다. 우리가 '광산학교' 라고 하면 조명등이 달린 헬멧을 쓰고 망치를 손에 들은 광부를 연상하는데, '광산학교' 학생들은 교풍에 따라서 그러한 것인지는 몰라도 기초과학을 꾸준히 공부하고 있다. 내가 '광산학교' 학생과 한 학기 동안 같은 방을(room mate) 쓴 적이 있었다. 주말이 가까워 오면 대부분의 기숙사 학생들은 공연히 들떠서, 토요일에는 모두 '생 미셸' 이나 '생 제르멩 데 프레' 거리로 쏟아져 나가며, 혹은 영화관으로 혹은 카페로 가서 웃고 떠들면서 이른바 스트레스를 풀고 들어오는데, 이 룸메이트는 외출도 삼간 채 탁구공만한 크기의 원을 세 개 그려 놓은 다음 그것을 기초로 수학문제를 만들어 놓고 그것을 풀려고 끙끙대고 있었다. 나에게 도와 달라고 하였으나 나는 기초과학이 그리 강하지 못해서 도움을 줄 수 없었다. 이상은 특수기술학교 학생들 모두가 기초과학을 일상적으로 상당히 많이 공부한다는 것을 말하기 위함이다.

이렇게 각기 다른 교수진을 구비하고 교육에 임하는 그랑제꼴과 일반 대학을 좀 더 알기 쉽게 구별해 보자. 일반 대학으로는 누가 무

* L. Walras : Principe de l'économie politique pure. 沈相弼 譯. 민음사 1996(대우학술총서 번역 91)

어라 해도 소르본느(Sorbonne)가 프랑스 인문사회과학의 총본산이며, 전통의 계승자이고, 학문의 상징의 역할을 한다.

1. 일반 대학(Les universités)

위에서 프랑스의 그랑제꼴의 특수한 위치를 간단히 설명하였는데, 프랑스 고등교육의 중심은 역시 일반 대학(universite)이다. 이 고등교육 기관은 광범위하여 학문의 모든 분야를 망라하고 있다. * '문과, 이과, 법과, 의과를 중심으로 교원, 법조인, 연구원, 의사 등 전문지식의 양성을 주된 기능으로 삼고 있는 프랑스의 대학은 다양한 국가인정 학위들을 수여할 권리를 독점하고 있다.' 현재 프랑스에는 각 도시에 산재한 87개의 대학을 보유하고 있으며 이들은 모두 국립대학이고 — 소수의 가톨릭 계통 대학이 존재함 — 따라서 학비도 거의 무료다.' 등록금이 거의 없고(필자가 다니던 1960년대에는 년(年) 100프랑 정도-약 US$ 20) 정부는 학생들을 위한 편의 시설을 수도 없이 지어놓고 있다. 학교가 밀집해 있는 지역 — '까르띠에 라뗑'(Quartier latin)에는 대학식당이 걸어서 불편하지 않은 지점에 여기저기 자리하고 있고, 기숙사도 비록 교외에 있지만 상당히 많이 있다. 학생들을 위하여 극장, 연극 공연 등 많은 분야에서 할인 혜택을 준다.

60년대 파리는 학생들의 천국이었다. 시민들이 학생에게 특별한 배려를 해주는 모습을 역력히 볼 수 있었다. 체류증을 연장하려 경시청에 가더라도 학생증을 제시하면 까다롭게 굴지 않았다.

---

* 원윤수, 류진현 : '프랑스의 고등교육'에서 인용

'파리대학' 은 1년 한 학기 제도인데 9월 중순에 개학식이 있다. 이 개학식은 새 학년(l' année scolaire)이 공식적으로 시작된다는 엄숙한 쎄레모니(cérémonie)다. 이 의식은 학문의 전당이자 상징인 소르본느에서 열리고 이 자리에는 아카데미회원과 교수, 문교장관이 참석한다.

60년대에 드골대통령을 가까이에서 보려면 9월의 개학식에 참석하면 틀림없었다.

1257년 신학교로 출발한 이 대학은 문학, 역사, 철학과 사회과학을 주로 연구, 강의하는 대학이며 모든 분야가 역사와 고전에 비중을 두고 있다. 그러다보니 신학문이 들어설 자리가 없다. 심지어 실무영어 강좌 같은 것도 없다. 이 대학의 외국어 강의는 고대 희랍어와 라틴어다. 직장에 취업하고 바로 작업에 투입될 수 있는 훈련을 받을 수 있는 그런 학교가 아니다. 실용적 기술은 중학생이 선택할 수 있는 콜레쥬테그닉(collège technique)의 몫이다. 그러니까 산업화가 사회를 아무리 변화시킨다 하더라도 이 대학의 학사운영과 수업방식은 전혀 영향을 받지 않는다. 68 사태에서 학생이 데모의 중심에 서게 된 것도 이러한 경직성에 대한 불만이 상당히 작용했다고 보아서 무리가 없겠다.

소르본느가 60년대에도 사회변화와는 무관하게 견딜 수 있었던 원인을 찾아보려면 이 대학의 전통적인 강의방식과 학사운영을 되돌아 보는 것이 하나의 방법이 될 수 있겠다.

강의는 교수가 일주일에 60분씩 한 학기 동안 진행한다. 한 학기 강의는 대개 저서 한 권(300~350쪽)에 달하는 분량인데, 강의는 교수가 일방적으로 강의실에서 질문도 받지 않고 진행된다. 그리고 모든 강의는 학기가 바뀔 때 같은 것을 되풀이해서는 안 되는 것을 원칙으로 하고 있다. 그러니까 불변하는 원리(예컨대 경제원리)를 설명해주는 것들을 제외하고, 강의는 1년 동안 자신이 연구한 것을 학생들에게 전달해 주어야 한다. "교수가 같은 내용을 되풀이 강의하는 것은 도둑질하는 것과 같다"라고 마르샬(Marchal) 교수가 말할 정도로 교수에게는 끊임없는 연구가 요구되고, 새로운 연구 — 성찰을 강의실에서 학생들에게 전달해야 한다. 1년 한 학기 제도이기 때문에 1년의 대학 강의는 대개 32강(講)으로 구성된다. 이것을 반 정도로 나누어서 18강의로 하는 경우도 있다. 구체적인 예를 들자면 *레이몽 아롱(R.Aron)의 산업사회론은 '산업 사회에 관한 18강(講)' 인데 이 책은 소르본느의 강의가 어떤 것이라는 것을 우리나라 학생들에게 알려주기 위하여 본인이 의도적으로 번역했었다. 아롱 교수는 산업 사회를 중심 테마로 삼고 '산업 사회와 경제 체제의 변화', '산업 사회와 정치 변화', '산업 사회와 사회 변화' 등의 연구결과를 한 학기씩 강의해 나갔다. 이렇게 교수가 학기마다 테마를 바꿀 수 있으려면, 우선 교수가 연구를 할 수 있는 충분한 시간이 필요하다. 1년간 연구한 바를 대강의실(amphithéâtre)에서 매주 60분씩 강의하는데 이것을 꾸르 마지스트랄(cours magistral)이라고 하며, 학생들은 마치 새로운 학설에 관한 강연회에 앉아 있는 것처럼 강의를 듣고 필기를 한다(학기가 끝나면 내용이 ronéotypé — 타이프 등사 원지를 쓰는 로네오式 등사기로 등사된 — 형태, 또는 책으로 발간된다.). 교수는 60분 동안 이야기할 강의의 요점을 적은 메모를 책상에 딱 얹어놓고 칠판에 필기도, 학생들에게 질문도 없이 일방적으로 처음부터 끝까지 그것도 앉아서 자세하나 흩트리지 않고 강의를 진행한다. 텍스트를 보거나 읽는 일은 물론 없다.

---

*레이몽 아롱 : 産業社會의 比較硏究. 일조각. 沈相弼 譯 1973년

프랑스 강의와 교수법의 전통은 교수가 강의 도중 절대로 움직이지 않는다는데 있다. 그들은 정자세로 앉아서 강의 내용을 오로지 말로 한다. '씨앙스 뽀' 에서는 경제학 강의처럼 칠판에 그래프를 그려야 할 필요가 있을 때에도 교수는 그래프를 미리 준비하여 강의 시작 전에 직원(appariteur)을 시켜서 학생들에게 나누어 주면 학생들은 교수가 그래프를 설명할 때 이미 받아놓은 그림을 보기만 하면 된다.

이러한 전통에도 가끔 이단자(異端者)가 있기 마련이다. 내가 다니던 씨앙스 뽀 대학에 '증권시장' 강좌를 맡았던 쁘띠(P.Petit)라는 교수는 재무성 소속의 고급 관리로서 정부의 주식, 채권 정책을 수립, 관리하는 대단히 유능한 관료였다. 그는 강의록을 르네오식(ronéotypé)으로 출판하면서 자기 약력을 쓸 때, 첫머리에 '루이 르 그랑 고등학교 수석 졸업' 이라는 타이틀을 반드시 넣는 '집념' 을 갖고 있었다. 모양새부터가 적당한 키에 분위기를 풍기는 유별난 미남자로서 강의실에 들어서면 교단에 서자마자 담배 한 개비를 피워 물고 아무런 텍스트도 없이 왔다 갔다 하며 강의를 진행해 나갔다. 그날 이야기해야 할 내용이 머릿속에 모두 정리되어 있다는 것을 보여주는 것이다. 그는 이렇게 60분 동안 줄담배를 피면서 마지막 담배와 더불어 강의를 끝내는 아주 특이한 사람이었다. 만일 내가 대학교수가 된다면 쁘띠 씨처럼 해야겠다고 마음속으로 다짐했는데, 문제는 내가 그 교수처럼 폼이 안 난다는데 있었다. 그러나 이런 매력 있는 타입은 '씨앙스 뽀' 라는 대학이 '소르본느' 나 '법과 대학' 처럼 고전적 학문을 가르치는 곳이 아니고 이론과 실무, 순수이론보다 실제 메카니즘(mécanisme)을 더 많이 가르치는 대학이었기 때문에 용납이 되었던 것으로 생각된다.

본론으로 다시 돌아오자면 인문, 사회대학, 법과대학 등에서는 학생이 앉아 있을 수 있는 공간만(즉 자리만) 있으면 강의를 엄숙히 진행할 수 있었고 이런 방식이 학생인구 폭증에도 불구하고 대학을 유지시킬 수 있도록 한 '비결 아닌 비결'이 아닌가 생각된다. 만일 어떤 학생이 '그 강의만은 꼭 들어야겠다'고 굳게 결심하면 그 학생은 강의 시작 훨씬 전에 미리 가서 진치고 앉아 있으면 되는 것이다. 강의가 시작되고, 자리가 없어서 학생이 복도에도 앉고 뒤편 공간에 빼곡히 들어선 채 서서 강의를 들어도 변치 않는 교수의 책상이 교단 위에 고정되어 있고 교수가 강의 메모만 들고 자기자리에 앉기만 하면 강의는 엄숙히 진행되는 것이다.

그렇다고 하여 당시의 학생들의 의식 구조가 이러한 경직된 제도에 대하여 시정을 요구하거나 반항하는 그런 분위기는 아니었다. 왜냐하면 너무나 오랜 세월 가부장적, 수직적, 권위주의적 사회구조에 길들여져 있기도 했고, 또 감히 기존체제에 이의를 제기하려는 생각을 갖지 않고 각자 주어진 여건에 재주껏 적응하면서 학창시절을 보내왔기 때문이라고 생각된다. 마치 '대학은 이런 것이려니' 하는 어떤 고정관념까지 가졌던 것 같다.

이런 시스템 하에서 프랑스의 특이한 학점 취득 방법은 교수와 학생간의 거리를 더 멀어지게 만들었다. 멀게 한 것이 아니라 학생과 교수의 관계를 완전히 차단시켜 놓았다. 우리나라나 영(英), 미(美) 계통의 대학에서 학생은 교수가 강의하는 과목을 수강하고 시험을 치름으로서 학점을 취득하는데, 프랑스의 60년대 제도 하에서는 과목별 학점 취득 제도가 없었고 학생은 자신이 원하는 전공 — 예컨대 불문학에서 학사학위를 취득하려면 이른바 '세르티피카'(certificat) 4개를 확보해야 했다. 다른 국가 제도(制度)에서는 전공을 세분화하여 그에 맞게 강의를 개설하고 시험에 통과하여 정해진 학점 총수 — 이를테면 140학점을 받으면 학사자격을 얻는 것과는 너무나 거리가 멀었다. 앞서 말했 듯이 불문학사가 되기 위하여 '세르티피카' 시험은 1년에 한번 치를 수 있는데 이것도 일종의 종합시험이다. 예컨대, 불문학사 지망생이 학사학위를 취득하려면 '현대불문학' 또는 '중세(中世) 불어' 기타 등등 불문학에 필수적이라고 고려되는 분야(matière) 중 하나를 선택, 이에 관한 그들 특유의 논술고사(4~6시간)를 치르게 되며 20점 만점에 통과 점수 10점 이상을 얻으면 학생은 불문학사가 되기 위한 요건 중 하나를 성취한 셈이다. 이런 식으로 나머지 3개의 '세르티피카'를 얻기 위해서 학생들은 폭 넓은 공부를 한다. 교수의 강의는 '세르티피카' 시험과 직접 관련이 있을 수도 있고 그렇지 않을 수도 있다. 이 제도 하에서 학생이 필요한 4개의 '세르티피카'를 준비하는데 보통 소요되는 시간은 적어도 4년에서 6년 이상이다. 내가 '씨앙스 뽀' 2학년에 다닐 때 한국의 서울대(大) 문리대(文理大) 불문과를 수석 입학, 수석 졸업한 이형동 씨가 6년 만에 불문학사 자격을 받았다고 하여 모두들 축하해준 적이 있다. 그는 공부를 너무 많이 한 나머지 신경쇠약에 걸려 있었는데, 학사학위 취득 후 그가 영화구경이나 가자고 하여 타티(J.Tati)의 현대문명 비판 코미디 '아저씨(Mon oncle)'를 함께 보았다. 다음날 그를 만났는데 간밤에 잠을 한숨도 못 잤다고 하며 대단히 초췌한 모습으로 나타났다. 전날 저녁에 코미디를 보고 피차에 많이 웃었는데 그것이 왜 수면 방해가 되었는지 도통 알 수가 없었지만 불안했었다. 그 후 한동안 보이지 않더니 우연히 지하철에서 만났는데 병원에 있다고 하며 지금은 많이 좋아졌다고 했다. 얼마 시간이 지난 후 그가 '발레리 라르보'(Valéry Larbaud)라는 여행가에 관한 박사학위를 준비한다고 하였다. 그의 학문이 아까워서 '라르보 재단'에서 그를 지원한다는 이야기를 들었다. 이야기가 옆으로 샜지만 60년대 프랑스 제도하에서 학사(licencié)가 되기란 너무 어려웠기 때문에 많은 학생들이 중도 하차하는 경우도 생겼었다. 특히 소르본느에서 학사과정(licence)을 하려면 5년도 좋고 10년도 좋았다. 등록금은 거의 무료이고 기숙사, 식당 등에서도 학생들은 많은 혜택을 받기 때문에 소르본느에는 이른바 룸펜 같은 학생들도 많이 있었다. 우리나라 대학의 과(科)나 학부 같은 것이 존재하지 않는 가운데 학생이 대형 강의실에서 강의만 듣다 보면 학생과 대학 간의 유대감은 생기지 않게 마련이다. 물론 소르본느에도 과제물을 통한 지도학습(travaux dirigés)이라고 하여 소규모 학생을 묶어서 학생지도 조교(Maître de conférence)가 직접 학업을 지도하는 시스템이 있으나 이 개별지도(travaux dirigés)에 결석한다고 하여 '세르티피카'를 위한 종합시험에 결격사유가 되거나 불리한 점수를 받지는 않는다.

이런 조직에서 교수는 제도적으로 근접할 수 없는 절대적인 인물이 되어 있었다. 만일 학생이 교수와 면담하고 싶으면 일단 편지를 보내서 면담 목적을 이야기한 다음 답장을 기다려야 한다. 프랑스에서는 이런 모든 절차가 편지라는 수단을 통해 이루어졌는데 교수가 답장을 보내는데 소요되는 기간은 틀림없이 15일 정도가 지난 뒤였다. 교수는 답장에 몇 월 며칠 몇 시에 어느 장소로 오라는 짤막한 한 문장의 답을 보내고, 면담에 응해준다 하더라도 15분을 넘기지 않았다. 이것도 박사학위를 준비하는 이른바 대학원생과 교수와의 관계에서나 있을 수 있는 일이고, 학부에서 수많은 학생들을 놓고 1주일에 꾸르 마지스트랄(cours magistral)을 60분간 하는 교수와 학생과의 개별 접촉은 아예 제도상 불가능한 것이다. 예컨대, 우리나라에서 학부학생이 교수 연구실 앞을 지나가다 들려서 교수에게 커피 한 잔 사달라고 한다던가, 또는 취직 부탁을 하는 행위 등은 전혀 상상할 수 없는 세계에 사는 사람들이다. 소르본느는 건물과 연구실 구조상 학생이 강의실 의자에서 교수를 바라보는 것 외에 교수와 물리적으로 접촉할 수 있는 기회를 아예 차단시키도록 모든 것이 조직화되어 있었다. 우리나라의 교수들이 고집하는 것처럼 교내에서 넓고 전망 좋은 연구실을 마련하기보다는 사람들의 왕래가 뜸한 은밀한 곳에 개인 연구실을 마련하고 비서가 입구에서 방문자를 컨트롤하던가, 아예 자기 집에 연구실을 차려놓고 집에 틀어박혀서 강의할 때만 학교에 나오던지 한다. 소르본느나 일반 대학의 교수는 확실히 프랑스 사회에서 인정하는 권위 있는 학자임에 틀림이 없지만, 대통령이나 기타 국무위원과 같은 은밀한(discret) 생활을 영위한다. 교수 역시 국가공무원이지만 이들은 자기들 써클(cercle) 이외의 사람과는 교류를 갖지 않는 특별한 사람들이다. 교수는 그 지식으로 인하여 가장 존경 받는 사람들이고 이들의 발언 — 프랑스 교수들은 한국 교수와는 달리 잡문은 절대 쓰지 않는다 — 은 그 누구의 발언보다 무게가 있다.

2. 대학의 움직임

이렇게 '파리대학' 은 전통을 고수하며 평온한 나날을 보내고 있었다. 국가도 1958년 알제리 독립과 관련하여 정계 및 군부의 움직임이 심상치 않게 되자 국민의 영웅 드골 장군을 다시 모셔 왔고, 그는 재빨리 정치의 고질병인 분열을 제도적으로 고쳐 놓았다. 파벌과 당파의 온상인 의회주의에서 대통령 중심제로 헌법을 바꾸고 국내외 정치를 평정시켰다. 프랑스는 이제 유럽에서 모두가 부러워하는 모범 국가가 된 것이다. 물가는 안정되고 국제교역도 흑자를 기록하며 — 참으로 오래 만에 — 미국의 방만한 달러 정책에 질책을 가하기도 하였다. 노동자총연맹(C.G.T.)과 국제 노동자 동맹 프랑스 지부(S.F.I.O.- 프랑스 사회당의 옛 명칭) 등 심심하면 깃발 들고 나오는 노동조합의 데모도 한낱 애교로 보일 정도였다. 왜냐하면 58년 이후 추진한 안정기조 위의 팽창(expansion dans la stabilité) 정책 덕분에 노동시장은 거의 완전고용상태에 도달하였기 때문이다. 쉽게 말하여 국외로부터 존경받았고 국내에서도 사회 평화를 구가하면서 조용히 번영하는 문제없는 나라였다.

그런데 '잠자는 숲 속의 미녀' 가 갑자기 격랑 속으로 빠져 들어가며 상황이 걷잡을 수 없는 혁명전야로 바뀌어버린 데에는 이해가 안 되는 면이 있었다. 58년부터 10년간 집권한 드골 대통령에 대하여 진력이 난 것인가? 프랑스에도 '권력은 스스로 소진(消盡)한다(Le pouvoir s' use)' 라는 격언이 있다. 그렇다면 드골도 이 진리 아닌 진리에서 예외가 될 수 없는 것인가? 드골은 중산층 등 모든 계층을 아우르기 위하여 세계에서 가장 발달된 사회보장제도를 구비하여 놓지 않았던가? 무엇이 프랑스 국민을 그토록 분노하게 했던가?

사건의 발단은 어처구니없고 하잘 것 없는 문제에서 시작되었다. 앞서 말했듯이 1945년 이후 프랑스에도 베이비붐세대가 학교를 과밀상태로 만들었고 정부는 이를 해결하기 위하여 엄청난 규모의 예산을 꾸준히 투자하고 있었다. 그런데 실수는 생각지도 않은 곳에서 발발한 것이다. 즉 소르본느대학이 밀려드는 학생을 받아들이는데 물리적 한계를 보이자 이를 일거에 해결하겠다는 생각에서 파리 근교

낭테르(Nanterre)라는 빈촌(貧村)에 제 2 캠퍼스를 짓기로 한 것이다.

사람들은 프랑스라는 나라를 대단히 보수적이라고 말한다. 실제로 프랑스인들은 근검절약하며 새로운 것이라면 일단 의심부터 하고 든다. 프랑스의 가정집에는 얼마나 오랜 세월을 겪었는지 알 수 없는 밀짚의자가 버젓이 응접실에 놓여 있다. 이러한 보수성의 반작용에서 생겼는지는 모르겠으나 프랑스 지식인, 예술가들은 남들이 시도하지 않은 새로운 기법의 창작활동을 실험한다. 아방가르드, 쉬르레알리즘, 포스트모더니즘 등이 붙은 예술작품은 지금까지 시도해 보지 않은 새로운 것을 한다는 뜻으로 쓰인다. 화랑 전시실에 변기 한 개를 들여다 놓고 그것을 작품이라고 우기는 화가(M. Duchamps)나 순전히 철근으로 300m가 넘는 탑을 1880년대에 세워 놓은 기발한 아이디어의 에펠(Eiffel) 등 등 무수한 사람들이 이런 부류에 속한다.

파리의 서북부 빈촌(貧村) — 낙후한 벽돌공장과 가난한 노동자, 이민들의 바라크가 여기저기 흩어져있는 빈곤의 바다, 이 한복판에 750여년의 전통을 자랑하는 소르본느 분교를 세운다는 계획도 이러한 아방가르드적 사고의 일환일 수도 있다. 왜냐하면 대학은 모름지기 도시에서 그것도 도시 한복판에서 주변의 문화적인 것과 연계되면서 자연발생적으로 시간을 두고 건설되어 왔기 때문이다. 좌우간 정부는 이 빈촌에 초현대식 시멘트 콘크리트 건물을 지어 놓았다. 당시 프랑스의 경제수준이나 또는 다른 대학과 비교하여 보았을 때 가히 혁명적이라고 할 수 있는 실내수영장까지 구비하였다. 학생들의 주거지가 대부분 파리였기 때문에 통학의 번거로움을 덜어주기 위해 기숙사도 지어 놓았다. 남학생에게는 남자기숙사, 여학생에게는 여자기숙사를 각기 달리 마련하였다. 그런데 프랑스 사회 전체에 폭풍을 일으키게 한 '68 혁명' 은 바로 이 기숙사가 뇌관이었다.

3. 젊음의 반항

60년대 세계의 젊은이들 마음에는 엄청난 변화의 욕구가 용솟음치고 있었다. 애초에 가망이 없던 월남전, 미국의 흑백 갈등, 서서히 고개를 드는 독일의 신나치주의, 마피아의 후예들임을 확실하게 상기시키려는 이태리와 일본의 적군파들, 빛바랜 촌스러운 모택동주의, 그리고 마지막으로 섹스의 해방 등 세계는 온통 가치관의 혼란 속에서 무엇인가 큰일을 저지르겠다는 젊은이들로 가득했었다. 그런데 프랑스에서는 이런 '세계의 움직임' 을 모두 남의 일처럼 생각하고 있었다. 드골이 너무 큰 인물이었고 또 치정을 잘 하기도 했지만 무엇보다도 이러한 변화의 욕구를 * '장난' (chienlit) 정도로 알고 있었기 때문이다. 남녀의 자유 섹스 역시 난잡한 장난으로 치부하였다. 파리는 '환락의 도시' 답게 인간의 오래된 욕망을 발산시킬 수 있는 은밀한 수단과 제도가 구비되어 있었다. * 이본느 아주머니(tante Yvonne)를 비롯하여 프랑스의 점잖은 사람들이 우려한 것은 성(性)의 개방이 사회를 저질화시키면서 결과적으로 가정을 해체시키지나 않을까 하는 기우였다. 섹스는 은밀한 곳에서 행해지는 것이지 아이들의 놀이처럼 개방되어서는 안 된다는 생각이었으며, 개방 될 경우 사회를 지탱하는 미풍양속(bonnes moeurs)이 단번에 무너질 것이라고 우려하였

---

* chienlit : 밤에 남이 잠을 못 자도록 훼방하는 장난꾼
* 이본느 아주머니 : 사람들은 드골대통령의 부인을 이렇게 불렀다.
부인은 엄격한 가정교육을 받은 사람으로 유명하다.

다. 미풍양속이 무너지면 무질서를 가져올 것이고, 사회에 질서가 없어지면, 즉 사람들이 '해서는 안 될 것' 과 '해도 될 것' 을 구별하지 못하게 되면 결국은 무법천지가 되고 말 것이라는 것이다. 정조대(貞操帶)라는 기발한 아이디어의 역사를 갖고 있는 프랑스의 일부사람들에게 있어서 섹스는 공개적으로 다루어져서는 안 되는 터부로 남아 있었고, 건강한 사회는 건강한 가정이 필수조건이라고 믿었었다.

이러한 불가역적(不可逆的)(irréversible)인 물결이 북극에서 밀려들고 있을 때, 파리의 지성인들은 이에 관해 특별한 관심을 보이지 않았다. 성(姓)문제를 가지고 공개적으로 토론한다는 것 자체가 수치스러운 일이라고 생각했거나 일고의 가치도 없다고 생각했는지도 모르겠다. 아직까지도 그 세계에서는 고전으로 남아있는 사-드(Sade→사디즘)의 변태성행위가 문학작품들 선반의 한쪽 구석에 꽂혀 있고 그밖에 카마수트라 같은 인도의 성(姓)교과서가 학생들의 교양서처럼 읽히는 세상에 이 문제를 가지고 지성인들이 공개토론을 한다는 것 자체가 자신들의 위상에 걸맞지 않는다고 생각했을 것이다. 그런데 문제는 이 금서 수준의 책이 사회문화의 전면으로 나서면서, 그에 따른 풍속의 변화를 강력히 암시, 요구하고 있었는데 정책당국은 이 점의 심각성을 인식하지 못했던 것 같다. 지성인, 문화정책 당국자들은 이런 현상을 일시적인 것으로 보고 시간이 지나면 다시 분별 있게(sage) 될 것이라는 안이한 생각을 계속 갖고 있었던 것이다. 그러나 문제는 간단하지 않았다.

낭테르에 새로 건설된 기숙사는 남녀학생용(用) 건물을 철저히 구분, 차단시켜 놓았다. 어떤 학생은 여학생 기숙사 1층에 있는 도서실 문의 열쇠를 슬그머니 풀어 두어서 남학생들이 도서관을 통해 원하는 낭자의 방으로 들어가기도 하였다. 이런 행위는 떳떳하지 못하여

학생들은 제도적인 그 무엇, 남학생과 여학생이 서로 같이 있고 싶을 때 그렇게 할 수 있도록 제도를 바꾸어 줄 생각이 전혀 없이, 감시, 감독으로 일관한다는 사실에 분개하기 시작했다. 표면상으로는 교수와 학생관계의 철저한 수직적 권위와 가부장적 지시에 별다른 반응을 보이지 않았지만, 마음속으로는 이러한 지시와 억압에 항거하려는 무엇인가가 움트고 있었다고 보아야겠다.

5월 어느 날, 학생 150여 명이 대학 본부 앞에 집결하였다. 기숙사에 거주하지 않는 대부분의 학생들은 자기 집에서 통학하였는데 여기에 또 학생들의 의식 하부구조에 잠재해 있는 사회에 대한 일종의 반항심이 폭발할 준비가 되어 있었다.

앞에서 언급했듯이 낭테르는 프랑스 사회에서 버림받다시피 한 빈촌이었다. 사회구조의 급격한 변화 가운데, 변화로부터 소외된 몇 군데 지역 가운데 하나였다. 그런 곳의 심각성을 고발하기 위하여 그라비에(Gravier)는 '파리와 프랑스 사막' 이라는 저서를 냈고 이 책은 60년대에 상당히 유명했던 책이다. 많은 지방 도시가 개발의 목표도 결여된 채 쇠락해 갔는데, 정부가 할 수 있는 일이란 그곳에 영세민용(用) 임대 아파트를 — H.L.M.(habitation à loyer modéré) — 세우는 것이 전부였다. 이 H.L.M.에 관해서는 우리나라의 주택정책과 연계 비교하여 볼 때, 할 이야기가 많은 주택들이다. 결론부터 말하자면 이 H.L.M.은 영구임대주택으로서 빈곤의 상징물이다. 도시의 후진 곳에 시멘트 콘크리트로 세워진 이 아파트 집단은 정부가 45년 이후 서민의 주택 문제를 시급히 해결해주기 위하여 급조한 저가(低價) 아파트들이다. 전쟁으로 파괴된 주거지를 복구하면서 부족한 주택을 보충하기 위해 60년대에 채택된 이 아파트는 경기가 활발할 때에는 1년에 50만 채씩 짓기도 했다.

이 주거지는 물론 실용적이며 수요자가 일정한 조건만 갖추면 무담보 월세로 임대된다. 일단 임대된 아파트는 특별한 이유가 없는 한 입주자를 추방할 수 없도록 법으로 정해져 있다. H.L.M.이 빈곤의 상징으로 취급되는 것은 그것이 우아한 역사적 배경을 가진 다른 기존 건물들과 구별되기 때문이다. 1~200년 이상 된 건물이 이른바 돌, 나무 등과 같은 고급자재(matières nobles)로 건설됐다면, H.L.M.은 100% 시멘트로 지어졌다. 비록 우리나라에서 최고 주택가격을 자랑하는 서울의 S지역의 주택과 비교할 때 그 공간 활용과 배치에 상당한 여유를 보이지만 서민주택임에는 틀림없다(이 H.L.M.은 '성냥갑' 이나 '닭장' 모양을 하고 있지 않으며 건물의 배치에도 상당히 여유를 둔 흔적이 보인다.).

그러나 H.L.M.이 빈곤의 대명사로 통하는 것은 사실상 사회의 하층부에 속하는 근로자, 이민자, 실직자 등이 입주해 있었기 때문이다. 파리나 교외를 지나다가 H.L.M.아파트가 나타나면 사람들은 그곳이 사회의 중심부에서 밀려난 한계인생들(les gens marginaux)의 주거지라는 고정관념을 갖는다. 그런데 낭테르에 있는 주택은 대부분이 이 H.L.M.이거나 이민자들의 바라크(baraque)들 뿐이었다. 이런 살벌한 풍경에 비하여 이 대학에 배정된 학생들은 트로카데로(Trocadéro) 등 16區의 부르주아 동네에 사는 여유 있는 가정의 학생들이었다. 이들에게 이 빈민가는 영화에서나 볼 수 있는 딴 나라의 세계이자 자신들과 아무 관련이 없는 곳이었다. 문자 그대로 빈곤의 바다 가운데 위험스럽게 떠 있는 호화요트의 주인들이다. 이런 학생들이 이웃 주민들과 어떤 형태의 교류를 갖는다는 것은 현실적으로 불가능했고 많은 학생이 이런 상황에 무관심하게 학교를 다녔다. 이것은 사회의 한 면일 뿐이고 학생들이 이 불평등한 세상을 고쳐야 하겠다는 의식을 가진다는 것은 극히 드문 일이다. 학생들이 소르본느 분교의 생활에 불만을 품기 시작한 것은 다분히 이기적인 동기에서 시작되었다.

학생들의 생각은 '정부가 학생들이 거주해야 할 신축 대학(新築 大學)의 환경(atmosphère)을 고려해놓지 않았거나 무시해버렸다.' 는 것이었다. 학생들에게는 그들만의 세계 — 즉 이야기를 나누고 토론하며 함께 세상을 이야기할 수 있는 카페(café)와 같은 만남의 장소가 필요했다. 주말이면 머리를 식힐 수 있는 공간 — 바(bar)나 극장이 필요했다. 연극까지는 몰라도 그들이 그들 수준에서 어떤 문화적인 행사나 발표를 할 수 있는 문화센터가 필요했다. 그들이 사랑을 나눌 수 있는 공원이나 좀 더 아늑한 장소가 필요했다. 그런데 정부는 물론 시간에 쫓기기도 하였겠지만 이러한 '분위기' 를 학교교사나 기숙사와 같이 건설하여야 할 여유를 갖지 못했다. E. 다비(Eugène Davit)의 '북호텔' (l'hôtel du nord)을 영화한 작품에는 작품의 중심무대인 '께 드 제마쁘' (Quai de jemmapes) 철교 한복판에 서서 일상에 싫증을 느낀 여주인공이 "분위기(atmosphère)! 분위기! 분위기!" 하고 세 번 외치는 장면이 나온다. 동네마다 다른 분위기가 있고 사람들은 이 분위기에 의하여 큰 영향을 받을 수도 있다는 것을 시원스럽게 말해 주고 있다. 물론 여주인공은 자신이 처해 있는 분위기를 바꾸고 싶다는 절규를 하고 있는 것이다. 우리는 시베리아 벌판의 수용소에 갇힌 죄수들이 매일 같이 둘러싸여 있는 분위기 — 눈과 추위와 벌판 — 에서 절망하는 모습을 이야기한 솔제니친(Soljenitsyne)의 소설을 잘 알고 있다.

파리 시내에서도 우아함으로 견줄 데 없는 16구(區) 주변에 살던 학생이 갑자기 배정받은 이 대학에 애정을 느꼈다고는 생각되지 않는다. 이들은 전철을 타고 촌스러운 정거장을 나와 시멘트 건물 속의 강의실을 왔다 갔다 하면서 시간을 보냈다. 교내의 실내수영장도 그들의 마음을 달래지는 못했던 것 같다. 불만을 가진 학생들의 항의에 학교당국자가 "너희들에게는 수영장까지 있지 않은가?" 하였더니 좌파운동권 지도자인 독일 유학생 콘벤디트(Cohn bendit)는 '그것도 남녀의 성욕을 잠재우기 위한 것' 이라고 대꾸했고, 이 대답에 화가 난 학교 당국자는 "그럼 네가 한번 물에 들어가 보라"고 했더니 이 학생 왈(曰) '다분히 나치적인 발상' 이라고 되받았다. 우리는 여기서 세상의 변화를 본다. 즉 나치에게 피해를 본 나라에 공부하러 온 독일 학생이 학교 당국에 '나치적(的) 발상' 운운 한 것은 도가 지나쳤다고 생각된다. 학생들은 이야기할 수 있는 것과 해서는 안 되는 말들을 가리지 못했다.

그런데 이들의 의식의 밑바닥에 가히 혁명을 연상시키는 엄청난 폭발력이 때를 기다리고 있었고 그것은 빈곤 퇴치나 사회 불평등과 같은 '혁명가' 들이 단골 메뉴로 들고 나오는 사상적(的)인 것은 아니었다. 이들은 어처구니없게도 대학 당국의 행정적 까다로움에 그들의 불만을 터뜨렸던 것이다.

프랑스는 주변국, 특히 북유럽으로부터 성(性)개방에 직, 간접적(的)으로 영향을 받아왔다. 한때 스웨덴에 가기만 하면 여자들이 두 팔 벌리고 남학생들을 기다리고 있을 것이라는 소문이 퍼졌었다. 유럽에서 이런 류(類)의 유언비어는 만만찮게 돌았었다. 실제로 이를 주제로 한 영화도 나왔었다. 프랑스 젊은 학생들이 황홀한 꿈을 꾸며 스웨덴에 배낭여행을 갔다가 자신들을 맞이하는 여자들은 볼 수도 없었고, 여행 중 먹지도 못하고 설사만 실컷 하다가 돌아오는 이야기를 다큐멘터리 형식으로 엮은 것이다. 그러나 남녀 학생들이 집단으로 거주하는 낭테르 대학 기숙사에서는 이러한 추세를 프랑스 특유의 빈틈

없는 행정력으로 단호히 대처하여 왔다. 여학생 기숙사에 남학생의 출입을 철저하게 금지시켰고 어떠한 예외도 두지 않았다. 심지어는 개학이 되어 짐을 들어주려고 같이 동행한 숙부도 기숙사 입구에서 저지시키고 여학생 본인 혼자서 짐을 나르도록 하였다. 일반적으로 프랑스인들은 이웃의 독일이나 스위스에 비해 규칙을 지키는데 있어서 약간의 융통성을 보이는데, 낭테르의 기숙사 수위들은 무슨 엄명이라도 받은 듯이 원칙대로만 했다.

이러한 생활 상의 불편함 — 그것도 젊은이들에게 필요한 도시적 레크리에이션(récréation)으로부터 격리된 이들에게는 분노를 일으킬 만도 하지만, 그렇다고 해서 정치적 혁명을 방불케 하는 대소요로 번질 성질의 것은 아니었다. 68사태는 필연과 우발성이 혼재되어 아무도 예측할 수 없고 행동의 의미를 해석할 수 없는 일대 국가적 소요사태로 발전한 특이한 경우다. 대부분 국가적 수준에서 민중봉기나 폭동이 일어날 때에는 폭정에 항거하여 자유를 달라고 하거나, 착취에 시달려 빵을 달라고 목숨 걸고 일어나는 것이 보통이다. 그러나 68 사태 때에는 어떠한 정치적 폭압도 없었고 오히려 대중 소비사회로 진입하여 지나친 과소비에 대한 우려가 나타날 때였다. 많은 작가들이 과소비를 풍자한 작품(영화-소설)을 썼고, 그것이 그 당시 가장 잘 나가는 작품들이기도 했다.

4. 6월 혁명

68년 당시의 낭테르에 있는 대학생들은 비록 그들이 파리의 부르주아 동네에서 통학하거나 기숙사 생활을 한다고 하더라도 이들 사이에는 일종의 동료의식(camaraderie)과 연대의식이 쉽게 자랄 수 있었다. 이들은 본인이 원했건 아니던 간에 일단은 일차 선발과정에서 (프레빠→그랑제꼴) 제외된 학생들이다. 이들은 일반 대학생들이며 대부분 그랑제꼴 학생들이 갖는 특권의식과 자신감도 부족하다. 대학에서 자유스럽게 자신들이 원하는 전공을 선택, 시간의 구속 없이 마음껏 공부할 수 있는 학생들이고, 경제는 거의 완전 고용 상태였기 때문에 취업에 대한 불안은 없었지만 그렇다고 하여 미래가 확실하다고 할 수는 없었다. 그러나 학교에 입학하자마자 숙식비, 장학금 명목으로 풍부한 지원을 받는 그랑제꼴 학생들에 비하여 볼 때 이들은 심리적으로 상대적 박탈감을 가졌을 것이다. 토목학교나 광산학교는 입학하자마자 학생들이 졸업 후 일하게 될 국영산업체에서 받을 초봉의 1/2을 지급했고, 이미 국가 공무원의 신분을 갖는 대우를 받고 있었다. 자기보다 우월한 사람을 있는 그대로 인정하는 훈련이 되어 있다 하더라도 이들에게도 감정이 있는 만큼 심리적 허탈감을 마음속에 간직하고 있었을 것이고, 거기에다 황량하다고까지 할 수 있는 낭테르대학의 분위기는 이들로 하여금 집단행동을 하도록 유혹했을 것이다. 그런데 집단행동이 있으려면 선동꾼이 있어야 한다. 레닌이 그러했고 로베스피에르가 그러했다. 낭테르 대학생들이 목숨을 걸고 현 체제를 무너뜨려야 한다는 절박감은 없었다 하더라도 이들은 무엇인가 행동을 취해야 한다고 생각했는데, 여기에도 레닌이나 로베스피에르 역할을 한 인물이 있었고 조직이 있었다.

60년대 중반은 온 세계가 조용하지 못했고 자칭 좌파(gauchiste)라는 레테르를 붙인 단체가 수도 없이 많았었다. 낭테르대학에도 '청년 공산 혁명 연맹'(J.C.R. Jeunesse Communiste Révolutionnaire,)을 비롯, '공산주의 학생연맹'(U.E.C. Union des étudiants Communistes,), '마르크스

레닌 모택동 청년 연맹'(U.J.C.M.L. Union des Jeunesses communistes Maxistes Leninistes Maoistes,) 등등 수많은 소규모의 그룹(groupuscules)이 자리잡고 있었다. 각 '정파(政派)'의 정 회원은 몇 명 되지 않는다 하더라도 많은 학생들이 호기심에서 이들에게 관심을 갖고 있었다. 특히 파리의 고급동네에서 얌전히 자랐던 순진한 학생들을 장차 맹렬한 전사로 만들 수 있는 시한폭탄 같은 마력을 갖고 있었던 것은 전에 들어보지 못했던 황당한 이야기들이었다. 이 얼치기 좌파 학생들은 세상을 바꾸어 놓고 지상낙원을 만들어 놓겠다고 장담하였다. 기존질서를 쓸어버리고 지상낙원을 약속한 친구 쳐놓고 세상을 생지옥으로 만들어 놓지 않은 사기꾼은 없다고 어떤 경제사학자가 말했지만(A. Philip) 낭테르 대학생들은 사회에 나와서 처음으로 접해보는 빈민, 이민 노동자 그리고 바라크 등을 접하면서 사회의 다른 면을 알게 되었고, 젊은이의 순수함으로 이들을 모른 체하며 무관심하게 살 수는 없다는 믿음을 갖게 된 것 같다. 이 운동에 다니엘 콘벤디트(D. Cohn bendit)라는 독일계 유학생이 지도자로 앞에 서서 맹활약을 했다는 사실이 흥미롭다. 그는 훌륭한 연설가이며 카리스마도 있었다. 잘 따져보면 60년대 대학생들은 유럽공동체가 된 지금보다는 훨씬 국수적이라고 할 수 있는데도 그들의 의식은 이미 세계화(universel)되기 시작하였고 이러한 변화를 가속화시킨 것은 국경 없이 넘나드는 팝송이었다. 미국은 월남의 진창에서 고전을 면치 못했었고, 이 전쟁이 언제 끝날 것인지 어느 누구도 알 수 없는 가운데 반전(反戰)에 관한 영화와 팝송이 유럽의 젊은이들을 열광시킬 때였다. 명분도 없고 후진국 사람들을 괴롭히는 것으로 비춰진 이 불의(不義)의 전쟁은 전 세계의 젊은이들을 최소한 전쟁과 평화에 관한 한 하나로 묶었다. 이들을 형제로 만드는데 결정적인 역할을 한 사람들은 롤링스톤즈(Rolling Stones), 바에즈(J. Baez), 밥 딜란(Bob Dylan) 같은 젊은 가수들이다. 학생들은 이들의 반전, 평화를 위한 노래에 동감했고 의식(意識)도 이점에 있어서 하나로 통일되었다. 바꾸어 말하여 어떤 설득력 있는 지도자가 나타나기만 하면 학생들은 지도자 밑에 모두 모여들 수 있는 마음의 준비가 되어 있었다.

5. 68혁명의 폭발

낭테르 대학생들이 뭉쳐서 대학본부에 저항하기로 한 것은 백여 명(142명) 남짓한 소수였다. 대다수가 집단행동에 직접 가담할 생각은 없었고 그저 구경꾼이고만 싶었다. 그런데 다니엘 콘벤디트와 그의 참모들은 대학본부를 점령하기로 결심하고 행동에 돌입한다. 저녁 8시경, 학교 권위의 상징인 본부 8층 타원형 회의실을 점거한 이 학생들은 수위와 직원을 모두 내쫓고 회의실의 주인이 되었다. 이제 수세기에 걸친 대학 역사의 권위가 무너지는 순간이다. 면담도 하기 힘든 교수들의 권위를 짓밟아 버리는 순간이다. 이렇게 낭테르대학은 콘벤디트와 그의 추종자들의 점유물이 되었다.

이들은 대학본부를 물리적으로 장악했지만 백여 명의 학생들로서는 앞으로 무엇을 어떻게 해야 할 것인지 감을 잡지 못했다. 원탁의 책상 위에 발을 올려 놓고 맥주와 샌드위치를 먹고 마시며 앞으로의 계획에 관한 숙의를 시작했다. 무엇보다도 그들을 불안하게 만들었던 것은 백여 명 남짓한 소수의 학생이 그들 집단의 전부라는 점이다. 그들은 이왕에 저질러놓은 일을 국가적인 소요나 혁명운동으로 발전시키고 싶었다. 그런데 이럴 때 가장 효과가 있는 도구는 역시 이데올로기를 끌고 들어가는 것이다. 이데올로기를 앞세우면 인민을 생지옥으로 끌고 갈 수도 있다. 잘못된 이데올로기이거나 그렇지 않더라도 일단 이데올로기를 앞세우면 우선 이야기거리를 제공하고 문제를 거시적, 거국적으로 만들며 이어서 많은 동조자를 확보할 수 있게 된다. 이러한 상황논리에 적절한 빌미를 준 것이 3월 20일 'American Express' 기물 파괴 사건이다.

파리의 오페라가(街) 한 모퉁이에는 'American Express' 라는 미국계 은행이 자리하고 있었다. 이곳은 파리 시내에서 지가(地價)가 가장 비싼 곳 중 하나다. 이 은행은 워낙 목이 좋은 곳에 있기 때문에 그 앞을 지나가는 파리지엥, 관광객이 끊이지 않았다. 그러나 사람들이 이 은행을 미(美)제국주의 자본의 첨병으로 생각하지는 않았다. 파리는 아메리칸 엑스프레스 외에도 수많은 미국계, 외국계 은행이 자리잡고 있는 세계 금융 중심지 가운데 하나다. 이곳에 '낭테르' 학생 5~6명이 쇠몽둥이를 들고 미제국주의(美帝國主義) 반대를 외치며 쳐들어가서 유리창과 기물을 파손시킨 사건이 있었다. 여학생 기숙사 소요와 비슷한 시기에 일어난 어처구니없는 사건이다. 경찰은 지하철 입구로 도주하는 학생들을 체포하였는데, 대학의 좌파학생들이 그들의 석방을 요구하며 교내시위에 나섰고, 이들은 대학본부 점령자들과 사건을 연계시키며 확대시키려 기도하였다. 이들은 여학생 기숙사 해방을 놓고 고민하던 찰나에 호재를 만났던 것이다. 문제를 정치화, 이데올로기화 할 수 있다고 판단한 것이다.

이렇게 하여 낭테르대학은 학생들이 '주인' 이 된 상태에서 모든 업무가 마비되었는데, 그것이 미제국주의 반대를 부르짖기 위한 것이었는지, 여학생의 성해방을 위한 투쟁이었는지, 온통 뒤범벅이 되어 사람들은 영문을 알 수가 없게 되었다. 한 가지 확실한 것은 프랑스사람들의 대부분은 미국이 월남의 수렁에 빠져 있음을 딱하게 생각하고 있는 정도이며, 미국은 역시 자유세계의 확실한 지도자이고 과거의 동맹국이었다는 사실, 미국과 프랑스는 미국 독립전쟁 때부터 정서적으로 우호관계를 갖고 있다는 것이며, 무슨 매판자본이니 또는 제3세계의 착취자라는 등의 구호는 애들 장난으로 치부해 버리고 있을 따름이었다. 이런 국민적 감정 하에서 미국은행의 기물파괴사건을 지지하는 사람은 하나도 없었고 지각없는 학생들의 철없는 실수라고 생각했다. 따라서 낭테르 대학생들이 이제 미제국주의 타도의 선봉에 섰다는 생각을 가진 사람은 거의 없었기 때문에 '낭테르' 의 소요는 역시 여학생 '해방' 을 중심테마로 갖고 있는 상태에서 학교행정만 마비 상태에 들어갔다.

학교가 소란해지고 본부회의실을 점령당하자 정부는 일시적으로(provisoirement) 대학을 폐쇄하기로 결정했다. 당시 문교장관 페르피트(Alain Peyreffite)는 TV 저녁 뉴-스에 나와서 이 사실을 국민에게 직접 알렸다. 페르피트 장관은 드골 막료 중 젊은층으로서 고등사범학교를 거쳐 국립행정학교(E.N.A.)를 마친 전형적인 프랑스 엘리트 중 한 사람이다. 그는 특히 정부에 있을 때 중국에 특사로 갔었고, 주은래와 더불어 전후 세계정세를 논하는 등 이른바 대표적인 프랑스 지식인으로 잘 나가던 사람이었다. 그는 드골대통령에 의하여 공보부 장관으로 발탁되어 4년여(1962~66)를 매주 수요일이면 TV에 나와서 내각회의(conseil des ministres)에서 논의된 사안들을 간결하게 요약하여 국민에게 전해주었다. 드골정부에서는 대통령 주관 하에 주(週) 1회 각료회의가 열렸고, 수요일 저녁 8시 국영방송 뉴-스에 공보장관이 직접 나와서 그 주일의 토론된 안건과 결정된 사안을 상세히 알려주었었다. 따라서 공보장관은 문제를 객관적으로 정리하여주는 미션을 띄고 있었고, 그렇기 때문에 프랑스인들에게 역시 고등사범학교와 국립행정학교를 거친 우수한 공복이라는 인식을 각인시켜 놓았다. 그가 맡은바 소임을 빈틈없이 깨끗하게 처리하자, 드골은 그를 문교장관으로 발탁 승진시켰다. 프랑스의 문교부는 우리나라와는 달리, 정부부서에서 차지하는 비중이 상당히 컸었다. 정부가 교육(초, 중, 고)을 직접 관리하고 — 이 나라에서는 사립학교라고는 천주교에서 운영하는 소수의 학교가 있을 뿐 대부분이 공립학교다. 이것은 국민의 교육을 국가가 확실하게 관리, 지도한다는 정책 아래 나폴레옹과 제(第)3공화국이 앞장서서 실시한 정책이다. 파리 이공과 대학(L' Ecole polytechnique)도 나폴레옹이 설립하였으며, 특히 그는 프랑스 내의 모든 교육기관이 하나의 원칙과 규칙 아래 운영되어야 한다는 통일성의 원칙을 확립하였다 — 교육비를 정부예산에서 감당하기 때문에 문교부는 예산배정에서도 국방부와 더불어 가장 비중 있는 부서였다. 쉽게 말하여 문교장관은 아무나 하는 부서가 아니었다. 페르피트를 이렇게 중요한 부서에 맡긴 드골은 그의 문필가로서의 능력도 상당히 높이 평가했던 듯하다.

그런데 문교장관은 동료각료들과 비하여 볼 때 젊은층이었는데도 불구하고, 문교부의 일을 관료적으로, 권위적으로 취급하였고 이것이 건잡을 수 없는 사태로 발전하게 된 것이다. 즉 페르피트는 낭테르대학 학생소요가 장기화하자 학생들과 대화하며 끝까지 설득시키려는 노력 대신에 폐쇄라는 행정적인 결정을 내려버린 것이다. 장관이 뉴-스 시간에 나와서 프랑스 특유의 법조문 같은 언어를 구사하며 그것을 발표하였다.

그로부터 사건은 소르본느대학 분교의 내부 소요에서 국가적인 사건으로 급진하였다. 비록 소요사태는 2개월간이었지만 그것도 학생들의 요구가 분명하지 못했었기 때문에 그렇게 시간을 끌었던 것이다. 즉 '좌파찌꺼기(groupuscules)' 들의 다수 그룹이 아메리칸 엑스프레스(American Express) 공격자를 석방하라는 주장이 하나 있었고, 여학생 기숙사를 남학생에게 개방하라는 요구가 또 하나 있었는데, 이제부터 학생들은 정부라는 공동의 적을 만들게 되었다. 그리고 소요가 진행되는 동안 많은 학생들 즉 정치색이 전혀 없던 젊은이들이 운동권 지도자들에게 설득되어 관망하는 구경꾼에서 참여하는 행동인으로 바뀐 것이다. 실상 이 학생들은 파리에서도 고급주택가 출신이 대부분이었고 그들은 전혀 '오염' 되지 않은 순수한 학생들이었다. 그들 중 일부는 집을 떠나 기숙사 생활을 하면서 운동권 학생들에게 여러 가지 사회이야기를 들었고, 또 사건이 일어나기 전에 기숙사에서 한 학생이 자살하여 좁은 침대에서 시체로 발견된 사건도 목격하였다. 종합적으로 말하자면 60년대 중반까지 노동자 가정 출신의 대학 진학률은 전체의 5%에 지나지 않을 때였다. 좌우간 '낭테르' 를 폐쇄한다는 통고가 있자, 그동안 진로를 놓고 갈팡질팡하던 학생들은 단번에 출구를 얻게 된 셈이다. 그들은 이제 본교인 소르본느로 진격하자는 것이다. 300여명의 학생들이 "가자! 소르본느로!"를 외치며 삽시간에 본교 건물을 점거하고 말았다. 총장은 이 예상치 못한 사건에 겁을 먹고 그 역시 소르본느를 폐쇄한다고 통고하였다. 소르본느는 물론 그랑제꼴은 아니지만 프랑스 학문의 전당이자 상징이었다. 12세기라는 역사를 뒤로하고 있는 이 고색창연한 대학은 특히 인문사회계에서 프랑스를 대표하는 우수한 교수진을 자랑하는 유명한 대학이었다. 이 대학의 교수진은 정교수(titulaire)와 강의교수(maître de conférence) 등 두 직급으로 구성되어 있는데, 강의교수가 정교수로 되는 경우는 거의 없었다. 그만큼 정교수의 권위는 굉장했고, 교수들은 각자 자기 전문분야에 관한 한 프랑스는 물론 세계학계의 권위자인 경우가 많았다. 그랑제꼴의 학생들처럼 '상업적으로 잘나가는 학교'는 아니었지만 학문의 본산(本山)이라는 점에서 시대의 변화도 이 대학을 변화시키지 못했다.

그랑제꼴 가운데 인문, 사회 계열의 가장 우수한 학교인 고등사범학교(에꼴 노르말 쉬페리외르, 뤼 윌름)는 사르트르처럼 사상계에서 활동하는 이들 외에도 많은 인문, 사회학계의 인사들을 배출하고 있다. 현대 프랑스의 사상계를 주름잡는 사람들은 대부분 이 학교 출신들이다. 문교장관도 이 학교 출신이다.

그런데 '노르말'을 나왔건, 소르본느를 나왔건 프랑스에서 대학을 마치고 교수를 지망하는 사람이라면 '아그레가시옹'(agrégation)이라는 국가고시를 통과하여야 한다. 이 고시는 어렵기로 소문나 있는데, 이 자격시험을 통과하면 일단 고등학교 교수(한국의 교사)로 임명된다. 이들은 프랑스에서는 고등학교 교수라고 하며 각기 자기 전공분야에 관한 한 확실한 실력을 인정받는다. 그러니까 대학교수가 되려면 이 '교수 자격시험(아그레가시옹)'은 필수조건이고, 이것을 통과한 사람을 '아그레제'(agrégé)라고 하는데 명함이나 기타 경력을 쓸 때는 반드시 'agrégé' 라고 기록한다. 그러니까 우리나라에서 '박사' 라고 명함 등에 찍는 것과 같다고 보면 된다. — 프랑스에서 '박사(docteur)'는 의사라는 뜻으로 더 많이 사용된다.

프랑스의 '아그레제'는 교수 자격시험에 합격한 사람에게 주는 타이틀이다. 일단 이 자격증을 받고 고등학교에 교사로 있다가 대학에 자리가 나면 대학교수가 되는 것이 보통이다. 이 타이틀을 가졌다고 하여 모두 대학교수가 되는 것은 아니다. 그것은 대학교수들이 각기 자신의 전공과목(chaire)을 마치 사유물처럼 가지고 있기 때문에 교수가 병고(病苦)나 기타 사고로 학교를 떠나고 자리를 내주어야 신임 교수를 임명할 수 있기 때문이다. 내가 학교를 다니던 60년대에는 그러했다. 그러니까 대학교수가 되는 정규코스는 '노르말' 이나 소르본느에서 리상스(Licence-학사에 해당)를 하고 '아그레가시옹' 을 치른 다음 학교에 자리를 잡고 학생들을 가르치면서 국가박사학위를 준비하는 것이다. 그런데 이 국가박사학위(文科)는 소르본느 학위를 제일로 치며 '아그레가시옹' 을 획득한 사람들이 교직에 있으면서 상당히 오랜 기간 천천히 준비하고 일종의 연구 과정으로 생각한다. 같은 '파리대학' 이라도 법과 대학, 이과 대학 학생들은 우선 국가박사학위를 받고 난 다음 학계로 가고 싶으면 '아그레가시옹' 을 하고 직장을 찾는다. '아그레가시옹' 을 기준으로 놓고 본다면 소르본느의 국가박사가 가장 윗자리에 있는 셈이다. 프랑스를 대표하는 대학으로 소르본느를 치는 것은 이러한 이유가 하나 있을 것이다. 여하튼 소르본느의 교수들은 모두가 자기 전공 분야에 관한 한 누구보다도 심오한 전문지식을 가지고 있다. 그들이 저서를 하나 내놓으면, 틀림없이 그 계통의 명저가 된다. 가끔 전공과 관련되지 않은 책을 써서 출간되어도 단숨에 베스트셀러가 된다. 60년대 프랑스에 영어가 침투하기 시작하였는데, 그것을 개탄하는 뜻으로 에티앙블(Etiemble)이라는 소르본느 교수가 'Parlez-vous franglais?(당신은 영불어로 말하십니까?)' 라는 책을 낸 적이 있었다. 이 책은 사람들이 불어에서 흔히 쓰이는 단어 대신에 멋으로 영어를 섞어서 구사하는 것을 웃음꺼리로 만드는 책으로 우선 책이 재미있기 때문에 장안의 화제가 된 적도 있었다.

소르본느는 750여 년에 가까운 역사를 가지고 자기의 역할을 나름대로 충실히 하고 있었다. '노르말' 출신들이 최후로 자리를 잡으려고 하는 곳도 소르본느 대학이다. 결국 사후적으로 보아 소르본느가 프랑스 최고의 대학이 되는 셈이다.

이러한 대학을 점거한 학생들, 무직자와 건달들은 가히 프랑스 학계의 심장을 차지했다고 할 수 있다.

소르본느는 파리 시내, 학교가 밀집해 있는 5구(區)에 있다. 즉 라틴구역(Quartier latin)의 한복판에 있는 것이다. 프랑스인들이 '라텡' 이라는 수식어를 쓸 때는 그것이 고대 로마시대와 직접 관련이 있다는 뜻을 가리키기 위함이지만 '문명화' 된, 즉 개화된 것이라는 의미로도 사용된다. 예컨대 게르만 민족이 오래도록 야만인(barbares)이라고 불렸던 것은 그들이 시저의 공격을 물리치고 오랫동안 로마문화권에 편입되지 못한 미개한 상태에서 살았기 때문이다. 즉 라틴문화의 혜택을 입지 못하고 야만상태로 있었기 때문이다. 유럽에서 라틴화(化)는 곧 문화 — 개화(改化)를 의미하며 식민화라는 뜻으로는 거의 사용하지 않는다.

이 라틴구역에는 소르본느를 비롯하여 법과 대학(Faculté de droit), 의과대학(Faculté de médecine) 그리고 무엇보다도 파리 제일의 명문고라는 루이르그랑(Louis le Grand)고교, 앙리4세(Henri IV)고교 등이 얼마간의 거리를 두고 몰려 있다. 생미셸가(街)에서는 떨어져 있지만 역시 라틴구역이라고 할 수 있는 '뤼 뒬름' (rue d' Ulm)에는 프랑스 최고의 수재들이 모인다는 고등사범학교(에꼴 노르말)가 있다.

젊은 학생들이 많으면 거리는 붐비게 마련이다. 생미셸 거리는 월요일 아침만 빼고 학생, 주민, 특히 바도(badauds)들 — 특별히 할일

없이 거리를 구경 삼아 이곳저곳을 기웃거리며 산책하는 사람들 — 로 북적거린다. 주말인 금요일과 토요일 오후에는 대낮부터 붐비기 시작한다. 학생들을 위한 저가품, 그리고 드물게 중(中), 고가품(高價品) 상점이 길 양쪽에 들어서 있는데, 룩상부르 공원을 옆에 두고 세느강 쪽으로 향하는 셍미셸가(街)의 오른쪽 길에는 저가품 상점도 많고 사람들도 이 오른쪽 길을 선호한다. 왼쪽의 반듯하게 자리 잡고 있는 룩상부르 공원은 사시사철 휴식처를 제공한다.

소르본느 대학은 정문 앞에 즉 셍미셸가(街) 오른쪽으로 광장이 있고 광장 뒤에 고색창연한 기념비적(的) 유적(遺蹟)(monument)이 중세(中世) 유적지처럼 들어 앉아 있다. 건물 앞에는 오귀스트 꽁트(Auguste Comte)의 조각이 있고, 이 사람은 산업사회의 도래(到來)를 예언한 사회학자다. 그는 1800년대 중반의 사상가로서 19세기 이후의 세계는 산업이 지배하는 산업사회가 될 것이라고 풀이한 특이한 사람이다. 그를 지나 교내로 들어서면 첫인상이 수도원에 들어온 것 같은 느낌을 받는다. 한국이나 미국의 캠퍼스와는 분위기가 다르다. 규격화된 것처럼 보이는 운동장이 없으며, 힘차게 소리를 내는 운동선수들의 뛰는 모습도 없다. 복도를 따라 왼쪽 벽에는 중세기의 벽화가 즐비하게 붙어 있다. 이 복도를 통과하고 나서 앞에 보이는 건물 안에 사무실과 강의실이 있다. 입구의 왼쪽에는 '안뜰' 이라고 할 수 있는 라 꾸르(la cour)가 있고 그 왼쪽에는 빅토르 위고(Victor Hugo), 오른쪽에는 파스칼(Pascale)의 입상(立像)이 서 있다. 외부학생들이 단체로 들어서서 짐을 풀고 모여 앉을 수 있는 곳이 바로 위고와 파스칼이 내려다보고 있는 '라 꾸르' 다.

이렇게 건물과 분위기가 과거의 흔적을 짙게 갖고 유지되는 이 장소에 낭테르 대학생들은 짐을 풀었다. 대부분 강당처럼 큰 대형 강의실(amphithéâtre)이 있는데 천정은 둥근(coupole) 형태로 되어 있으며 고전적인 명화로 장식되어 있고 벽 둘레에도 벽화가 역사를 자랑하며 기품을 더하고 있었다. 의자나 책상은 우리나라처럼 따로 떨어져 있지 않고, 두꺼운 참나무로 만든 책상과 의자가 바닥에 고정되어 있는 형태(style)다. 우리나라 강의실에서 간혹 볼 수 있는 광경 중의 하나로, 강의가 끝나면 책상과 의자가 따로 떨어져 나뒹굴고 있기도 한데 이곳에서는 그러한 모습을 볼 수 없다. 물론 중간 크기의 강의실들도 있는데, 그 중 하나는 역사적 인물의 이름을 붙인 강의실(la salle Richelieu)로서 대략 100~200명을 수용할 수 있는 중형 강의실이다. 이곳도 책상과 의자는 고정되어 있고 벽에는 엄숙한 벽화들이 있다.

300여 명의 학생들이 쳐들어가서 여기저기 마음대로 자리를 잡자, 대학 총장은 겁을 먹고 경찰에 지원을 요청하였다. 경찰차가 사이렌을 울리며 '소르본느' 로 들이닥치자 이것 자체가 큰 구경거리가 되었다.

그런데 프랑스 법으로는 경찰은 학교 구내, 심지어 기숙사에도 들어갈 수 없도록 되어 있다. 내가 10년간 살던 국제학생 기숙사(Cité Universitaire de Paris)는 그 영내(營內)에 공원, 수영장, 테니스 코트, 영화 상영관, 연주장 등 등 시설도 많고 기숙학생도 수천 명이 넘었지만, 10년 간 경찰관이 영내에 들어온 것을 한번도 본 일이 없었다. 마찬가지로 소르본느 교내에 경관이 난입하는 것을 한번도 본 일이 없었고 다만 정복 경관이 순찰 목적으로 학교 정문 밖을 서성거리는 것은 본 일이 있다. 이들은 길 건너의 룩상부르 공원을 순찰하는 같은 경찰들이다.

소수의 낭테르 대학생이 소르본느를 점거하고, 그것이 어떻게 국민적 봉기로 발전하였는지 그 이유와 상황을 설명하지 않을 수 없다.

왜냐하면 이들이 본교를 점령하고 난 뒤에도 이들의 요구가 혁명인지, 여성해방인지, 또는 '굿을 한마당' 하자는 것인지 아는 사람이 없었기 때문이다. 학생들 자신도 그들의 목적이 무엇인지 모르고 있었다. 앞에서 말했지만 셍미셸(St.Michel)거리는 언제나 인파로 붐빈다. 아마도 파리에서 유동인구가 가장 많은 곳일 것이다. 여기에 콘벤디트가 이끄는 300여 명의 낭테르 대학생들이 소르본느의 안뜰(la cour)을 점령한 것은 그 하나만으로도 볼거리이며 뉴스거리가 되었다. 당시 대학 총장은 이 초유의 사태에 겁을 먹고 학교 폐쇄 조치를 취한 것이다. 좁은 거리에 경찰차가 쇄도(殺到)하고 중무장한 보안기동대(C.R.S.)가 차에서 쏟아져 나오자, 거리는 삽시간에 난장판으로 돌변했다. 즉 학생들을 데려가려는 경관과 이에 저항하는 학생들 사이에 몸싸움이 일어나자, 근처에 있던 주민, '바도' 등이 이들을 에워싸고, 이들 모두가 뒤범벅이 되어 아수라장이 되어버린 것이다. 그렇지 않아도 심심하여 쩔쩔매던 사람들의 수는 점점 더 많이 늘어났고 소르본느 주변은 통제 불능 지대가 되어 버렸다. 질서가 사라진 것이다.

학생들은 이 뜻하지 않은 '수확' 에 힘입어 선동을 하며 구호를 외쳤고, 혁명가를 불러댔다. 무엇을 위한, 누구를 위한 혁명인지 알 수 없는 가운데 무조건 혁명을 외쳤다. 보편적으로 군중이 이렇게 모여서 투쟁을 하는 데에는 반드시 타도대상이 있게 마련이다. 정치를 잘못한 자, 특히 독재자는 당연히 타도 대상이다. 독재자가 자기 혼자 잘 먹고 잘 살기 위하여 대중을 희생시키고 굶주리게 하고 자유를 박탈하였다면 그로부터 당연히 명백하고 호소력 있는 구호가 나오게 마련이다. "자유를 달라!", "빵을 달라~", "독재자는 물러가라!" 등의 구호는 혁명이 있을 때마다 상습적으로 나온다. 그런데 그 당시 프랑스에는 독재자도 없었고 자유를 억압받는 일도 없었으며, 대중은 바야흐로 대중 소비사회(société de consommation de masse)로 진입하는 시기였다. 드골 대통령에게 독재자라고 하는 사람은 그 저의가 의심스러운 저질 선동 꾼으로 치부되었었다. 알다시피 '드골'은 나라를 구했고, 일생 나라를 위해 몸 바친 애국자였으며, 공사(公私)가 분명하여 공금을 자신의 사욕을 위해 한 푼도 쓰지 않은 완전한 인격자(l' homme de l' intégrité)였다. 그는 집무실 밖에서 개인적으로 보기 위하여 신문을 사더라도 자기 주머니에서 돈을 치르는 철저한 인물이었다.

그렇다면 군중이 원하는 바는 무엇이었나? 자유를? 알다시피 프랑스라는 나라는 법의 제한 속에서 모든 자유가 100% 보장된 나라다. 이 나라는 그 점에 관한 한 아마도 세계에서 유일하게 시민의 자유를 보장하는 나라일 것이다. 우리가 보통 이야기하는 자유 — 주어진 자유를 누구의 간섭도 없이 향유할 수 있는 권리(droit de disposer d' eux-meme) — 를 보호받는 것은 사람이 공기를 마시듯 당연한 일이고, 이보다 훨씬 앞서서 보다 실존적인 자유를 요구하는 나라다. 예컨대 사르트르가 노벨상을 사양하면서 "고마운 일이지만 상을 받음으로써 나에게 가해지는 노벨상이라는 제도적인 구속을 원치 않는다."고 하였다. 사르트르는 이번 대중 집회에서 큰 역할을 하는데 그는 '무정부-자유주의 신문(Journal libertaire)'을 두 손에 들고 생미셸가(街) 이웃의 오데옹(Odéon) 지하철 입구에 서서 신문팔이를 하였다. 그는 자기 소신대로 행동하는 지식인의 본을 보인 것이다.

소르본느와 생미셸가(街)가 인파로 점령당한 가운데 퐁피두 수상은 폐쇄되었던 소르본느를 다시 개교(開校)(open)하는 조치를 취했다. 그렇게 되자 소르본느는 문자 그대로 '바도'를 즐겁게 하는 관광명소로 전락하고 말았다. 내가 교내에 들어섰을 때 — 그해 3월 나는 소르본느에서 박사학위를 받았는데 바로 뒤에 이러한 사건들이 일어났다 — 안뜰에는 학생, 관광객들이 섞여서 이곳저곳을 기웃거리고 있었으며 일부 시위주동자 가운데 '모택동주의자들' 이 있었는데 이들은 어디서 구했는지 모자 쓰고 있는 모택동 초상화를 구해서 '라 꾸르(la cour)' 한복판에 세워 놓고 있었다. 이것이 특히 나의 시선을 끌었는데, 지금 프랑스와 모택동이 무슨 상관이 있으며 '약진정책' 으로 경제파탄을 일으키고, '끊임없는 혁명(révolution permanente)으로 7억 인구의 생활방식과 구조를 뿌리째 흔들고 뒤집어엎어 놓으며, 어린이들이 어른들의 목에 새끼줄을 매달고 끌고 다니고, 병원장에게 빗자루를 들려서 화장실 청소를 하게끔 하는 이 중국적인 — 대단히 중국적인 인물을 존경하자는 것인지 그의 광기(狂氣)를 수입하자는 것인지 보는 사람으로 하여금 어리둥절하게 만들었다. 좌우간 68 혁명 당시 이른바 모택동주의자들(les maoistes)은 파리 시내 한복판에서 큰일을 찾은 듯 활보하였다.

목적도 명분도 없는 혁명의 기치를 들고 젊은이들이 모였을 때 가장 손쉽게 성취할 수 있는 일은 소위 방달리즘(vandalisme) — 문화 파괴주의 — 이다. 낭테르 분교, 소르본느 본교의 혁명꾼들은 '소르본느' 벽화에 손을 댔고 대형 강의실(amphithéâtre)의 벽화에도 칼질을 하였다. 프랑스인들이 아끼고 또 아끼는 이 문화유산들은 족보 없는 혁명꾼들에 의해 쓰레기처럼 파기되었다. 그들은 특히 벽화에 낙서(graffiti)를 감행했는데, 이 새로운 혁명방식은 그 이후 하나의 모드가 되었다. 파괴자들은 소르본느 내부에 무자비한 낙서를 하고 난 뒤, 지하철에도, 공공건물에도 그리고 사람들의 출입이 많은 곳에도 낙서를 했는데, 미국에서는 이것이 문화의 한 표현방법으로 자리 잡은 것이 아닌가 싶다. 내가 1968년 여름, 뉴욕을 갔을 때 전철의 외부는 온통 '그라피티'로 도배되어 있었다. 예술 특히 미술이 새로운 것을 찾는 과정에서 화판에 페인트를 뿌려놓고 미술작품이라고 버젓이 우기는 사건이 발생했는데, 이런 현상들은 68 혁명 소산 중의 하나라고 할 수 있다.

나는 프랑스인이 아니고 미술전문가는 더더욱 아니었지만, 소르본느의 혁명꾼들의 벽화 파괴 행위에 관하여는 지금까지 증오심이 남아 있다. 이들이 파괴적인 행위를 억제됐던 혁명본능의 발로라고 생각했다면, 다른 한편으로는 이러한 욕구본능을 유감없이 발산했다. 즉 '소르본느' 에 모여 있던 남, 여, 학생, 부랑자, 실직자들은 밤이면 모두가 한방에 모여(사무실) 혼숙을 했고 성(性)의 향연을 베풀었다. 밤새도록 육체적으로 잔치를 벌였다고 하며 아침이면 인근 상점에서 샌드위치를 대량 구입, 들고 들어가는 것을 내 눈으로 목격한 적도 있다.

6. 혁명

혁명놀이가 본격적인 혁명의 모습을 보인 것은 5월 10일부터였다. 지금까지는 뚜렷한 목표 없이 몰려든 군중이 외마디 소리를 지르며 하나가 된 기쁨에서 무조건 반대를 위한 반대를 하였다면, 5월 10일 이후는 프랑스에서 혁명이 일어날 때면 의당 볼 수 있는 모습이 나타나기 시작했던 것이다. 지금까지 학생들은 "탄압을 중단하라"거나, "우리는 소비사회를 배격한다"거나 또는 '남녀가 사랑하면 더욱 혁명을 생각하게 된다' 등 등 밑도 끝도 없는 장난스러운 구호를 외쳤었다. 인근의 미술대학생들이 내놓은 슬로건(slogan) — 돌길을 뜯어내면 그 밑에는 해변이 나온다(sous les paves, la plage)는 등의 낭만적인 구호(slogan)가 주종을 이루었다. 미대 학생들은 창의성과 학교의 기자재를 이용하여 시민의 시선을 끄는 포스터(poster)를 직접 만들어서 도시 곳곳에 붙이고 다녔는데, 그 중에는 보안기동대(C.R.S., Compagnies Républicaine de Securité) = 나치의 친위대원(S.S.), 즉 프랑스 경찰을 나치 독일 비밀경찰과 동일시하는 구호도 있었다. "금지(禁止)를 금지 한다", "현실성을 가져라, 불가능한 것을 요구하라!", "거침없이 즐기자!", 등등 모두가 기존사회 질서와 규범과 권위를 무너뜨리자는 것이 주종이었다. 이런 종류의 잡스러운 구호가 수도 없이 쏟아져 나온 것은 이 '혁명'에 어떤 지도이념이 없었고 지도부의 지시가 없었기 때문이다. 이 슬로건의 홍수 중 사람들의 가벼운 미소를 자아내게 한 구호는 해변을 동경하는 '돌길을 뜯으면 그 아래 바다가 있다', '훼방꾼은 바로 드골이다'라는 구호 정도라고 할 수 있다. '드골'을 희화화(戱畵化)해서 적어놓은 이 구호 'Chienlit, c'est lui de Gaulle.'는 가장 인기도가 높은 것이었다. 물론 여기에는 미대생들의 재능이 번뜩이기도 했다. '드골'을 장난꾼으로 희화화(戱畵化)한 것이 사람들의 눈길을 끌었고, 이 혁명의 표적을 '드골'에게서 찾는 듯한 인상도 주었다. 모두 하던 일을 중단하고 바다로 가자는 슬로건은 당시 8시간 노동에 시달리던 근로대중의 소망을 대변해 주는 것이라고 할 수 있다.

혁명이 즐거운 파티로 지속되는 가운데, 학생과 경관이 이제 놀이는 충분히 했다고 판단하고, 쌍방이 가부간에 이 상황에 종지부를 찍어야겠다고 결심하였다. '에꼴 노르말' 구내에는 좌파계열의 모든 단체장이 집합하였다. 고등학생들은 '고등학생 행동위원회(AC)'를 창설하고 앞으로의 운동을 통일성 있게 하기 위한 일종의 지도부를 구성하였다. 이튿날, 즉 5월 10일, 1만여 명에 이르는 고등학생들이 시위를 벌였다. 정국은 정부와 학생 사이의 본격적인 대치상태로 돌변했고 학생들은 거의 일주일 여에 이르는 '장난'을 끝내고 본격적인 대 정부 투쟁을 하기로 결심했다. 한편, 이 모든 소요를 총지휘해온 독일 유학생 콘벤디트는 '소르본느'에서 총장과 마주 앉아 낭테르대학 폐쇄를 철회할 것에 대한 협상을 하고 있었다.

5월10일 오후, 학생들은 본격적인 '혁명운동' 작전으로 들어갔다. 프랑스에서 혁명이라고 하면 곧바로 도로에 깔려있는 정방형의 돌을 생각하게 되는데, 그것은 이 돌이 상당히 좋은 무기가 될 수 있기 때문이다. 프랑스의 도로는 큰길이거나 뒷골목이거나 정방형의 돌을 깔아놓는데, 로마시대의 토목공사의 전통을 그대로 계승, 사용하고 있기 때문이다. 길을 만들기 위하여, 우선, 정해진 흙길을 1m. 가량 판 다음 맨 밑에는 떡판 크기의 큰 돌을 깔고 그 위에 작은 돌들을 부어놓은 후 위에서 나무 몽둥이로 깔아놓은 돌을 짓찧는다. 다음으로 그 위에 시멘트를 바르고 그것을 말리기 위해 오랫동안 시간을 보낸다. 대부분의 경우 이러한 기초공사를 하면서 한 계절을 보낼 때도 있다. 시멘트가 충분히 마르면 그 위에 문제의 정방형 돌을 바둑판처럼 예쁘게 끼워 맞춘다. 나는 1960년 초, 겨울에 유학을 갔는데 내가 임시로 있던 하숙집에서 학생식당을 오가는 길에 있던 막다른 골목길 하나를 놓고 공사를 벌이는 모습이 너무 여유롭게 보여 그 앞에 서서 구경을 한 일이 있다. 늦은 가을에 시작했다고 하는 공사가 겨울을 보내고 이듬해에 끝났다. 100m. 남짓한 뒷골목을 만드는 과정이 우리나라 노동기준으로 보면 장난같이 여겨졌었다. 우리나라에서 뒷골목이나 막다른 골목에서 그런 수고를 하는 것을 본 일이 없다. 길을 깔려면 길이 들어설 자리를 약간 판 다음에 그 위에 작은 조약돌을 얹어놓고 모래를 뿌리고 쇠바퀴가 있는 차로 한번 다지고 그 위에 아스팔트를 깔면 그것이 국도도 되고 고속도로도 되는 것이다. 프랑스에서는 길을 깔거나 교량을 놓을 때, 1,000년의 노하우(know how)와 기술개발에 따라 한번 설치하면 그것으로 끝나고 개보수(改補)修는 염두에 두지 않는다. 그리고 이런 일을 맡아서 설계하고, 개선하고, 공사감독을 하는 사람들이 토목학교(퐁제쇼세 L'école des Ponts et Chaussées) 출신들이다. 내가 유학중일 때 서울시에서 연수받으러 온 공무원이 있어서 이들의 길 까는 방법을 이야기했더니 그것이 오히려 비경제적이라고 하던 말이 아직도 기억에 남아 있다. 그가 말하기를 우리나라 방식은 망가지기도 쉽지만 보수도 속히 할 수 있기 때문에 고쳐가면서 살아갈 수 있다고 하던 말이 인상적이다. 이야기가 옆으로 빠졌는데, 프랑스에서 혁명을 한다고 하면 길거리에 깔려있는 돌을 파내는 일부터 시작한다. 생미셸가(街)와 룩상부르 공원 앞 에드몽 로스탕(Edmond Rostant) 광장에 잔뜩 모여 있던 학생, 구경꾼, 주민, 실업자들은 돌을 파내어 광장 한복판에 바리게이트를 치고 통행을 막아버렸다.

생미셸가(街)는 파리의 척추와 같은 기능을 가진 도로 가운데 하나인데, 이곳이 막히면 룩상부르 공원부터 샤틀레(Châtelet)까지 교통이 마비되고 만다. '룩상부르' 에는 지하철 정류장이 있는데, 이 지하철이 기능을 하지 않으면 파리의 남서부 일대 교통망도 마비된다.

데모꾼들이 돌을 파놓고 그 뒤에서 진을 치고 전쟁을 준비하고 있으니 본격적인 혁명의 모양새는 갖춘 셈이다. 학생들의 축제도 끝났고 남은 것은 전투뿐이었다. 얻으려는 것이 무엇인지, 그 때까지도 막연한 가운데 일단 전투부터 시작하고 보자는 식이었다. 그들은 학생구역(Quartier latin)을 자신들이 차지하겠다고 선언하였다.

7. 진압

프랑스 경찰은 우리가 알고 있는 것보다 훨씬 더 효율적이고 필요하다면 무서운 공권력을 사용한다. 경찰서는 모든 상황을 주시하고 있으면서 보안기동대(C.R.S.)가 개입하기 위한 순간만을 기다리고 있었다. 당시 경찰서장 그리모(Grimaud)는 대단히 유능한 인물로서 다음 같은 지시를 하여 놓고 사무실에서 대기하고 있었다. 절대로 경찰이 먼저 학생을 공격하지 말라는 것(provocation), 즉 경찰이 먼저 행동으로 나서면 군중은 흥분하여 격한 반응을 보일 수 있다는 것이다. 경찰은 밤을 새며 기다리다가 새벽 2시에 공격하라는 명령을 받았다. 데모꾼들을 물리치는 방법은 우리나라와 마찬가지로 최루탄을 쏘아가며 압박하여 들어가는데, 이들은 로마군단식 전법, 즉 보안기동대(C.R.S.)가 방패로 앞을 가리고 몇 겹의 행렬을 짜 옆 사람과 어깨가 닿도록 바짝 조여서 그룹을(횡렬) 짜는 것이다. 이렇게 구성된 C.R.S.는 한 블록이 되어 앞으로 전진하는데, 방패를 앞에 세웠기 때문에 이들과 맞서려면 오른손에 든 방망이 세례를 받을 수밖에 없다. C.R.S.는 이런 방식으로 셍미셸가(街)에 쌓아놓은 바리게이트를 넘고 뒤에 있던 학생들을 모두 해산시켰다. 해산당한 학생이 이웃 건물로 숨어들어가서 집 안에서 창문을 통하여 돌을 던지는 바람에 경관 수백 명이 작고 큰 부상을 입었고 그중에 한 명은 머리의 두개골 한쪽이 함몰되는 바람에 끝내 전사하고 말았다. 시위대 측에서는 부상자가 한 명도 없었다.

전투의 한복판에 있던 셍미셸가(街)와 인근은 큰 전쟁을 치른 것 같았다. 널브러진 돌은 그렇다 치더라도, 학생들이 도로변에 주차해 있던 자동차를 모두 뒤집어놓고 불도 지르고 하여 수백 대의 그을린 차가 널려 있었다. 나는 저렇게 망가진 차를 누가 변상해 줄 것인지 걱정이 됐었다. '파리는 불타고 있는가?' 라는 전쟁 영화도 있었지만 이 때의 장면은 격렬한 시가전을 치른 후의 모습이었다. 가로수도 상당수 피해를 입었고 인근 거리에 있는 상점도 파괴되었다. 2차 대전이 끝날 무렵 파리를 불 지르고 후퇴하라는 히틀러의 명령을 거절하고, 파리에 입성한 르클레르(Leclerc) 사단장에게 자진하여 앞장서서 항복했던 숄티츠(Von Choltitz) 장군은 최소한 조국이 프랑스인 프랑스학생들보다 더 파리를 아꼈었다. 이제 한달 여에 걸친 혁명놀이는 끝났다. 책임을 따질 때가 온 것이다. 우선 보안기동대(C.R.S.)는 장갑차 수십 대를 동원하여 소르본느 교내에 숨어있던 남녀학생들을 모두 잡아내었다. 오랜 세월 씻지도 못하고 혁명에만 몰두했던 학생들이기에 보기에 걸인들 같았다. 실제로 이 가운데에는 특별한 직업 없이 떠돌아다니던 가짜학생도 다수 끼어 있었다. 뒤이어 적십자 마크가 그려진 중형차가 호스를 가지고 들이닥쳤다. 1개월여 혼숙하면서 성병이 번졌다고 하였다. 적십자 마크의 차는 소르본느 구석구석을 소독하고 떠났다. 이렇게 학생들의 소르본느 진입은 국가재산에 피해만 남기고, 근엄한 소르본느 대학 경내를 흉측하게 만들어 놓고 끝났다.

노동조합의 애매한 태도

도로를 뜯어서 돌을 모은 다음 그것을 쌓아 놓고 시가전을 하는 수법은 1789년 프랑스 대혁명 이래 문제가 생기면 상습적으로 행해지던 시가전의 모습이다. 지금까지는 시민과 특히 노동자가 주역이었으며 학생들이 독자적으로 투쟁을 하기는 아마 이번이 처음이었을 것이다. 그런 만큼 시민들은 당황했고 더욱이 그들의 목표가 무엇인지, 원하는 것이 무엇인지 알 수 없는 상태에서 일이 크게 번지자 모두 관망 내지 소극적 지지를 — 일부 시민들은 공권력 앞의 학생을 무조건 약자로 간주하고 그들을 응원했다 — 보여줬다. 물론 이들을 지지한 계층의 사람들도 순전히 '애들이 다칠까봐' 경찰에 신중할 것을 요청한 정도였고 '말없는 다수'는 학생들의 행동이 지나치다고 판단하고 있었다. 상황이 이런 처지니 만큼, 초기에는 노조(勞組)의 조합원들이 사태의 추이만 지켜

보고 그들의 입장을 밝히거나 학생들 시위에 동참하기를 주저하고 있었다. 오히려 노동자들은 그들의 행렬에 학생들이 가담하는 것을 뿌리치기도 하였다. 이제 파리는 1848년의 노동자 폭동과 1870년의 파리 코뮌느(노동자들이 시청을 점거하고 정부를 구성했던 혁명), 그리고 1936년 사회당, 공산당과 노동자가 하나 되어(인민전선, front populaire) 이른바 프로그람 코뮌느(programme Commune)를 앞세워 대규모의 시위를 통하여 정권을 장악하였을 때의 그 '영광' 에서 노동자가 빠진 학생들의 천국이 되어버린 것에 당혹감을 보이기도 했다. 거리를 장악하고 정권을 타도하는 일은 노동자의 임무이자 역할이던 시대가 지나가고 막연한 구호들이 난무하는 가운데 주로 '꺄르띠에 라뗑' (學生街) 중심으로 파리는 무정부상태가 되어가는 초유의 사건이 발생한 것이다.

노동자들에게 있어서 이런 상황은 참을 수 없는 일이다. 그렇다고 해서 자유섹스 등을 부르짖는 학생들과 같이 시위를 하자니 그것은 노동자의 존엄성(dignité)에 부합하지 않았다. 노조는 이 혼란을 노동자의 대정부투쟁으로 만들어 놓아야만 자신들의 행동에 명분도 주고 이득도 얻을 수가 있는 것이다.

그런데 이러한 돌파구가 서부 지방의 낭트(Nantes)라는 도시의 쉬드 아비아시옹(Sud Aviation) 항공기제작소에서 뜻하지 않게 터져버렸다. 그들의 물꼬를 터준 셈이다. 당시 프랑스는 부가가치가 높은 산업을 전략적으로 육성하고 있었는데 그중에서도 항공 산업이 주요위치를 차지하였다. 이 항공 산업은 군용기뿐 아니라 민간 여객기도 제작하였는데, 그 때 카라벨(Caravelle)이라는 중거리여객기는 무사고 비행으로 파리와 지중해 연안국 및 파리와 유럽의 중거리를 비행하면서 고객들의 신용을 얻었던 인기 높은 비행기였다. 이스라엘과 아랍

제국간의 끊임없는 전쟁기간 중, 생방송으로 보여준 공중전에서, 이스라엘에 판매한 프랑스의 미라쥬(Mirage) 전투기가 미그(MIG) 최신형을 격추시키는 장면을 목격하면서 사람들은 프랑스의 항공기술에 깜짝 놀라기 시작할 때이다. 더욱이 드골 장군은 초음속여객기를 세계 최초로 제작, 취항시켜서 미국 보잉사의 코를 납작하게 하려고 준비하던 때이다. 우리에게도 잘 알려진 항공기제작사는 단연 '다소'(Dassaut)고 더불어 낭트의 '쉬드 아비아시옹'은 역시 팽창일로에 있던 항공기 제작사(製作社)였는데, 이곳에 근무하는 젊은 기능생산직 근로자 한 명이 큰일을 일으키고 말았다. 이 근로자는 프랑스민주노동동맹(C.F.D.T. Confederation francaise democratique du travail)의 노조원으로서, 하루 일과가 끝나면 저녁에 공장 밖에서 학생들과 어울리고 토론을 하면서 호감을 보여 왔다. 그러던 어느 날 — 5월 13일 — 생미셸가(街)에서 학생 데모꾼들이 조직적인 보안기동대(C.R.S.)에게 무참히 해산 당하고 일부는 경찰서로 연행 당했다는 보도가 나오자, 이 항공 근로자는 학생들과 행동을 같이 하기로 결심한다. 회사로 돌아온 그는 동료직원 200여명을 선동하여 회사 문을 잠그고 공장장을 감금하는 등 폭력행사를 서슴지 않았다. 물론 이런 폭력 행위는 노동총동맹(C.G.T.) 대표 세귀(G. Seguy)로부터 즉각적인 비판을 받았고 모든 폭력을 중지해달라는 요청을 받았다.

그런데 프랑스의 노동운동을 이해하려면 그 역사와 구조를 우선 대충이라도 알고 넘어가야 할 것이다.

프랑스는 경제구조에서 산업화를 약간 앞선 영국과 많은 차이점을 보인다. 영국이 생산의 효율성을 위하여 기업집중과 주식회사 형태를 확대하며 나갔다면, 프랑스에서는 소규모의 가족기업들이 소규모의 고객을 위하여 소규모의 고급제품을 생산하는 가족기업형태를 오랫동안 유지하여 왔다. 타이어의 미슐렝(Michelin), 비행기의 다소(Dassaut) 등이 그 예인데 가족기업으로 운영하기에는 벅찰 것 같은 기업들이 최근까지도 가족기업으로 남아 있다. 그들은 무조건 큰 것, 즉 대기업은 국가에 맡기는 역사를 갖고 있다. 루이14세의 재무상 콜베르(Colbert)는 왕실제조창(Manufacture Royale)이라는 이름을 붙여서 당시 잘 나가던 몇 개 분야를 국가에서 직접 운영하였다. 따라서 민간기업에 떨어지는 제조업은 규모가 작고 제품의 질은 우수해야한다. 우리가 예전에 미국 서부영화를 보면 영화에 나오는 미희(美姬)들에게 갖다 주는 선물의 대부분이 프랑스제(製) 모자, 레이스, 장갑 등 프랑스 제품이다. 프랑스제품은 고급품으로 취급되고 있는데, 이것은 산업구조상 자연 발생적으로 생긴 가족기업 시스템의 결과라고 할 수 있다. 덧붙여 유럽인(프랑스, 독일, 스위스)들은 '자신이 맡은 일을 완벽하게 만들어야 속이 시원한 취향(goût des choses bien faites)' 또는 성향을 갖고 있다. 이곳 노동자들은 자신이 만든 제품을 마치 예술작품을 만들 듯하며 물건에 흠이 없이 완벽하게 만드는 것이 의무라고 생각할 정도로 완벽주의자들이다. 그렇기 때문에 이들을 아르티장(artisan- 장인(匠人))이라고 하며 장인정신을 높이 평가하는 것이다. 우리나라에서 피상적으로 알고 있는 — 즉 프랑스인들은 술과 여자를 너무 좋아하여 일은 적당히 하는 게으른 사람들이라는 인식은 수정을 받아야 할 것 같다.

프랑스의 기업은 소규모의 가족기업으로 흐트러져 있기 때문에 노동조합도 소수의 조합원을 가진 수많은 노조의 형태로 발전하였다. 사안에 따라서 우~ 몰렸다가 다시 흐트러지는 모습을 보이고 있는 것도 다 구조적 역사적 원인이 있어서 그러한 것이다. 프랑스 노동조합은 오직 근로자 이익 보호 면에서 철저하게 전문적이고(professionnal), 조직적인 미국의 노동조합과는 달리 때에 따라서는 정치세력으로 둔갑하고 불리하면 임금인상 등 노동조건의 개선을 요구하는 양면성을 보인다.

노조만 하더라도 공산당 계열의 노동총동맹(C.G.T. Confédération générale du travail)이 중심세력이지만 회비를 내는 정회원의 수는 상당히 유동적이다. 1936년 이른바 '인민전선(front populaire)' 시대에 정부의 한 축을 점유했던 C.G.T.의 회원 가입 수는 560만 명에 달하기도 했다. 물론 상황이 나빠지면 회원 수도 썰물처럼 빠져 나간다. 현재는 250만 명으로 단연 정부 제일의 대화(對話) 파트너로서 자리를 굳히고 있다. 세귀(G.Seguy)는 프랑스 노동자를 대변하는 대표로서 오히려 정부의 구애(求愛) 대상이 된다.

프랑스에는 이밖에 C.G.T.에서 분리해 나간 C.G.T.-F.O.(Force Ouvriere)라는 노동단체가 있고, 일이 시작될 때 '쉬드 아비아시옹' 에서 파업을 유발시킨 젊은 기능공 콜라(Jacques Collas)가 소속되어 있던 '기독교인 노동연합(C.F.T.C.-Confédération française des travailleurs chrétiens)', 또 작지만 여러 가지로 긍정적인 역할을 하는 '중견간부 모임(C.G.C.-Confédération Générale des Cadres)' 이 있다. 이들 노동조합의 특징은 노동문제가 발생하여 조합원이 길거리로 나서면 회원가입이 약간씩 늘어나다 사건이 종결되면 회원이 빠져 나간다는 재미있는 모습을 보인다.

공산당 계열(系列)의 C.G.T.는 역사가 가장 길고 투쟁사도 찬란하기 때문에 프랑스 노동조합을 대표한다. 이러한 역사적 이유에 더하여, 60년대 경제구조는 조합원을 늘리도록 되어 있었다. 구조가 제조업 중심으로 되어있어서 활동인구의 35%가 제조업에 종사하였다는 사실이다. 임금 근로자 2명 중 한 명이 생산직 근로자였는데 당시는 공장의 제조공정(工程)이 자동화가 되어있지 않고 근로자가 생산라인에 죽 서서 똑같은 동작을 반복하는 그런 시대였다. 이른바 테일러시스템(Taylor system 작업의 과학적, 시간적 관리를 꾀하는 제도)이 도입되어 근로자들은 그야말로 눈코 뜰 새 없이 물건을 만들어 냈었다. 자동차, 면방직, 나일론사 등 수 많은 공장이 이런 형태를 보이고 있었는데, 사람들은 일자리가 있고 1년에 X %씩 임금이 오르고 특히 유급 바캉스가 있다는 점에서 이렇게 힘든 일을 마다하지 않고 열심히 했다. 그런데 어느 날 갑자기 이런 근로자들의 노동이 기계처럼 움직이는 노예들의 움직임과 별반 다를 것이 없다는 지적이 사상가, 철학자, 작가 등에 의하여 제기되었다. 알베르 카뮈(A. Camus)와 같은 작가의 매일 반복하는 근로자의 일과 묘사(日課 描寫)는 — 8시 기상, 12시 점심, 4시 커피타임(pause café), 6시 퇴근 — 사람들에게 많은 것을 생각하도록 했다. 단순노동의 반복으로 하루하루를 보내는 또 한 예로서 지하철 입구에서 표에 구멍을 뚫어주고 승객을 통과시키는 직업을 가진 근로자의 이야기가 언론에서 취급되기 시작하던 때이다. 즉 이런 단순노동을 1년 365일을 하는 근로자의 심리에 균열이 생길 수 있다는 주장이다. 그로부터 현재 우리나라 전철에서도 사용하는 무인통과기가 발명되었다. 60년대는 노동자들이 신분상의 자각을 깨닫기 시작하는 시기이고, 이것이 학생들이 외치는 '무조건 해방' 운동과 구태여 연계 짓는다면 맥을 같이 하였다. 근로자 시위에서 세계 공통적으로 제일 먼저 내세우는 것이 임금인상인데, 당시 프랑스 노동계는 지속적인 경제성장에 힘입어 모두 수긍할 정도의 보수를 받고 있었다. 그러나 받는 사람들의 욕심은 한이 없는 것인가? 주면 줄수록 더 많은 것을 요구했다. 상식적으로 생각하여 조금 지나치지 않은가 하고 의문이 들 정도의 대폭 임금 인상을 요구하였던 것이다. 남, 여 근로자의 임금상의 차별금지, 이민 근로자의 대우 개선 등 매일 같이 거리를 행진하는 근로자들의 플래카드에는 새로운 요구가 하나씩 더해 갔다. 산발적으로 거의 15일 이상을 파리시내와 전국에서 근로자들의 시위가 벌어졌는데, 학생들의 장난(chienlit)으로 시작된 근로자 파업데모는 어떤 구체적이고 제한된 요구를 내세웠다기보다는 노동의 조건에 관한 전반적인 문제가 포괄되었고, 또 한 분야(secteur)에서 특수한 문제를 걸고 일어난 데모가 아니고, 전국에서 각기 다른 문제를 제시하고 나왔기 때문에 정부에서는 퐁피두 수상이 직접 나서기로 했다. 퐁피두 수상은 원래 로칠드 은행(Banque de Rotschild)의 지배인(fondé de pouvoir)이었는데 드골이 주위 사람들에게 '읽고 쓸 줄 아는 사람 하나'를 추천하라고 하여 대통령 비서실장이 된 사람이다. 드골은 자신이 장대한 고전적인 문장을 구사하기 때문에 공화국 대통령의 비서실장에는 그에 걸맞는 인물을 발탁하고 싶었던 것이다. 그는 비록 은행에서 중요 직책을 갖고 있었지만 '아그레제(agrégé-교수자격시험합격자)'로서 고등학교 교수를 거친 프랑스 톱클래스의 인텔리였다. 그는 부드럽고 자상한 목소리에 난롯가의 방담(causerie au près du feu)을 하듯 아무리 어려운 성격의 이야기를 하더라도 상대방에게 따듯함을 주면서 설득력을 발휘하는 특별한 사람이었다. 또한 그의 끈기는 가히 전설적(légendaire)이라 하였다.

근로자들이 산발적으로 매일 같이 전국을 휘젓고 다니며 시위를 하게 되자 정부는 이것을 정권의 차원에서 접근하지 않을 수 없었다. 따라서 퐁피두수상이 나선 것이다. 수상과 대화의 상대자로 그동안 별로 두각을 나타내지 못하던 노동총동맹(C.G.T.) 대표 세귀(G.Seguy)

가 마주 앉았다. 거의 10여 년의 지속적인 성장과 근로자의 처우개선으로 인해 노동조합이 격렬한 시위를 벌일 이유도, 계제도 없었기 때문에, 아무리 공산당을 등에 업고 있는 C.G.T.도 국가적으로 주목을 끌만한 사건을 일으키지 못하고 있었다. 따라서 C.G.T. 대표는 지명도도 전임자보다 떨어져 있었다. 그러나 그가 갑자기 퐁피두 수상과 마주 앉아 국가 차원의 제(諸) 문제(問題)(노동)를 가지고 협상을 하는 협상가가 되었다는 점에서 프랑스는 새로운 시대를 맞이하고 있다는 인상을 국민에게 주었다. 그는 이제 800만이 넘는 파업근로자의 위임장을 손에 쥐고 있는 인물이 된 것이다.

협상은 5월 25일에서 27일까지 계속되었고 TV에서는 회의 진행을 중단 없이 내보냈는데, 우리를 놀라게 한 것은 이러한 장시간의 진 빠지는 회의에도 불구하고 협상가(協商家)들은 전혀 피곤한 기색을 보이지 않는다는 점이었다. 물론 프랑스인들은 보기보다 체력이 강하다는 것을 동료학생들을 통해 잘 알고 있었다. 나와 가까웠던 코르시카 출신의 학생이 시험 며칠 전에 폴리카피(polycopie, 교수 강의를 타자로 쳐서 제본한 강의록)를 빌려달라고 했는데 나도 시험 준비를 하니 2~3일 이상은 어렵다고 한 일이 있었다. 그는 문제없다고 가볍게 교재를 빌려가더니 이틀 후에 고맙다는 인사와 함께 책을 돌려주었다. 폴리카피는 과목당 보통 6~700 쪽이 넘으며 그것을 한번 자세히 소화하면서 읽으려면 나의 경우는 최소한 4~5일은 걸렸다. 그런데 프랑스 학생은 밤을 새면서 책을 거뜬히 공부하고 말짱하게 돌아와서 교재를 돌려주었다. 그때부터 프랑스인들이 유류와 육류를 섭취하면서 성장하였기 때문에 밥만 먹고 자란 우리 동양인에 비해 기초체력에서 상당히 앞서 있음을 확인할 수 있었다. 여하튼 '퐁피두' 와 그의 보좌관(퐁피두 옆에는 쟈느네(J.M. Jeannenay) 장관이 항상 배석하고 있었다. 이 사람은 프랑스 명문가 출신의 교수이자 행정가로서 모든 사람이 그를 어려워하는 깨끗한 신사였다. 그들은 하루, 이틀이 지나도 전혀 흐트러짐이 없이 근로자 대표와 협상을 진행하였다(드골은 對국민담화 때 퐁피두의 이러한 강건함에 뜨거운 찬사를 보냈었다.).

이 협상에서는 퐁피두가 특유의 온화한 —그러나 뼈대가 있는 성격을 통하여 상대방에게 국가적 이익의 필요성을 상기시키면서 대화를 끌어 나갔는데, 정부 측에서는 그때 1936년의 '인민전선' 때와 버금가는 양보를 해주었다. 퐁피두는 8~900만의 근로자 시위와 지나친 요구는 세계에서의 프랑스 위상을 격추시킨다는 것과, 당시 도가 넘치는 미국의 패권(霸權)(hegemony)에 강력한 이의를 제기하던 '드골'의 국제정책에 치명타를 줄 수 있다는 점을 강조하였다. 그러나 시위의 규모가 너무 컸기 때문에 정부는 그들의 요구를 거의 다 들어주었다. 기업체별(別) 임금 인상은 물론이고 기업 내에서의 노조의 자유스러운 활동과 노동시간의 단축(주 40시간) 등을 끌어냈다. 그리고 마지막으로(last but not least) 최저생계비를(600Fr.F. 당시 US.$120 정도 / SMIG- salaire minimum interprofessionel de ganantie) 단번에 무려 37% 인상할 것을 약속 받았다.

그르넬 협약(accord de Grenelle)이라고 불리는 이 협약은 1936년의 '인민전선' 때와 버금가는 유리한 조건이다. 수상관저가 있는 그르넬가(街)에서 퐁피두 수상과 직접 합의를 보았다고 하여 부쳐진 이 협약은, 프랑스 전체를 휩쓸고 있는 정치, 사회 불안에 종지부를 찍지는 못했다.

세귀 대표는 정부로부터 많은 양보를 얻어내어 협약을 성사시켰지만 5월 27일 파리교외 블로뉴 비양쿠르(Boulogne-billancourt)의 르노(Renault)차 공장에 모여 있던 각 노동조합 및 기업체 노조 대표들은 냉담했다. 정부와의 협상은 물거품으로 돌아간 것이다. 근로자들이 파업을 끝내고 사업장으로 돌아가기를 바라던 국민의 희망도 여지없이 무너졌다.

정국은 다시 혼미상태로 돌아간 채, 앞으로 무슨 일이 일어날 것인지 아무도 예측할 수 없었다. 여기저기서 정권교체의 소리가 들려오기 시작했다. 드골의 퇴진을 기대하는 것이다. 드골은 이제 끝났다고 하는 정객과 평론가들이 모습을 드러내기 시작했다.

1965년, 대통령 선거에서 드골이 재선출마를 했는데 그의 상대자로 나섰던 미테랑(François Mitterrand)이 거리에 모습을 보였다. 제4공화국의 노회한 정치가인 망데스 프랑스(Pierre Mendes France) 역시 드골 후계를 자처하고 나섰다. '프랑스 스와르(France Soir)', '피가로(Le Figaro)' 등 대형 일간지는 연일 그들의 사진을 전면에 게재했다. 언론은 드골 이후를 어떻게 요리할 것인가 그 방법도 가르쳐주었다. 즉 미테랑이 대통령이 되고 망데스 프랑스가 수상을 맡아야 한다는 것이다. 두 사람은 이러한 언론의 제안에 싫지 않은 모양이었고 특히 고무됐던 사람은 미테랑이었다. 그는 1965년 선거 당시 대통령 후보로 출마하여 드골과 같은 수준에서 선거운동을 하였다는 영광을 잡았던 사람이다. 과거가 분명하지 못했으며 드골을 독재자라고 몰아붙이면서도 선전문(宣傳文)에는 해방 후 드골의 막료 중 한 사람이었다고 적었다. 65년 선거 당시 그가 드골을 터무니없이 비판할 때, 많은 국민은 그의 몰염치한 태도에 격분했었다. 내가 알던 의과 대학생 한 명은 "만일 미테랑이 당선되면 그를 칼로 찔러 죽여 버리겠다."고까지 했다. 실제로 2차 대전 중 애매한 태도를 보이던 다를랑(Darlan) 제독은 '알제'(Alger)에서 연설 도중 학생에게 칼을 맞고 죽은 예도 있다. 그만큼 프랑스인들은 모두 개인주의자 같지만 애국심이 강하고 마음먹으면 실제로 실행에 옮기는 사람들이다.

그럼에도 불구하고 민심은 항상 이중성을 띄게 마련이다. 드골에 대한 국민의 존경과 충성은 전반적으로 훼손되지 않고 있었지만, 무엇인가 변화를 원하는 사람들도 항상 있게 마련이다. 65년 선거에서 드골은 43,70%의 득표율을 보였고 재투표(발로타쥬, ballotage)에서 당선되었었다. 당시 대통령 선거제도 하에서는 1차 투표에서 과반수 이상을 얻지 못하면 1등과 2등이 재투표를 하고, 여기에서 표를 많이 얻은 사람이 대통령으로 당선되도록 하는 제도였다.

드골이 미테랑이라는 의심스러운 선동가와 2차 투표까지 갔다는 사실 하나만으로도 많은 사람들은 충격을 받았었다. 반면에 미테랑은 이제 자신이 드골이라는 위대한 난공불락의 인물과 맞수가 됐다는 사실 하나만으로도, 단번에 국가적 인물로 승격하게 된 것이다. 그는 그 후 '대통령 병'에 걸린 사람처럼 틈만 나면 드골을 비판했는데, 드골은 물론 상대해주지 않았고 무시하는 것으로 일관하였었다. 이 발로타쥬는 드골에게 있어서 참을 수 없는 모욕이었다. 그는 내심 선거를 포기하고 싶었겠지만 막강한 그의 참모진과 막료들이 2차 투표를 적극적으로 준비하였다. 당시의 인심 역시 두 갈래로 갈렸었는데 국민의 약 절반가량은 드골에게 포기할 수는 없다며 흥분했었다. 그에 비하여 일부 몰지각한 사람들은 '10년은 너무 길다. 무조건 바꾸어야 한다'는 주장을 했다. 당시 국영 TV의 여자 아나운서였던 안느 마리 페이송(Anne Marie Peysson)은 TV에 나와서 틈만 나면 드골이 발로타쥬(Ballotage)에 걸렸다고 하면서 마치 드골이 과반수의 득표에 실패한 것을 기뻐하기라도 하는 듯한 어조로 자주 되풀이하여 많은 사람의 눈살을 찌푸리게 했었다. 그러나 사실은 사실이기 때문에 드골은 어쩔 수 없이 정직하지 못한 사람으로 인식되고 각인된 미테랑과 2차 투표를 위한 선거전에 또 한번 나서야 했다. 그의 참모진은 "장군님 싸움터에 나서야 합니다(Il faut descendre dans l' arene)."라고 하며 밀어붙였고, 특히 드브레(M. Debré) 같은 애국심이 강한 사람들이 적극적이었다.

이러한 정치적 배경을 갖고 있는 상태에서 전국이 무정부 상태에 빠져들었고, 아무리 진지한 협상을 통하여 시위꾼들의 요구를 들어주어도 군중은 해산하지 않았다. 언론, 여론, 분위기 등이 다른 대안을 찾는 쪽으로 바뀌어 버린 것이다. 이제 드골은 물러나야 하고 사람들은 새 시대를 꿈꾸려 하고 있었다. 이러한 불확실한 분위기에 불을 지른 사람이 또 한 명 있었다. 그는 드골 정부에서 재무장관을 지냈던 지스카르 데스텡(Valéry Giscard D' Estaing)이라는 젊은 재주꾼이다. 이 사람은 젊은 나이에 장관이 되었는데, 처음에 '드골' 이 그의 임명을 상당히 주저했던 것으로 알려져 있다. 후견인이었던 원로 정치가 앙트완느 피네(Antoine Pinay)가 그를 적극 추천하는 바람에 드골은 받아들이기는 했으나, 그의 능력에 한계가 있다고 판단, 해임시킨 일이 있다. 파리 이공과 대학(폴리테크닉)과 국립행정학교(E.N.A.)를 나온 수재인데 재주가 앞서는 사람으로서 교만하기까지 하였다. 모든 사람보다 우월하다고 믿는 사람으로, 경망스러운 모습을 갖고 있었던 것이다. 실제로 대통령을 시험으로 뽑는다면 아마 그는 무시 못할 후보가 될 정도로 머리가 비상한 인물이다. 그러나 드골은 재능도 중요하지만 사물을 넓고 깊게 보는 능력이 있는 사람을 선호하는 경향이 있었다. 바꾸어 말하면 드골과 함께 일하던 막료들은 모두 의리로 뭉쳐있는 사람들이었다. 여기에서 자신을 앞세우는 사람은 이른바 '골리스트(Gaulliste-드골주의자)'의 자격이 없는 것이다. 지스카르 데스텡은 자신이 너무 영리한 사람이라고 믿었기 때문에 나머지 그룹과 하나가 되어 국가이익을 위해 헌신하는 모습을 보이지 못했다. 이들과 팀워크(teamwork)를 거부한 것이다. 더욱이 그가 아무리 두뇌가 좋은 사람이라 하더라도, 경제를 운영함에 있어서는 학교에서 일등만 하는 수재들이 갖는 그 이상의 무엇이 있어야 했는데, 지스카르 데스텡은 실제 경제정책을 운영함에 있어서 역량을 보여주지 못했었다. 그는 경제가 활력을 갖고 성장할 수 있도록 하는 비전이 부족했고, 사물을 종합적으로 관찰하여 그로부터 가장 바람직한 전망을 도출해 내는 능력을 갖지 못한 채 경제안정책에만 매달렸었기 때문에 1968년 학생들이 여학생 기숙사 문제로 소요를 일으킬 때 프랑스 사회의 저변(底邊)에는 경제가 활력을 잃어가면서 근로자들이 불안감을 갖기 시작했다. 좌우간 드골정부에서 퇴출당한 지스카르 데스텡이 미테랑과 '망데스 프랑스'의 무언(無言)의 군중 선동에서 기선을 제압하려는 듯 "드골은 이제 물러가야 한다"라는 폭탄선언을 하였다. 젊은 장관 출신이 이런 성명을 뱉을 때 사람들은 그 참신성보다는 의리로 굳게 결속되어 있는 '골리스트' 사이에 균열이 일어나고 있는 것이 아닌가 하고 불안해 했다. 젊은 지스카르 데스텡은 국민이 새로운 인물을 원한다고 착각을 하고 있었다.

이렇게 정국이 3파전을 벌일 때, 시위 초기부터 아무 역할을 하지 못하고 마치 기습이라도 당한 것처럼 얼떨떨해 하던 공산당과 총노동동맹(C.G.T.)이 사회당 계열의 미테랑에게 접근하였다. 그러나 미테랑은 이제 그들이 필요 없었다. '떨어진 사과를 줍기만 하면 된다.'는 생각에 그들의 협력 제안을 거절한 것이다. 지스카르 데스텡은 원래 대학 졸업 후 재무성 관리로 있다가 장관이 되었던 사람이었기 때문에 뚜렷한 자기 정치세력을 구성하지 못하고 있었다. 그러나 여론은 최소한 세 명 가운데 한 사람이 차기 대통령이 될 것이라고 점쳤고, 정치인들은 이해득실을 따져 이들 세 명 중 한 명에게 접근하였다. 1958년부터 프랑스와 세계에 '정치는 이렇게 하는 것이다' 라는 교훈을 보여주던 드골의 시대도 지나는 것 같았다.

大家의 솜씨(Un coup de maître)

국가에 정부는 있지만 언론, 여론, 직업정치꾼, 그리고 사익에 눈이 어두운 야심가가 이제 한 시대는 끝났다고 생각하였을 때 그들은 중요한 한 가지 사실을 간과하고 있었다. 노조와 학생, 부랑자들이 거리를 점령한 그 사실 하나만 가지고 프랑스라는 나라는 이제 주인 없는 무주공산이 되어 버렸고, 이것을 먼저 차지하는 사람이 임자라고 결론 내렸다면 사람들은 프랑스 역사상, 그리고 세계 역사상 누구보다도 인내심이 있고 통찰력과 결단력이 있으며 전술과 전략을 세계차원에서 구상하고 액션을 취하는 거목(巨木)이 존재하고 있다는 사실을 간과했다. 잡상인 같은 정상배와 군중심리에 따라 이리 몰리고 저리 몰리던 민중들은 나라가 위기에 처했을 때 자신이 프랑스의 화신이 되어 책임을 짊어지고 최후의 승리까지 끈기 있게 밀고나가는 애국자가 버젓이 존재한다는 사실을 잠깐 깜박했었다. 한마디로 프랑스는 폭우가 쏟아지는 파도 속에서 일엽편주와 같은 나라를 안전한 항구로 인도할 수 있는 용기 있는 선장이 아직 건재하고 있다는 사실을 잠깐 잊고 있었다.

여학생 기숙사 문제로 시작하여 근로자의 파업 및 국가 전체의 정치가 마비상태로 되기까지 1개월 여, 드골은 5공화국 헌법정신에 따라, 그리고 그 자신의 통치 스타일에 따라, 자질구레한 일상적인 사건은 정부 수반 — 수상에게 일임하고 있었다. 낭테르대학에서 학생동요가 일어날 때에는 문교장관에게 책임을 맡기는 한편 사태의 추이를 예리하게 관찰하고 있었다. 역사는 변한다는 것도 느끼는 듯했다. 남학생들이 여학생기숙사의 자유로운 출입을 요구하자 "남학생들이 여학생을 방에서 맞아들이더니, 이제는 여학생이 정부(情夫)를 방으로 들여놓겠다는 것인가?" 하고 장관들에게 물었다. 학생들의 소요가 도를 지나쳐 '소르본느'를 점령한 다음 독일인 유학생 콘 벤디트가 총장과 마주앉아 대학 폐쇄를 해제할 것을 요구했고, 수상 퐁피두가 이를 받아들여 소르본느 문을 다시 열어주자 드골은 퐁피두 수상을 향하여 말하기를 "이것은 드골 방식이 아닌데!" 하였다. 학교를 다시 열어놓자 이제 소르본느는 온갖 잡스러운 좌파단체의 합숙소가 되었고 수업은 생각할 수도 없는, 운동꾼들의 해방구(解放區)가 되어버렸다. 학생들이 의기충천하여 혁명놀이를 하고, 남, 여학생들이 혼숙을 하면서 에드몽 로스탕(Edmond Rostant)광장과 게 뤼삭(rue Gay-Lussac), 팡테옹(Le Panthéon)에서 룩상부르 공원으로 내려가는 수플로(rue soufflot)가(街)와 셍미셸 거리 등의 길에서 뜯어 낸 돌과 기타 철물, 자동차 등으로 바리게이트를 치자 드골은 격분하면서 "개혁은 가능하지만 장난(chienlit)은 안 된다"고 단호히 말했다. 1939년, 독일의 판체르(panzer) 전차부대에 프랑스를 내어주고 국민을 5년간 속박 속에서 지내도록 하는데 일차적인 책임이 있는 직업정치인들의 음모와 갈등, 이합집산, 야합 등이 2차 대전 패전의 근본적인 원인이었는데, 지금 드골의 앞에는 또다시 이들 직업정치꾼들이 고개를 들고 정권을 먼저 손에 쥐겠다고 신문기자의 카메라 앞에서 어른거리고 있는 것이다. 드골은 퐁피두가 밤새워 노동조합 대표와 협상할 때나 이들이 이른바 그르넬 협정(accord de Grenelle)에 사인을 하고 난 뒤에도 그것에 관하여 일언반구도 없었다. 퐁피두에게 수고했다는 위로의 말도 없었다. 오히려 그는 내심 퐁피두에게 불만을 갖고 있었다. 이런 종류의 거리의 폭도들은 조기에 확실히 진압해야 한다는 것이 그의 생각이었는데 퐁피두는 과격한 타격보다는 시간을 끌면서 상대를 설득하여야 한다고 생각했다.

정부로부터 1936년 '인민전선(人民戰線)' 때의 양보보다도 더 큰 것을 얻어냈다는 사실에 득의만면하여 세귀 대표는 협약문(協約文)을 들고 근로자 대표들이 모여 있는 블로뉴 비양꾸르(Boulogne-billancourt)의 르노(Renault)자동차 공장 문을 들어섰다. 모여 있던 각 노동조합 및 기업체 대표들로부터 열렬한 환호가 터져 나올 것으로 기대했던 세귀 대표는 불만에 찬 야지의 세례를 받고 기가 죽어버렸다. 그리고 이 협정은 노동조합에 의하여 보이콧 당하였다. 한달 여의 소요에 종지부를 찍을 것으로 기대했던 정부, 노조, 국민 모두가 실망했고 나라는 어수선한 상태에서 끝이 보이지 않는 무정부 상태로 남았다. 프랑스 국민은 구국(救國)의 영웅 드골을 쫓아내려는 것인가? 그가 무엇을 잘못했나?

드골 자신도 마음이 몹시 상했다. 그는 일정이 잡혀있던 루마니아 대통령 방문을 예정보다 일찍 끝내고 돌아왔다. 68년 5월 29일, 공산당과 C.G.T. 등 노동조합은 프랑스 대혁명의 상징적 장소인 바스티유(La Bastille) 광장에서 생라자르 역(gare St. Lazare)까지 시위를 계획했다. 드골은 아무 말도 없었고 퐁피두 정부 역시 대책 없이 사태의 추이를 바라보고만 있었다.

29일 즉 수요일은 내각회의가 정기적으로 열리는 날이다. 드골은 대통령 집무실에 전화를 걸고 몸이 불편하여 사저(私邸) 콜롱베(Colombey- les-Deux-Eglises)로 가서 쉬겠다고 했다. 내각회의 참석 불가를 말한 것이다. 사람들은 모두 그가 한달 여의 혼란에 심신이 피곤하여 휴식을 취하러 간 줄 알았고, 1945년 11월의 퇴임처럼 또다시 스스로 물러 날 계획을 숙고하러 내려간 줄 알았다.

항공관제탑으로부터 드골이 탄 헬리콥터는 '콜롱베'에 착륙하지 않았다는 전갈이 대통령 집무실과 정부에 전달되었다. 그가 탄 헬리콥터는 프랑스 어디에도 없었고 퐁피두 수상을 비롯한 그의 막료들, 측근 중의 측근들도 그의 행방에 관해 어떤 정보도 갖고 있지 못했다.

드골은 프랑스로부터 사라졌다. 그는 아무에게도 알리지 않고 잠적해버린 것이다. 대통령의 거취는 항상 정부당국에 알려야하는 데도 그는 완전히 증발해버린 것이다. 만일 이 때에 헌법위원회가 소집되어 현직 대통령의 이유 없는 사라짐을 놓고 후임자(임시 대통령)를 정한 다음 이를 공포하면 새로운 대통령이 탄생하게 되는 것이다.

드골은 레이더에 잡히지 않게끔 헬리콥터를 낮게 띄우게 하고는 독일의 바덴바덴(Baden-baden)으로 날아갔다. 그곳의 프랑스 주둔군 사령관인 마쉬(Massu) 장군과 마주하고 앉아 있는 것이다. 이 두 사람이 무슨 대화를 나누었는지 — 그것은 아직도 알려지지 않고 있다 — 다만 마쉬 장군은 여행으로 지친 드골부부에게 힘을 돋우며 바로 돌아가서 일처리를 끝내라는 당부를 한 것으로 알려졌다.

드골부부는 1시간 여 그와 대담을 나눈 뒤 다시 헬리콥터를 탔고 '콜롱베' 로 돌아와서 다음 날(30일) 내각회의가 있을 것이라고 통고하였다. 그가 바덴바덴에 있던 29일의 공산당 시위는 드골이 행방불명이 된 가운데 진행되었기 때문에 표적을 상실한 맥빠진 행사가 되고 말았다. 프랑스에서는 그가 마쉬 장군을 만나러 갔다는 사실이 입소문으로 전국에 퍼지면서 사람들은 그가 군대를 끌고 들어와 폭도를 진압할 것이라는 소문이 퍼졌다. 드골이라는 인물에게는 모든 것이 가능했기 때문에 나온 추측이다. 그는 필요한 때에 주저 없이 무력을 사용할 수 있는 인물이고, 그것도 아주 강력한 진압을 할 수 있는 인물이었기 때문이다.

이 사건에서 자존심이 상한 사람이 또 있다면 그것은 누구보다도 퐁피두 수상이었다. 수상은 정부 수반으로서 국가에서 일어나는 모든 사건 — 대통령의 거취 — 도 알아야 할 권리가 있다. 그보다도 퐁피두 수상을 실망시킨 것은 대통령이 무슨 결단을 내리던 간에 자신에게만은 귀띔이라도 해주어야 하는 것이 도리라고 생각했다. 퐁피두가 누구인가? 그는 드골을 누구보다도 존경하였다. 드골을 가까이 해본 사람, 그를 멀리서 바라보기만 한 사람, 모두 드골이라는 인물에 매료되었고 조건 없는 충성을 맹세하였었다. 퐁피두는 로칠드 은행 책임자로 있으면서 드골이 개선장군으로 개선문에서 샹젤리제 대로를 참모들과 어깨를 같이 하고 걸어서 내려갈 때, 연도에서 수많은 군중 속에 끼어 그의 늠름한 행진을 부러워하며 쳐다보고 있었다고 한다. 그는 드골이라는 인물이 그가 공부했던 역사의 위인 중에서도 가장 모범이 되는 인물로 생각했었다. 그러던 차에 자기를 비서실장으로 임명하자, 정말로 열심히 일했다. 그는 또 능력도 많은 사람이었다. 드골의 바롱(baron–측근)을 물리치고 일약 수상으로 발탁되었을 때 자기의 능력을 아낌없이 발휘하였고 드골의 정책과 구상을 실제로 옮기는데 한 치의 빈틈도 없이 충실히 일했다. 그는 충성심 바로 그 자체였고 인간적으로도 드골이라는 인물에 밀착되어 있었다. 그런 그에게 드골이 행방을 알리지 않고 국가에서 사라져버리자, 자존심에 상당히 상처를 입었다. 드골이 30일 대통령 궁에 돌아왔는데 퐁피두는 드골에게 사임하겠다고 말했다. 그러자 드골은 "무엇이라고요? 그렇다면 같이 그만둡시다."라며 퐁피두의 말문을 막았다.

드골이 파리로 돌아오자 많은 사람들은 안도의 숨을 쉬었다. 다른 한편 드골이 물러나기를 바랐던 일부 정치인들은 그가 1945년에 했던 것과 같이 스스로 물러난다는 성명이 있을 것을 기대하고 있었다. 그의 후계자로 자처하던 미테랑은 임시정부를 세울 것을 제안하기도 했다. 많은 사람들이 드골의 퇴진을 기정사실처럼 생각했고 그가 23년 전의 전례(前例)를 따를 것이라고 기대했다. 이들은 그의 발표문을 초조하게 기다리고 있었다.

30일 대통령이 성명을 발표할 것이라는 예고가 있었다. 텔레비전 방송국은 내부세력에 의해 기능이 마비되었기 때문에 텔레비전을 이용하지 못하고 라디오로 방송한다고 했다. 모두 긴장했다. 드골과 라디오는 숙명적인 관계가 있는 듯했다. 독일 침공을 받고, "프랑스 전쟁은 끝나지 않았으니 모두 나의 부름에 답해 달라"고 했던 것도 라디오 방송을 통해서였다. 이것이 그 유명한 6월 18일 방송이다. 그러나 다른 한편, 드골 지지파(Gaullist)들은 이렇게 주저앉지 않겠다는 태세였다. 이들로부터 어떤 움직임이 있음이 감지되었다. 당시 드골은 온 국민의(부정적인 소수를 제외하고) 추앙을 받고 있었다. 앙드레 말로

(André Malraux)는 "골리스트(Gaulliste)와 공산당 사이에는 아무것도 없다"라고 단언하였다. 즉 프랑스에서 공산주의자를 빼면 모두 드골 지지자라는 뜻이겠다. 프랑스인들이 그를 그렇게 존경했던 것은 물론 그의 끝없는 애국심과 지도력(카리스마)이 직접적인 동기가 되겠으나 그밖에도 그가 이른바 청렴결백하고 공명정대한 사람(l' homme d' une parfaite intégrité - 완전무결하게 정직하고 공과 사를 분명히 가린다는)이라는 데에 있다. 공금(公金)으로는 개인적으로 읽는 신문 하나까지도 사용하지 않는다는 철저한 양심 때문이다. 그렇기 때문에 이런 애국자가 하잘 것 없는 이유를 들고 나온 학생, 그리고 그것을 이용한 근로자들에 의하여 퇴진 당한다는 것에 울분을 표하는 사람들도 많이 있었다.

이렇게 프랑스 전체가 일종의 긴장감 속에서 그의 라디오 방송을 기다리고 있었다. 우리는 모두 오후 라디오 앞에 앉았다. 물러나겠다는 성명을 발표할 것으로 예상한 만큼 사람들은 숨을 죽이고 있었다. 그러나 그의 우렁찬 "국민 여러분(Françaises, Français)" 하는 소리를 듣는 순간 그가 모든 것을 포기한 사람이 아니라는 것을 직감적으로 느꼈다. 그의 힘찬 목소리는 과거에 들어오던 바로 그 단호함이었다. 그는 "저는 물러나지 않습니다."라고 딱 잘라서 말하며 연설을 시작했다. "저는 국민으로부터 위임권(委任權)을 받았습니다. 저는 위임권을 끝까지 행사할 것입니다. 저는 수상을 경질하지 않습니다. 그는 능력과 강건함을 두루 갖춘 훌륭한 인물로 모든 사람의 존경을 받아 마땅합니다. 오늘 날짜로 의회를 해산(解散)합니다. 만일 이렇게 데모와 파업을 하여 강압적으로 긴장상태를 계속한다면 저는 공화국을 지키기 위하여, 헌법에 따라 투표 이외의 다른 방법도 취할 수 있음을 알려드립니다."

사람들은 한동안 말이 없었다. 이제 1개월여에 걸쳤던 무정부상태가 종지부를 찍는 순간이다. 그의 성명이 너무 분명하고 단호해서 정권교체를 꿈꾸던 야심가도 모두 꿀 먹은 벙어리가 되어 버렸다. 그는 때릴 때는 강하게 때렸다.

드골이 파리로 다시 돌아왔다는 소문이 퍼지던 30일 오후, 드골이 방송을 할 것이라는 예고가 나가자, 콩코르드(Concorde) 광장, 엥발리드(Invalides) 등에는 사람들이 하나 둘 모여들기 시작했다. 이들 모두 공화국이 이렇게 주저 물러앉을 수는 없다는 우국지사들이었다. 이들은 또 드골을 프랑스가 세계에 가장 자랑할 수 있는 유일한 정치지도자라고 굳게 믿고 있는 사람들이었다. 이 사람들은 공화국을 좀먹고 나라를 혼란에 빠뜨리려는 직업 정치꾼들을 경멸하는 사람들이다. 2차대전 때의 그들의 무책임한 행위를 잊지 않고 있는 사람들이다. 무엇보다도 애국자들이었다.

이 사람들이 누구의 지시도 없이 하나, 둘 모여들더니 곧이어 어마어마한 인파로 불어났다. 비슷한 시간에 드골의 라디오 방송이 있었고, 이를 전해들은 군중은 무서운 세(勢)로 불어났다. 그 넓은 샹젤리제 대로(大路)가 개선문(L' arc de triomphe)에서 콩코르드 광장까지 차도와 인도 모두 사람으로 꽉 메워졌다. 경찰 추산으로 백만 명이 넘는다고 했다. 경찰추산이 아니라 우리가 보기에도 백만 명이 훨씬 넘는 것 같았다. 이들 군중의 맨 앞에는 미셸 드브레, 앙드레 말로, 프랑스와 모리악과 같은 인물이 있었고, 그 밖에 낯익은 정치인, 지식인들이 있었다. 특히 에너지가 넘치는 미셸 드브레와 앙드레 말로는 두 주먹을 뿔끈 쥐어 보이면서 무엇인가 외치고 있었다. 사람들은 "드골은 혼자가 아니다. 우리가 그와 함께 간다."라고 외쳤다. "드골 만세" "공화국 만세"는 여기저기에서 터져 나왔다.

샹젤리제대로(大路)의 시위는 '훼방꾼' 들의 시위를 압도하고도 남았다. 기세등등하던 근로자들도 슬그머니 꼬리를 감추고 말았다. 프랑스는 이제 자기 본연의 모습을 되찾았다. 퇴물 정치인들의 선동이나 어설픈 좌파이론 신봉자들의 불법행위는 더 이상 용납되지 않았다. 프랑스가 자랑하는 과거의 평온과 질서와 분위기를 다시 찾았다.

후유증(le gachis)

드골은 마음이 상했다. 대수롭지 않게 생각하던 학생들의 소동이 한 달 이상을 끌고 전국의 근로자가 따라서 시위를 벌이며, 그가 일생동안 멸시하던 직업정치꾼들이 다시 정치무대에 고개를 내미는 모습에서 그는 실망 이상의 큰 상처를 입었다. 프랑스의 지위를 한껏 올려놓아서, 냉전이 진행 중일 때 동서 양대 세력의 조정자 역할을 하던 그의 국제적 위상에도 상당한 손상을 입었다. 그는 이제 근본적인 문제를 생각하게 된 듯하다. 즉 2차대전이 끝나자 영국에서 실시된 선거에서 처칠이 낙선하고, 정권이 보수당에서 진보당으로 바뀌는 것을 보면서 그는 역사의 흐름에 관한 한 심각한 성찰을 하였었다. 2차 대전 중 가장 카리스마가 넘치던 윈스턴 처칠(W. Churchill)이 일개 야인이 되어 파리에 들렀을 때, 드골은 그에게 점심대접을 했었다. 피차 여러 가지 회한이 머리를 스쳐갔겠지만 진정한 영웅들이었던 이 두 사람의 생각은 하나로 모아졌었다. 그것은 풀르다르크(Plutarque)가 뱉는 다음과 같은 말이다. "배은망덕은 위대한 국민이 갖는 징표다" 영국을 지옥에서 구한 처칠을 국민들은 전쟁이 끝나자 헌신짝처럼 버렸다. 프랑스를 패전국에서 승전국으로, 그리고 60년대의 세계 조정자의 위치로 옮겨놓은 프랑스에서 이제 드골에 싫증을 느끼고 많은 사람들이 무엇인가 변화를 기대하는 것 같다. 그러나 드골은 처칠처럼 국민의 투표에서 낙선하여 쫓겨날 위인은 아니다. 그는 물론 그의 경우를 놓고 또 한 가지 지혜를 쌓았는지도 모르겠다. 1945년 11월, 스스로 국가수반 직을 떠나며 다음과 같이 말했었다. "내가 떠나야 한다면, 그것은 내가 원할 때, 내가 원하는 방식에 따라 스스로 떠날 것이다. 나는 그 어느 누구, 어떤 것에 의하여 밀려나지는 않겠다." 드골은 이 좌우명을 실천하려는 것인가?

그는 고대 그리스 희극의 에쉴르(Echyle-에케레우스)를 연설에서 즐겨 인용했었다. 다분히 극적인 연출(미장센느-mise en scene)에 따라 1개월 이상 전국을 소란스럽게 하던 무정부적 상황을 5분의 연설로 종지부를 찍었다. 단호한 입장 표명에 이은 100만 이상의 시위 즉 친 정부 시위가 무서울 정도로 샹젤리제 대로(大路)를 꽉 메우면서 드골 지지를 외쳤고 사태를 기적처럼 끝내버린 솜씨에는 모두 그저 어안이 벙벙할 따름이었다. 80을 눈앞에 둔 노인의 작품으로 보기에는 믿기지 않는 기가 막힌 작품(coup de maître)이었다.

그러나 드골은 기분 나빴다. 일생을 오로지 위대한 프랑스를 위하여 노심초사하던 그에게 있어서, 지난 1개월 동안의 무질서 내지 반항은 플르타르크의 명언과 처칠의 쓸쓸한 독백을 상기시켰을 것이다. 그는 이제 물러날 때가 됐다고 판단했고 '출구' 를 어떻게 우아하게 만들 것인가를 계획하고 하나씩 실천에 옮기게 된다.

그 첫 번째 조치는, 사건이 진정된 다음 개각을 단행하는 단계에서 시작된다. 그는 수상이던 퐁피두를 해임시키고 외무장관이던 꾸브 드 뮈르빌르(M. Couve de Murville)를 수상에 임명하는 일이었다. 이 조치는 모든 사람을 놀라게 했다. 시위를 해결하는 방법에 있어 드골과 퐁피두 사이에는 근본적인 작전상의 의견차이가 있었던 것은 사실이다. 드골이 곧장 강경진압을 주문했다면, 퐁피두는 온건한 방법으로 설득을 통한 해결을 끝까지 주장했었다. 전쟁이나 위기상태에서 효과적이고 결정적인 타격으로 끝을 보는 드골의 작전 스타일은 평화시(時), 그것도 학생과 근로자를 대상으로 구사해서는 안 된다는 퐁피두의 주장과는 매우 달랐다. 드골이 지시하면 일사천리로, 만장일치로 받아들여졌던 과거와는 달리, 이번에는 장관들도 드골의 지시를 적극적으로 따르지 않았다. 결과적으로 퐁피두의 위치만 강해졌다.

드골의 막료들이 일치단결하지 못했던 가장 중요한 원인은 세상이 변하고 있는데, 드골은 그것을 보려고도, 알려고도 하지 않는다는 데에서 찾을 수 있다. 즉 사람들은 이제 기존사회의 윤리적 구속과 종교적 교리에 사회전통의 기초를 둔 권위주의적 세계로부터 박차며 나오고 싶어 했던 것이다. 과거의 풍속에서 벗어나 개인주의적인 삶, 즉 어떠한 관습의 구속도 받지 않는 자유로운 삶을 살고 싶었던 것이다. 기숙사에서 남, 여 학생이 자유섹스를 원한 것이 구체적 표현이라면, 젊은이들은 모두 기성세대의 도덕적 감시나 구속을 거부하기에 이르렀다. 이러한 '사회 해방' 은 68년 전세계(全世界)를 휩쓸던 움직임이었고, 프랑스는 이 움직임에 대하여 둑을 쌓아놓고 막으려 했던 나라다. 국가가 그리고 사회가 이른바 '보수적' 이었고 오랜 시간 가톨릭 교리하에서 살아온 프랑스인으로 하여금 이러한 사회적 구속을 자연스럽게 받아들이게끔 조건화(conditionné)되었기 때문이다. 낭테르에서 소요가 시작되고 얼마 후, 당시 문교장관이던 알렝 페르피트가 내각회의에서 피임약을 자유판매 시키자는 제안을 하자 드골은 "사회보험에서 그것을 지불해주면 안됩니다. 프랑스인들이 보다 큰 자유를 원한다고 해서 그 비용을 국가가 보상해 줄 수는 없습니다."라고 하였다. 세상은 바야흐로 모든 문제를 개인이 선택하는 쪽으로 바뀌어 가는데, 드골을 위시한 많은 보수 세력은 세상이 타락하는 것으로 인식하고 있었다. '현재보다 옛날이 더 살기 좋았고 질서가 있었다.' 는 말은 그때나 지금이나 사람들의 입에 오르내리는 단골 메뉴다.

좌우간 이 68 학생 소요는 프랑스 사회가 과거로부터 벗어나려는 몸부림의 표현이었는데, 이것을 드골은 이해하지 못했다. 변화에 대한 처방으로는 드골보다 퐁피두 방식이 더 적절했고 진취적이었다.

드골의 개각은 우선 프랑스 내각 자체가 약화되었다는 인상을 심어주었다. 드골과 퐁피두가 각자 대통령과 수상으로 있으면서 내각을 구성했을 때 보여주던 단합된 모습에 이상이 생겼다. 확실히 꾸브 드 뮈르빌르는 유능한 사람이지만, 사람들에게는 각기 그 만의 장점과 단점이 있는 듯하다. 프랑스의 외무장관으로 전 세계를 누비고 다니던 꾸브 드 뮈르빌이 퐁피두 자리에 앉게 되자 이 내각은 어딘지 모르게 짜임새가 부족함이 느껴졌다. 그도 그럴 것이, 프랑스인들은 지난 5년간 즉 정열적인 미셸 드브레 총리대신 퐁피두가 입각했을 때, 그리고 그가 정치에는 초년병이었다는 사실 때문에 그의 행위를 유심히 관찰하여 왔다. 그런데 의외로 친화력이 있고 일처리를 부드럽게 하면서 강한 성격의 드골 대통령과 조화를 잘 이루었다. 5년간 대과(大過) 없이 나라를 통치하던 그에게 프랑스인들은 상당히 습관이 되어 있었다. 드골과 퐁피두 그리고 열성적이고 충성심 많은 능력 있는 장관들이 모여서 하나의 팀을 만들어 5년여를 끌어왔던 터라 주역의 한 사람이던 퐁피두가 빠지자 내각은 어딘지 모르게 허술해진 것 같은 인상을 주었다. 또 드골로서는 이번 사태에서 누군가에게 책임을 물어야했는지도 모르겠다. 책임을 묻는다면 그것은 당연히 퐁피두의 몫이었다. 그는 드골의 지시를 적극적으로 이행하지 않으면서, 드골이 모든 장관에게 직접 내린 지시를 이행하는데 있어서도 소극적 태도로 임했다. 이 사건은 분명히 한 시대를 바꾸는 순간에 일어난 갈등이었고, 모든 사람이 그것을 이해했는데 드골만이 과거 '미풍양속'의 요새를 굳게 지키겠다는 정책으로 임했기 때문에, 궁극적(窮極的)인 책임은 결국 드골에게 있다고 볼 수도 있다.

이제 드골의 시대는 끝나가고 있었다. 그가 다른 정치가들과 구별되어야함은, 뒤늦게나마 깨달았다는 사실이고, 더 중요한 것은 자신이 이제 쓸모없는 사람이 됐다는 것을 인식했다는 사실이며, 더더욱 중요한 것은 그렇기 때문에 자기는 자기방식대로 물러나기로 결정한 것이다.

국민 투표(référendum)

그리하여 그는 명예로운 퇴진을 준비하는 작업에 들어갔다.

그가 국회를 해산하고 국회의원 재선거를 실시했는데, 국민은 드골의 정당인 공화국 수호연합(U.D.R.-pour la Union défense de la République)에 절대 다수의 표를 주었다. 총 의석 425석 가운데 350석을 여당이 차지하게 되었다. 비 공산당계 좌파, 공산당, 중도파들은 이 선거에서 참패하면서 의석수도 대폭 줄어들었다.

투표 결과를 놓고, 보통 정치인이라면 자신에 대한 신임으로 간주하고 남은 임기 4년을 조용히 채우고 물러났을 것이다.

그러나 드골이 일반 정치인과 다른 점은 바로 여기에 있었다. 그는 국회의원 선거에서 승리했다고 해서 만족해하며 자리를 지키는 평범한 사람이 아니었다. 비록 국민이 여당에 절대 다수 표를 몰아주었지만, 국민 개개인에게 자기에 대한 신임을 직접 묻고 싶어했다. 드골이 임기까지 계속 남아주기를 원하는지 직접 묻고 싶었던 것이다.

국민투표

이 국민투표는 제도 개선이라는 점이나 또는 국민의 신임을 묻는다는 점에서 필요 없는 투표였다. 그것을 드골도 알고 있었고 그의 막료들도 알고 있었다. 주변의 모든 사람이 그 불유불급(不要不急)성을 역설하고 드골을 만류했으나 듣지 않았다. 정치 운명 최후의 순간까지 자신에게 정직하고 국민에게 정직하고 싶어했다.

이 투표는 우선 국민에게 제시한 물음에서 명확하지가 못했다. 일반적으로 어떤 사안을 국민투표에 부칠 때, 그 제안에 대하여 가(可) 또는 부(否)로 답하도록 한다. 그리고 이런 제안은 역사적으로 보았을 때 집권세력이 자기의 권력의 정당성을 우회적으로 강요하는 경우가 대부분이다.

그런데 1969년 드골의 국민투표는 정권의 신임에 관한 것은 물론 아니었다. 그것은 이미 국회의원 총선에서 분명한 답을 얻었다. 4월 국민투표에서 제시한 물음은 우선 하나가 아니고 두 가지 아이템을 갖고 있었다. '상원(Sénat)의 개혁을 원하느냐' 가 그 하나고, 두 번째 물음은 '지방자치단체의 권한을 강화할 것이냐' 에 관한 것이었다. 우선 국민투표에서 두 가지 문제를 제시하고 답을 해달라는 것은 정상적인 것이 아니었고, 두 가지 제시된 문제에 있어서 국민이 어떤 명확한 답을 할 수가 없었다. 상원에 관한 문제는 프랑스 의회제도에서 상원(Sénat)이라는 기관이 갖는 특수성에 변화를 줄 것인가? 변화를 주자면 어떻게? 라는 질문이 내포되어 있다고 보아야 했는데 '각국은 그 나라에 필요하고 적절한 제도를 구비하고 있다(몽테스큐, Montesquieu)' 고 할 때, 프랑스 상원제도를 개혁하는 것에 관해서는 프랑스 법률학자들이 우선 그 필요성을 검토했어야 했다. 그런데 프랑스 상원은 간접 선출제도에 의해 선출된 의원으로서 프랑스 지방 유지(notable)들이 자신들의 인맥을 통하여 선출되는 기관이다. 그렇기 때문에 프랑스 상원을 가리켜, 사람들은 '농민의회' 라고 우스개 소리로 말하였다. 즉 농촌지구의 유지로서 상원의원이라는 '감투' 를 하나 쓰는 것인데, 실제로 이 기관은 프랑스 의회제도 내에서 구체적으로 어떤 역할을 하지는 않고 대부분 상징적인 존재로 남아 있었다. 이런 문제를 두고 개혁을 할 것인가 하는 질문을 할 때 누구도 명확히 가(可)나 부(否)를 답할 수 없다. 지방자치단체 권한의 강화 역시 프랑스는 이른바 지방마다 préfet(군수와 도지사의 중간 격)라는 제도가 있고 이 제도는 오랜 역사적 전통을 가지고 있으며 지방자치단체의 중추적 역할을 하고 있다. 그런데 이 제도를 더욱 강화시킨다고 한다면 그 한계를 어떻게 어디까지 두어야 하는지, 이 역시 법 이론가의 설명이 우선 필요한 물음이며 여기에 대해 선뜻 가(可)나 부(否)로 답하기가 어렵다. 제시된 물음이 애매모호하고 두 가지를 동시에 제시하게 되자, 프랑스인들은 깊이 생각해 보지도 않고 부(否)(no)로 기울었다. 더욱이 프랑스인들에게 있어서 '명확하지 않은 것은 프랑스 말이 아니다' 라는 확실한 믿음이 있는 터에 이렇게 애매하고 자기들 일상생활에 비추어 그리 중요한 것 같지도 않은 문제를 제시하며 국민투표를 실시하였으니 결과는 이미 결정된 것이나 마찬가지 였다. 그러나 드골은 투표 전날까지 TV에 출연하면서 국민을 향하여 "국민이 다수로

가(可)(oui)로 답해주면 그에 따라 성실히 일하겠다"고 했다.

국가이익보다는 일신의 영달과 사리사욕에 염치를 버린 퇴물 정치인들은 이제 자기네 세상이 다시 찾아올 것이라는 것을 알아차렸고 정권교체를 준비하기 시작했다. 이런 와중에 드골의 젊은 재무장관이었던 지스카르 데스텡이 또 한번 등뒤에서 칼을 뽑는 역할을 했다. 그는 국민에게 투표에서 반대를 하라는 선거운동을 적극적으로 하고 다녀서 많은 사람을 어리둥절하게 만들었다. 아마도 그의 피에는 이상한 피가 흐르는 듯했다. 여하튼 그의 반대운동은 투표에 큰 영향을 주었고 개표결과를 기다릴 필요도 없이 부결될 것이 확실해졌다. 전날 실시된 출구조사에서 부표(否票)가 53,2 %, 즉 과반수를 넘기며 국민투표를 부결시킬 것으로 나타났다. 그것을 읽고 있던 드골은 "이번에는 확실히 끝났네!"하였다고 한다. 다음 날 그도 '콜롱베'의 사저(私邸)에서 투표를 했고 저녁에 개표(開票)결과를 지켜보았다. 결과는 52.5%로 부결되었다. 프랑스 국민은 드골시대에 종지부를 찍은 것이다. 자정이 지나고 개표결과가 발표된 뒤 드골은 짤막한 성명을 발표했다. "나는 오늘 정오(월요일)를 기해 대통령 직무를 중단합니다. 이 결정은 오늘 정오를 기해 효력을 발휘합니다."

드골은 이렇게 프랑스 정계를 떠났다. 그는 자신이 원하는 시간에 자신이 원하던 방식에 따라 스스로 물러났다.

그는 이제 두 번째의 침묵과 고독 속에 잠긴다. TV의 결과를 보고 사저(私邸) '브와쓰리(La Boisserie)'에 눌러앉은 그는 외부와 거의 접촉을 끊었다. 뒤를 이을 대통령 선거기간에는 아일랜드로 여행을 떠났다. 선거가 진행되는 와중에 나라에 있음으로 인해서 후보들에게 영향을 주지 않고 완전 중립을 지키겠다는 뜻이겠다. 그 후 스페인을 잠깐 여행했는데 프랑코를 만난 자리에서는 자기 나이에 관해 몇 마디를 나누었다. 쉽게 말하여 "나도 이제 늙었다"라고 한 것이다.

그는 '희망의 회고록(mémoires d' espoir)'의 집필에 몰두하였고 과거의 참모들과도 거의 접촉을 갖지 않았다. 그가 가장 신임하던 꾸브 드 뮈르빌을 접견할 때에도 처남인 방드루(Jacques Vendroux)를 동석시켰다.

권력을 떠나서 유일하게 자기 속마음을 나누었던 이는 충신 중의 충신이던 앙드레 말로였다. 말로와 나누었던 장시간의 대화는 '참나무를 넘어뜨릴 때(Les chênes qu 'on abat……)' 라는 제하의 단행본으로 드골 서거 1년 후인 1971년에 출판되었다. 말로(Malraux)는 원래 이것을 자신의 '자서전(Antimémoirs)'의 한 장(章)으로 삽입하려다, 그 내용의 무게를 고려해서, 단행본으로 출간했다고 한다. 이렇게 고독 속에서 자신이 겪었던 여러 가지 사건을 씹으면서 외롭게 지내던 드골은 1970년 11월 서재에서 저녁시간을 기다리며 부인과 함께 있다, 갑자기 쓰러졌고 30분 뒤에 명을 달리하고 말았다. 그가 자신의 의사에 따라 1969년 4월에 정권을 떠난 후 2년을 넘기지 못하고 세상을 떠난 것이다.

그가 갑자기 서거하자 프랑스인들은 착잡한 심정에 빠져 있었다. 그의 죽음이 마치 자신들의 책임 때문은 아닌가 하는 살부(殺父)의 죄책감을 느꼈던 듯하다. 그의 장례식은 특별했다.

오래전에 자기 자신의 장례문제에 관해 짤막한 유언을 한 장 써 놓아 두었다. 자기가 세상을 떠나면 어떠한 종류의 공식적인 행사도 하지 말고, 동네에 있는 가족묘에 묻어달라는 것이다. 자기보다 앞서간 딸 안느(Anne)의 옆에 묻어달라는 것이다. 특히 정부 관계 인사 등 모든 공인의 참여를 삼가 달라고 했다. 장례식에는 전우(戰友)에 한해 참석해 주기를 바란다고 했다. 동네 청년들이 운구하여 관을 전차(戰車) 위에 올려 놓았다. 이 탱크는 요란한 소리를 내며 마을길을 지나 가족 묘지로 떠났다. 이렇게 가족과 동네 사람들만이 그의 마지막 순간을 지켜보았다.

전세계에서 모여든 국가 원수 급의 조문객들은 모두 파리의 노트르담므(Notre-Dame) 성당에 마련된 제단 앞에 묵념을 하는 것으로 만족해야 했다. 그는 떠날 때에도 국민에게 털끝만큼의 폐도 끼치지 않았다. 그는 마지막 순간까지도 완벽한 인격자(l' homme integre)로 남았었다.

"그의 죽음을 확인한 뒤 10분 만에 의사는 '브와쓰리(La Boisserie)' 문을 나섰고 철도원의 딸을 치료하러 갔다. 드골부인은 목공에게 장군의 손가락에서 결혼반지를 빼 달라고 부탁한다. 일이 끝나자 이 두 명의 목공은 급히 그 장소를 떠났는데, 플리크 부인의 남편인 농부 역시 세상을 떠났기 때문이다.

그 이튿날 장례식이 열리는 우중충한 아침에 울려 퍼지는 '콜롱베(Colombey-les-Deux-Eglises)' 의 종소리 밑으로 발걸음을 재촉했다. 프랑스의 모든 성당에서는 이· '콜롱베' 성당의 타종을 따르고 있었다. 그리고 내 기억으로는 '해방' 의 모든 종이 따르고 있었다. 나는 입관을 위하여 파놓은 땅을 내려다본다. 이곳 '콜롱베' 에 있는 역사도 없고 볼품도 없는 조그만 성당에서는 기사(騎士)(chevalier)의 장례식 절차에 따라 소교구의 신자들, 가족. 그리고 교단이 있다. 파리에서 방송되는 라디오에서는 '샹젤리제대로(大路)' — 그가 과거에 동료들과 같이 걸어 내려갔던 — 에 침묵 속에서 사람들이 모여들기 시작한다고 말한다. 이들은 비에 젖은 마그리뜨꽃(marguerite-데이지 꽃)을 개선문 뜰에 갖다 놓으려는 것이다. 이 꽃다발은 빅토르 위고(V.Hugo)가 서거한 이래 아직까지 한번도 헌화되지 않았었다. 이곳 '콜롱베'에는 가도(人道)를 군중이 가득 메웠고 해병들이 질서정리를 맡고 있다. 그러던 중 검은 숄을 두른 아주머니가 뛰어들며 외쳤다. 그녀는 코레즈(Corrèze)의 레지스탕트(résistante) 같은 모습이었다. "왜 우리가 그 뒤를 따르지 못하게 합니까?" 해병은 답했다. "모든 사람에게 같은 규칙을 지키도록 할 뿐입니다." 나는 해병의 어깨에 손을 얹고 말한다. "그 아주머니가 하고 싶은 대로 놓아두어야겠소. 아마 그것이 장군을 기쁘게 할 거요." 그는 아무 대답 없이 몸을 돌렸는데, 마치 넉넉지는 않지만 충성스러운 프랑스에게 '받들어 총'을 하는 것 같았다. 아주머니는 뛰쳐나와서 운구행렬 뒤를 따라 성당으로 향했다. 관이 얹혀있는 전차의 요란스러운 바퀴소리에 묻혀서."

앙드레 말로의 'Les chênes qu'on abat……. 中에서

신문에서는 물론 장례에 관한 보도를 하였는데 그 일면에 드골부인의 사진을 크게 실으면서 '부인은 품위(dignité)를 잃지 않았다.'고 보도했다. 부인은 장례식 내내 눈물을 참고 서 있었으며 그것이 프랑스 국가원수를 영별하는 당연한 태도이며, 조금도 흐트러짐이 없었음을 보도한 것이다.

부인은 사람들의 기억에서 드골의 서거가 멀어져 갈 때쯤, '콜롱베' 사저(私邸)를 모두 정리하고 양로원으로 들어갔다.

잡기장

파리의 하늘 밑

다시 찾은 나의 고향 서울

파리의 하늘 밑

나는 1970년 1월, 10년 동안 살던 파리를 뒤로 하고 무작정 귀국하였다. 내가 서울로 돌아가기로 결심한 것은 어떤 형태로든 당시의 나의 삶의 방식에 종지부를 찍어야 했기 때문이다.

1967년 여름, 내 의사와 관계없이 서울 나들이를 하고 파리로 다시 와서 지도교수와 면담을 가졌을 때, 그는 "정말 미안하다(Je suis navré)"라는 첫마디로 나를 맞이하였다. 그는 자기 학생이 불법적인 납치 사건의 희생자였다는 것에 당혹했던 듯했고, 또 자신이 아무런 도움도 주지 못한 것에 대한 무력감을 느끼지 않았나 싶다. 또 한편으로는 지도교수로서의 권위에도 약간의 상처를 입었던 것 같았다. 여하튼 그는 사후적(a posteriori)으로나마 나를 적극 도와주기로 마음먹고, 논문이 완성되었으면 인쇄하여 제출하라고 하였다.

그는 또한 나와 같은 '정치학생' 을 데리고 있기가 부담스럽다고 생각했었을 수도 있다. 진상이야 어떠하든 간에 교수의 입장에서 보면 나는 실질적으로 한국정부에 의하여 납치되었던 '정치학생' 에 틀림없다. 때문에 나를 빨리 졸업시켜서 손을 떼고 싶었을 수도 있다.

그렇게 하여 1968년 3월 소르본느 대학에서 박사학위 심사(soutenance)를 통과하였지만, 이 논문은 나에게 흡족할 만한 수준의 것이 되지 못했었다. 양적으로 볼 때나 질적으로 볼 때, 내가 계획했던 것의 절반 수준밖에 되지 않았다. 그렇지만 당시의 피곤한 심리상태에서 교수의 제안을 뿌리치고 일시 중단됐던 학업을 다시 시작할 정신적 여유가 생기지 않아서 일단 공부를 끝내기로 하였었다. 동백림 사건은 세상의 부조리(不條理)함을 나에게 체험시켜 주었고 나의 논문도 망쳐놓았다. 어쨌든 공식적으로 유학은 일단락을 지었으나, 귀국을 꺼리고 있었다.

그 당시만 하더라도 한국 유학생들은 외국에서 학위를 끝내면 금의환향하는 기분으로 곧바로 귀국하여, 혹은 대학에서, 혹은 연구소에서 자기의 전문지식을 뽐내며 현장에서 열심히 일할 때였다. 물론 집에서는 내가 돌아오기를 기다리고 있었다. 그러나 나는 귀국을 결정하지 못하고 세월을 보냈다. 귀국하지 않는 명분으로 내세운 것이 '에꼴 데 오뜨 제뛰드' (Ecole des Hautes Etudes)에서 두 번째 논문을 준비한다는 것이었으나 그보다 근본적인 이유는 한국에 가서 겪었던 아름답지 못한 기억이 나의 발목을 붙잡고 있었기 때문이다.

학위를 끝내고도 파리에 머물러 있으니까 대사관 사람들이 조바심을 냈다. 답답하기는 내가 더 했는데 걱정은 그들이 더 많이 했다. 장영사는 귀국을 적극 권유하였고, 직장을 잡는데 어려움이 있으면 정보부에 부이사관 급 자리를 마련해 줄 수 있다고도 하였다. '판당관' 이라는 직책이 있는데 외국에서 학위 끝내고 돌아 온 사람에게 위촉하는 자리라고 하였다.

그들이 나의 파리 체류를 왜 불안해했는지, 그 이유는 대강 짐작이 갔었다. 즉 내가 영문도 모르고 한국 정보부에게 행패를 당한 것, 어이없게도 공산주의자라는 누명을 썼다는 것, 은행(비록 '알바' 였지만)과 기숙사에서 쫓겨나서 문자 그대로 방랑자가 되어 버린 것에 앙심을 품고 북조선 사람들과 가까워지지 않을까 하고 염려했던 것 같다. 실제로 그 사건이 끝난 뒤에도, 파리에 있던 유학생 중 — 내가 아는 것만 해도 — 두 명이 평양으로 가버렸다. 그 당시 나는 남쪽도 북쪽도 다 싫었고, 북조선은 인간이 발명한 최악의 독재정권이라는 나의 생각에도 변함이 없었다.

나는 노트르 담므 데 샹 街(rure Notre-Dame des Champs)의 지붕 밑방에 자리를 잡았다. 집에서 나와 왼쪽으로 가면 뽀르 르와이얄(Port Royal)이 나왔고 오른쪽으로 가면 몽빠르나쓰(Montparnasse)가 나왔다. 지붕 밑 방은 좋게 말하여 망사르드(mansarde)지만, 우리들에게는 보통 '야네우라' 로 통했다. 이것은 원래 상주가정부 숙소(chambre des bonnes)다.

이 방들은 건물의 제일 위층을(대부분 7층) 차지하였고 복도 양쪽에 같은 크기의 방이 쪼르르 들어서 있다. 고급동네에 있는 야네우라에는 난방도 들어오고 방안에 수도가 있는 경우도 있다. 그러나 대부분의 경우는 난방 등의 편의시설이 없고 복도에 공동 화장실과 공동 수도가 있을 따름이다. 창문은 한 개인데 벽에 수직으로 붙어 있는 것이 아니라 지붕의 사선을 따라 위에서 아래로 비스듬히 붙어있다. 대개는 유리 한 장의 창문으로, 열 때에는 밑에서 위로 치켜 올리도록 되어 있고, 계속 열어 두고 싶으면 창문 밑에 달려 있는 기다란 고리에 몇 단계 걸칠 수 있는 장치가 있어서 원하는 만큼 열어 놓을 수 있다. 이 특이한 창문이 지붕 밑 방을 지붕 밑 방답게 만드는 것이다. 이 지붕 밑 방은 아래층에 있는 아파트에 한 개씩 부속된 것으로 원래의 용도는 아파트 거주자들의 상주(常住)가정부들을 위한 것이다. 외부인과 한 집에서 먹고 자는 생활을 하면 서로가 불편하므로 아예 독립을 시켜 놓고 낮에만 주인집에 가서 일을 하도록 한 시스템이다. 결과적으로 건물의 7층은 가정부들 끼리 모여 사는 공간이었었다. 승강기도 6층까지만 운행되고 7층에는 올라오지 않는다. 이 지붕 밑 방을 현대 건축가들이 좋아하여 멀쩡한 개인 주택에 이런 구조를 사용하는 것을 보면 사람에 따라 취향도 가지각색이라는 것을 알 수 있다. 건축가들은 빈 공간을 활용한다는 목적 외에 멋도 낸다고 이러한 설계를 하는 듯하다. 그러니까 우리가 샹송 '파리의 지붕 밑'(sous les toits de Paris)이나 영화 등을 통하여 낭만적인 장소로 막연히 알고 있는 이 좁은 방은 실제로는 불편하기 짝이 없는 곳이다.

세상이 바뀌고 인건비가 비싸지면서 상주(常住)가정부를 둘 수 없게 되다보니 아파트 주인 가운데 이 지붕 밑 방을 임대하는 경우가 생겼다. 그리하여 이 공간은 파리에 모여든 떠돌이 작가 지망생, 예술가, 학생, 사상가, 국제 룸펜 등이 차지하게 되었다.

파리의 명물 중의 하나인 이 지붕 밑 방은 무엇보다도 집세가 싸고, 완전한 독립이 보장된다는 데에 매력이 있다. 즉 입주자는 누구의 간섭도 않는다. 혼자 조용히 지내기를 좋아하는 신경이 예민한 사람에게 이곳은 자기만의 세계가 가능한 왕국이다. 물론 이 '궁전' 에는 독신자만 있는 것은 아니고, 가끔 젊은 부부도 있는데, 이들이 정식 결혼한 부부인지 또는 단순한 동거인지는 아무도 모르고 알 필요도 없다. 물리적으로는 불편하지만 이 작은 공간은 '먹물' 들에게 안성맞춤이다. 아마도 파리의 지붕 밑 방을 유명하게 만든 것은 샹송보다는 이곳을 거쳐 간 작가, 예술가 가운데 훗날 이름을 날린 사람들이 있었기 때문이 아닌가 하고 생각해 본다. 서울에서 학생 때 보았던 영화 중에 버트 랑카스터가 공중 곡예사(trapéziste)로 분장하여 지나 롤로브리지다와 연애하면서 창가에 걸터앉은 모습을 본 적이 있었는데, 이런 장면들이 이곳을 낭만적인 장소로 만들었다. 나는 낭만도 없고, 물론 작가나 예술가도 아니지만 경제 사정 등 여러 가지를 고려하여 여기에 자리 잡았다.

씨떼 학생 기숙사와 비교하여 볼 때 지붕 밑 방의 불편함이란 이루 말할 수 없었다. 특히 햇볕이 쪼이는 여름날에는 단열재도 없는 지붕에서 받은 열이 방에 직접 전달되어 방안이 용광로처럼 더워진다.

다행히 빠리는 평균적으로 여름에 햇볕이 귀하다. 대부분 부슬비가 내리거나, 햇볕이 나도 반짝 지나가고 만다. 물론 늘 이런 기후만 있는 것은 아니라서 어느 해는 여름에 폭염으로 아침부터 뜨거운 태양이 열을 발산시키는 경우도 있다. 이런 해에 수확한 포도로 담근 술은 고품질이 되며 수확년도는 포도주의 품질을 평가하는 기준이 된다. 빠리의 진풍경 중 하나는 사람들이 도심 한복판에서 시도 때도 없이 일광욕을 즐기는 모습이다. 빠리지엥들은 햇볕이 나면 그것을 놓칠세라 수영복을 입고 공원에 나간다. 한마디로 빠리의 날씨는 변덕스럽기 짝이 없다. 그렇기 때문에 프랑스인들이 신경질적이 아닐까 하고 우리들끼리 이야기를 나눈 적도 있다. 작가 손장순 씨는 빠리의 하루에는 사계절이 있다고 하였다.

그래도 파리가 좋은 것은, 이 도시에서는 집과 길거리, 아파트와 외부세계가 연결이 되어 있기 대문이다. 빠리지앵들은 도처에 있는 공원과 카페(café)를 참으로 편리하게 이용한다. 방이 더워서 앉아 있기 어려우면 르 · 몽드 일간지(Le Monde)와 골르와즈 담배(Gauloise) 한 갑을 들고 카페로 들어가서 자리를 잡으면 된다. 엑스프레스(express) 한잔을 시켜 놓고 신문을 처음부터 끝까지 읽으면 두세 시간을 거뜬히 보낼 수 있다. 르 · 몽드는 워낙 촘촘하게 기사가 씌어있어 읽을거리가 많기 때문이다. 때로는 센느 강변에 앉아 있으면 '사랑도 흐르지만' 시간도 흐른다.

뽀르 르와이얄에는 '끌로즈리 데 릴라(Closerie des lilas)' 라는 유명한 카페가 있었는데, 이곳은 문인들이 드나들던 곳이다. 내가 차 한잔 마시려고 자리에 앉았는데, 테이블 한쪽 구석에 앙드레 지드(André Gide)라는 이름이 새겨진 조그만 동판이 박혀 있었다. 작가들은 성격이 괴팍하여 비록 카페지만 자기만의 고정석을 정해놓고 있었다.

파리의 카페가 좋은 점은 일층에 위치하여 출입이 자유스럽고 번거롭지 않으며 일단 자리를 잡고 앉으면 아무도 관심을 갖지 않는다는데 있다. 웨이터(garçon)도 주문한 음료수를 놓고 가면 일체 눈길을 주지 않는다. 한번은 몽빠르나쓰의 카페에 커크 더글라스가 커피 한 잔을 시켜놓고 망중한을 즐기고 있었는데, 그에게 싸인해 달라고 달겨드는 사람이 아무도 없었다. 파리의 매력 중의 하나는 이렇게 남에게 폐를 끼치지 않으려는 것이 사람들의 몸에 배여 있다는 데에 있다.

거리를 걷다가, 또는 사람들이 모인 장소에서 남의 몸을 잘못 건드리면 즉시 "빠르동"(Pardon !) 하며 용서를 구한다. 이것은 가볍게 건드렸을 경우 자동적으로 나오는 용서 구하기인지라 빠리지앵들은 어떠한 접촉이 생겼던 간에 우선 "빠르동" 하고 본다. 만일 남을 좀 심하게 건드리면 그때는 "용서하십시오"(Excusez moi !) 하고 정식으로 사과를 한다. 예컨대 지하철에서 발을 밟거나, 팔로 치게 되면 이런 정중한 사과의 말이 곧바로 나온다. 빠리에서 오래 살다보면 남이 나를 건드렸을 때도 무의식적으로 내입에서 '빠르동' 이 자동적으로 튀어나온다. 이렇게 되면 이제 빠리지엥이 됐다는 증거로 볼 수 있다. 그들은 '폐를 끼친다' (déranger)라는 말을 참으로 자주 쓴다.

옛날 영화를 보면 가난한 작가가 카페에서 작품을 쓰고 있는 모습이 눈에 띄는데, 지금은 그런 모습을 볼 수 없지만 대화와 토론의 장소 등으로 다양하게 이용할 수 있는 곳이 카페다. 최근 '해리 포터' 공상 소설 시리즈로 유명세를 탄 조앤 K. 롤링(J. K. Rowling)이 카페에서 작품을 썼다고 하여 신문 잡지에서 화제 거리로 등장했는데, 빠리에서는 그것이 그렇게 특별한 사건은 되지 못한다.

나는 이렇게 지붕 밑 방에서 새 생활을 시작하고 시간을 보냈는데, 전혀 지루하지 않았고 세월이 어떻게 지나가는지 알 수가 없었다.마로니에 잎이 무성해지면 여름이고, 잎이 떨어지면 가을이었다. 부슬비가 내리고 안개가 끼면 겨울이었고, 부슬비는 계속 내리되 해가 일찍 뜨기 시작하면 봄이었다. 위도가 한국보다 훨씬 높아서 여름에는 밤 9시경까지 훤하고, 겨울에는 아침 9시가 되어도 어둑어둑하였다.

나는 1960년 1월에 파리에 도착했다. 아침 꽤 늦은 시간에 소르본느 대학 근처로 갔더니 어둠 속에 환하게 불이 켜져 있는 카페 안에서 학생들이 분주하게 왔다 갔다 하며 담배 피우고, 웃고, 떠들고 또 한 구석에서는 공부하는 모습도 보였는데 상당히 인상적이었다. 그곳에는 젊음과 활기와 희망이 있었다. 나른한 모습의 레지(lady ?)가 있고 패티 페이지類의 50년대 엘레지 음악이 흘러나오는 서울의 다방과는 전혀 다른 분위기였다. 이렇게 격의 없이 자유롭게 출입되던 카페는 70년대 후반부터 많이 달라졌음을 느낀다. 인정 많던 예전의 따듯한 맛이 사라지고 찬바람이 부는 가운데 상업성만 짙어진 무미건조한 장소가 되었다. 드나드는 손님도 과거의 학생, 원주민에서 관광객으로 많이 바뀐 것을 볼 수 있다.

내가 두 번째 논문을 준비하던 '에꼴 데 오뜨 제뛰드'(Ecole des Hautes Etudes, 이하 Hautes Etudes)는 특별한 학제를 갖고 있는 학교다. 이 학교는 원래 '소르본느 第6部'(sixième section de la Sorbonne)라고 불리던 곳으로서, 여기에는 특히 역사학, 인류학, 사회경제학, 사회학, 경제학과 같은 전통적이고 고전적인 사회과학분야에 강의가 개설되어 있다. 강의보다는 연구 중심 대학이라고 하는 것이 더 옳겠다. 왜냐하면 일반 강의도 없고 대형 강의실(cours magistral을 위한 amphithéâtre)도 없으며 각 전공분야에 책임교수(directeur d'études)만 한 사람씩 있다. 그런데 이 학교의 진가(眞價)는 이 지도교수들의 인물에 있다. 이들은 각기 자기 담당분야에 관한 한 세계 최고의 권위를 자랑할 수 있는 실력을 가진 사람들이다. 역사학의 M.블록(Marc Bloc), 사회경제사의 F. 브로델(F. Braudel), 사회학의 R. 아롱(R. Aron), 경제학의 A. 삐아띠에(A. Piatier), 인류학의 끌로드 레비 스트로스(C. Lévi-Strauss), 말랭보(Malinvaud) 등이 그들이다. 브로델은 일상생활과 관련이 있는 엄청난 자료를 수집, 분석하여, 지리와 경제사를 종합함으로서 자본주의 발달사를 일목요연하게 정리한 대가(大家)이다. 얼마 전 그가 서거하였을 때 프랑스 고등학교(Lycée)에서는 그를 애도하는 묵념을 올렸다는 소식을 들었다.

내가 귀국하여 대학교에 재직하고 있을 때, 대우학술재단의 사회과학 분야 고전 번역 대상에 E. 발라즈의 '천상의 관료제도'(E. Balazs : La Bureaucratie céleste)가 있었다. 그리고 '현대경제학의 아버지'라고 하는 L. 왈라스(Léon Walras- 레옹 발라, 또는 발라스로 발음하는 것이 옳음)의 '순수 경제학'도 포함되어 있었다. 이거야 내가 하여야 하지 않겠나 싶어서 동시에 두 책에 대한 번역 제안을 하였더니 L. 왈라스만 하라는 결정이 내려졌다. 이 책은 프랑스 출신 학자답게 꼼꼼하고 빈틈 없는 이론을 전개했기 때문에 상당한 시간과 노력을 요하였다. 그러나 이 학교 교수였던 E. 발라즈를 내 손으로 번역해 놓지 못한 것을 아직도 아쉽게 생각하고 있다.

이 학교 교수들로 구성된 필진의 논문을 모아 계간으로 발행하는데, 이것을 아날르(Annales)라 하였고, '아날학파'는 여기에서 유래한다. 내가 1950년대 말 서울에서 대학교를 다닐 때, 서양사의 민석홍 교수가 강의 도중 '아날학파'를 몇 차례 언급하였는데, 그때는 그것이 무슨 성격을 가진 학파인지 전혀 모르고 강의를 들었었다.

나는 궁여지책으로 책 읽는 습관을 다시 찾기 위하여 갈리마르(Gallimard) 출판사에서 발행하는 기획 출판물, 느와르 시리즈物(série noire)을 읽기도 하였다. 이것은 일종의 범죄 수사물로서 이야기가 재미있으니까 책에 몰두할 수가 있었다. 대부분의 경우 F.B.I. 또는 전직 F.B.I.로서 사립탐정이 된 사람들이 범죄조직을 추적, 소탕하는 이야기이다.

이 중 체니(P. Cheney)가 가장 재미있었는데 그의 화법이 익살스럽고 넉넉함이 있으며 이야기를 박력 있게 끌고 나갔다. 그의 작품을 모두 읽었고, 책방에서 찾을 수 없는 작품은 센느 강변의 헌책장사(bouquinistes)로부터 구한 것도 있다. 쳬이스(J. Hadly Chase)라는 작가는 조폭들의 악랄함을 점잖게 담담하게 엮어 나갔다. 그 중 '백색의 난(蘭)'이라는 작품은 재벌의 딸을 납치하여 망가뜨려 놓고 돈을 뜯으려고 협박하는 이야기인데, 실제로 이런 일이 미국 언론재벌의 딸에게서 일어났었다. 책에서는 이 처녀가 은행 강도로 돌변하기 전에 일망타진되지만, 그 과정의 유사성으로 인하여, 나는 그들이 이 책을 읽고 모방범죄를 한 것이 아닌가 하는 생각도 해 보았다. 작가는 자신도 모르게 엄청난 사회적 책임을 갖고 있다는 것을 그때 깨달았다.

공연히 쓸데없는 이야기로 빠졌는데, 좌우간 집중하는 습관을 다시 찾기 위하여 범죄 수사물(série noire)을 무수히 읽었지만, 이것이 나로 하여금 서울 나들이하기 전과 같이 공부에 몰두할 수 있는 습관을 다시 찾아주지는 못하였다. 얻은 것이 있다면 소위 아르고(argot)라고 하는 불어의 속된 말과 상당히 친숙해 졌다는 것이다. 이 말은 비속어라고 하기에는 상스럽지 않고, 다양하며, 재미있는 표현이라서 알아두면 손해 볼 것이 없다.

파리는 도시 자체가 쓸데없는 생각을 하며 허송세월을 보내기에 아주 적당한 곳이다. 그리고 보행자를 위하여 설계된 도시처럼 생각된다. 우선 보도가 넓고, 예외적으로 플라타너스가 있지만 가로수 대부분이 마로니에인데 그 나뭇잎을 이발사가 이발이라도 시킨 듯 일정하게, 가지런하게 정리하여 놓고 있다. 보도에는 일정 거리를 두고 베스빠지엔느(vespasienne)라는 남자들을 위한 원통형의 소변보는 곳이 설치되어 있다. 로마 황제 베스빠지앵(Vespasien)의 이름을 빌린 이 곳은 너댓 명이 죽 둘러서서 소변을 볼 수 있도록 한 장치로 철판이 위에서 아래까지 하나로 되어 있고 윗부분에서 밑으로 계속 물을 흘려보내 냄새가 나지 않도록 한 간단하고도 실용적인 설계다. 아무튼 보행자에게는 참으로 편리한 시설이었다. 그런데 80년대에 빠리를 가보니 이것이 전부 철거되고, 유료 간이 화장실이 설치되어 있었다. 모양도 볼품 없을 뿐더러 거리와 주위에 거슬리는 딱딱한 디자인이 우선 눈에 거슬렸다. 들어갈 때 동전을 문고리에 넣으면 자동적으로 열리는데, 들어가서 볼일 보고 다시 열리지 않고 그 속에 갇혀버리면 어떻게 되는 것인가 하는 불안감마저 일으킨다. 화장실 안에서 시간을 오래 끌면 발생할 수 있는 일이라고 하며 실제로 그런 적이 있었다고 신문에서 본 기억이 난다. 산업화에 따른 자동화와 유료화는 삶을 불편하게 만드는 경우도 있다.

건물의 높이도 6층(한국의 7층에 해당)으로 제한되어 있어서 언뜻 보기에는 무미건조한 것처럼 보이지만 그것은 사람의 시선을 어지럽히지 않고 오히려 안정감을 준다. 건물이 모두 똑같은 것 같지만 자세히 보면, 제각기 다른 특색을 갖고 있다. 대문 입구나 창문 틀 주위를 조각한 장식이며, 창문 앞 발코니의 철제 난간이며 디자인이 모두 다르다. 파리의 건축가는 건물이 너무 튈 때, 그것이 사람들의 눈을 일시적으로 끌 수는 있지만 여러 번 보면 곧 피곤하게 만든다는 것을 이미 알고 있었다. 물론 이 도시건물에는 원색의 광고가 덕지덕지 붙어있지 않다. discret(튀지 않는? 조심성 있는?, 설쳐대지 않는?, 점잖은?)가 미덕이다.

파리에서 하루 일과를 산책으로 시작하는 사람들의 일화가 상당히 많이 있다. '내 가슴에 비가 내리네' 라는 아름다운 시를 남긴 베를렌느(Verlaine)라는 라틴 區域(Quartier Latin)에 있는 빵떼옹(Panthéon) 뒤편의 쌩뜨 · 저느비에브(Ste. Geneviève) 쪽에서 걸어 나와 쌩 · 미쉘街(Bd. St. Michel) 쪽으로 어슬렁거렸다고 한다. 그는 집안 정리를 전혀 하지 않았는지 그의 방을 '호랑이굴'(antre)이라고 하였다. 아름다운 시는 깨끗하고 정돈된 장소에서만 나오는 것도 아닌 모양이다. 양성애자인 그는 젊은 시인 랭보(Rimbaud)와 사이에 숱한 사건과 이야기거리를 남겨 놓았다.

수학자 H. 쁘왱까레(Henri Poincaré) 역시 쌩 · 미쉘 거리를 매일 산책했는데, 그의 머리가 보통 사람보다 훨씬 커서 사람들의 눈에는 머리만 보였던 듯하다. 그보다도 무슨 생각에 그리도 몰두하였는지, 그가 산책할 때에는 머리만 둥둥 떠서 다니는 것 같다고 하였다. 그는 아직도 '쁘왱까레의 가설'이라는 문제를 남겨 놓고 수학자들을 괴롭히고 있다.

앙드레 지드는 어머니가 남겨준 집에서 살았는데(후에 A. 까뮈에게 방 한 칸을 빌려주기도 하였다.) 그 위치가 룩상부르궁 근처였다. 그 역시 매일 같은 시간에 집을 나서서 룩상부르그 공원으로 들어가 걷다가 오른쪽으로 꺾어서 뽀-르 르와이얄(Port Royal)까지 갔고, 왔던 길로 되돌아오곤 했다. 집에 들어가서는 책상 앞에 앉지 않고 선 채로 글을 썼다고 한다. 책상 높이를 조절할 수 있게 특별 주문 제작한 모양이다.

쟝 뽈 싸르트르는 라스파이유가(街)가 몽빠르나쓰街와 교차하는 지점 가까운 곳에 살고 있었는데, 매일 아침 같은 시간에 집을 나서서 쌩 제르맹 데 프레의 카페 '드 훌로르'(Café de Flore)까지 걸어가, 그곳에서 아침식사를 했다. 아침식사라야 카페올레(밀크 커피)에 크르와쌍 두개, 또는 빵 뵈레(pain beurré - 바게뜨 빵에 버터를 바른 것) 한 조각이 전부이지만, 이것에 습관이 들게 되면, 아침 식사 시간이 참으로 즐겁다. 커피 향에 젖어 아침을 들면 생각이 한 곳으로 모이고 특이한 안정감과 차분함을 느낀다. 이 아침 시간은 모두에게 참으로 소중한 시간이며 일종의 쎄레모니(cérémonie)와 같다. 그가 매일 이 카페를 드나들다 보니 쌩 제르맹 데 프레가 실존주의자의 본거지처럼 알려졌고 특히 카페 '되 마고' (Deux Magots)는 그들의 아지트라고 소문이 났다. 어느 날 아침 일찍 학교에 갈 일이 있어서 지하철을 나와서 걷고 있는데, 문제의 싸르트르가 진한 회색 코트를 입고 내 앞에서 걷고 있었다. 시몬느 드 보봐-르가 옆에 없는 것을 보니, 그녀와 잠시 헤어져서 살던 때가 아닌가 싶다. 한동안 보봐-르는 보봐-르대로 미국인을 따라 미국 가서 지내다 왔다. 싸르트르는 보기보다는 '오입쟁이' 로 알려져 있다.

사람은 앉아있을 때보다는 걸으면서 생각할 때 한 가지에 더욱 몰두할 수 있는 것 같다. 많은 작가들의 경우가 그렇다. 나는 작가도 아니고 철학자는 더 더욱 아니지만 아침에 산책을 하는 습관이 있었다. 파리는 이렇게 산책하기에 이상적인 도시였다.

아침 산책뿐만 아니라 구실만 있으면 걷고 또 걸었다. 거리마다 특색이 있고 분위기가 다른 것도 사람들을 걷게 만드는 이유가 될 것 같다. 60년대 중반, 뉴욕에서 작품 활동을 하던 조각가 한용진, 畵家 문미애 부부는 파리에 와서 밤낮을 가리지 않고 길거리를 누비고 다녔다. 그들에 의하면 어느 길모퉁이나 모두 그림 같다고 하였다. 실제로 M. Utrillo라는 화가는 일생동안 파리의 뒷골목을 화폭에 옮겼었다. 우리나라의 서울도 6 · 25 전에는 동네마다 특징이 있었는데, 파리가 그러하고, 그 분위기는 변치 않는다. 라뗑 구역이 젊고 활기차며 학생과 지식인들의 활동 본거지라면, 쌩 제르맹 데 프레는 약간의 스노비즘이 섞인 가운데 기성사회, 이미 작가나 예술가로 활동하는 사람들이 진을 치고 있다는 인상을 준다. 여기에 호기심에 찬 외국인 관광객이 한 몫 끼어서 이곳은 항상 문화적 행사가 일어날 것 같다. 쌩 제르맹 데 프레 교회 정문 입구 오른쪽에 설치된 아뽈리네르의 두상(頭像), 그와 친한 친구였던 피카소가 조각했다는 이 작품을 비롯하여, 쥴리에뜨 그레꼬의 이름이 따라 다니는 이 동네는 확실히 특이한 매력을 갖고 있다. 반드시 '되 마고' 나 '카페 드 훌로르' 가 아니더라도 그 동네 작은 카페에서 엑스프레스를 한 잔 앞에 놓고 앉아 있으면 공연히 기분이 뜬다.

몽마르트르에서 집단으로 이주해 온 화가들이 모여 있는 몽빠르나쓰에서는 단연 '까페 돔므' (café Dôme)가 동네의 중심이 되어 있다. 그곳에서 멀지 않은 곳에 서 있는 발자크의 입상(立像)은 가난했던 예술가들, 그러나 오로지 예술을 위하여 일생을 바친 뛰어난 인물들의 모습을 대표한다. 빚쟁이가 떴다 하면 뒷문으로 뺑소니를 쳤던 발자크는 이제 행인들 앞에 떳떳하게 서 있다.

제라르 필립이 주연한 '몽빠르나쓰 19(Montparnasse 19)' 의 주인공이며 슬픈 이야기를 남긴 모딜리아니(Modigliani)가 단골로 드나들었던 '까페 돔므' 는 지금은 식당으로 변하여 메말라가는 21세기의 단면을 보여준다.

파리는 대도시이지만 서울처럼 현란하지 않고 소란스럽지 않다. 버스에는 음악이 없고 방송도 없다. 시에서 운영하는 버스는 서두를 필요가 없다. 정장한 기사들은 단정하고 신사 같다.

파리를 파리답게 하는 것은 앞에서 언급한 'discret' 때문일 것이다. 그곳에서는 요란스럽지는 않지만 많은 일이 일어난다. 물론 문화적인 면에서 그렇다는 뜻이다. 이 도시는 예의바른 도시이며 마구잡이가 아니다. 언성 높이며 길에서 싸우거나 공공장소 — 식당, café에서 주위 사람 생각하지 않고 큰 소리로 떠들거나 또는 아이들이 식당 같은 곳에서 괴성을 지르며 뛰고 발광하는 일은 있을 수 없다. 내가 살던 60년대의 빠리는 품격이 있는 도시였다. 지하철에서도 할머니들이 고풍스러운 가죽 책싸개에 책을 싼 채 펴들고 앉아 독서를 하는 모습을 종종 대할 수 있었다. 지하철 실내의 전기는 독서하기에 적당한 밝기로 조정된 것이라는 이야기도 들었다. 한번은 내 눈 앞에 모자(母子)가 앉아 있었는데 5~6세의 아이가 입을 열고 하품을 하니까 어머니가 "라 멩"(la main) 하며 아이를 '딱' 하고 때리는 것을 본 일도 있다. 손으로 입을 가리라며 주의를 주는 것이다.

채플린이 왕(王)으로 분장한 '뉴욕에 온 왕(un roi à New York)' 이라는 영화에서 모든 것이 비즈니스이고 거추장스러운 격식 따위는 집어 던진 가운데 정신없이 돌아가는 뉴욕의 생활에 웃음꺼리가 될 뻔한 왕을 파리로 데려가는 젊은 왕비, 그들을 태운 비행기가 파리 상공을 한바퀴 돌면서 모노로그가 나온다. "아직까지 사람이 점잖게 살 수 있는 곳은 파리뿐이지."

파리는 부자에게나 가난뱅이에게나 각기 자기 나름대로의 즐거움을 찾고 살 수 있도록 조직된 도시다. 수 없이 많은 미술관, 박물관 등은 더 말할 것도 없고 연극, 영화관이 무수히 많이 있다. 거리에 나가도 볼거리가 반드시 있다. 예를 들어 미술 건축대학(l' école des Beaux-Arts) 학생들은 자기들끼리 밴드를 만들어 가끔 행인이 많이 다니는 길거리나 센느강 다리 아래에서 나팔을 신나게 불어댔다. 흥겨운 재즈를 듣고 있으면 시간 가는 줄 모른다. 연주 후 그들 중 한 명이 모자를 거꾸로 들고 모여든 사람들 앞을 돌면 구경꾼들은 동전 한잎씩을 넣는다. 이런 종류의 거리악사나 곡예사 등은 추운 겨울을 제외하면 부질없이 거리 구경을 나온 사람들, 산책하는 사람들이 많이 다니는 곳에 늘 있기 마련이다. 쌩 제르멩 데 프레, 쌩 미쉘 그리고 그랑 불르

바르 같은 곳은 항상 사람들로 붐비고 여기에는 거리의 악사나 기타 재주꾼들이 심심치 않게 재주를 부리고 있다.

특히 영화에 관한한 빠리지앵들은 대단한 자부심을 갖고 있다. 프랑스는 활동 사진기를 세계 최초로 발명하고, 영화(비록 몇 분짜리지만)를 최초로 제작한 뤼미에르 형제(les frères Lumière)의 나라가 아닌가. 파리는 영화의 도시라고도 말한다. 도처에 영화관이 있고 크기도 천차만별이다. 샹젤리제와 그랑 불르바르에 화려한 개봉관이 있다면 동네 후진 곳에도 영화관은 반드시 하나씩 있다. 물론 꺄르띠에 라땡(학생가)나 쌩제르맹 데 프레, 몽빠르나쓰 등에 몰려있는데, 특히 학생을 대상으로 하는 라땡가의 극장은 좌석이 수십석 밖에 되지 않는 조그만 규모들이다. 규모는 작아도 그런 곳에는 내용이 있는 즉 작품성이 있는 영화를 가끔 상영한다. 진 켈리의 '빠리의 아메리카인' 은 여름 방학에 한 번씩 돌리는 단골 필름이다. 아마 그때는 관광객과 미국 학생이 많이 오기 때문인 듯하다. 이집트 상형문자를 해독한 썅뽈리옹(Champollion)의 이름을 붙인 이 극장은 소르본느 근처 골목 모퉁이에 있는데, 이곳에서 상영되는 영화들은 수준 있는 명작들이다. 'High noon', 'whisky à gogo', 'Hiroshima mon amour' 등~ 지적 수준 높은 학생들을 위한 극장이기 때문이다.

영화를 말하며서 빼놓을 수 없는 곳이 씨네마떼끄다. 이곳은 국가에서 관리하는 일종의 영화도서관 같은 곳이다. 온 세계의 필름이 이곳에(물론 별도의 보관소에) 보관되어 보수, 재생, 관리된다. 이런 종류의 일에 관한한 꼼꼼하고 정확성을 신조로 삼는 프랑스인을 당할 국민이 없다. 이렇게 보관, 관리된 필름을 대중에게 공개 상영하는 곳이 씨네마떼끄다. 이 국영 영화관은 물론 영리를 목적으로 하지 않기 때문에 1프랑 1錢(쌍띰므)이었다. 거의 무료인 셈이다. 그런데 이 1錢이 재미있다. 이 동전은 쓸모가 없고 동전 자체도 닉켈로 만들어서 가볍기 짝이 없다. 바게뜨(baguette) 빵 반 토막을 살 때만 사용될 수 있는 돈이다. 그러나 씨네마떼끄에서는 이 동전들을 모아서 장내 정리비(청소비)로 사용한다고 하였다. 프랑스 사람들은 우리가 일반적으로 알고 있는 것과는 달리 대단히 알뜰한 사람들이다. 에꼬놈므(économe)라는 말은 낭비하지 않는다는 뜻이다.

씨네마떼끄는 프랑스 최고의 수제들이 다니는 고등사범학교(Ecole Normale Supérieure)가 있는 윌름街(rue d' Ulme)의 장식미술학교(Art déco.) 지하층에 자리 잡고 있었는데 그곳에서는 일요일만 빼고 매일 저녁 6시부터 3편의 영화를 연속 상영하였다. 이곳은 영화매니아들의 집합장소이다. 대개가 흑백영화로서, 고전으로 치는 유명한 영화에서부터 보통 수준의 작품까지, 무성영화에서부터 초현대적 작품까지.

예를 들어 무슨 이야기를 하려는지 알 수 없는 로브그리에(Alain Robbe-Grillet)의 '작년 마리앙바드에서 있었던 일(l' année dernière Marienbad)' 까지 모든 경향, 모든 쟝르의 영화를 상영하였다. 이 곳에서는 가끔 특집 주간도 마련하였다. 때로는 감독 중심으로, 때로는 주연배우 중심으로 준비되는 이 프로그램을 따라 다니면 얻을 것이 많이 있었다. 르네 끌레르(René Claire)나 사샤 기트리(Sacha Guitry) 주간은 늘 만원이다. 그럴 때에도 내가 나타나면 표 파는 아주머니가 눈을 꿈쩍꿈쩍하며 표 한 장을 슬그머니 빼돌려 나에게 전해주었다. 이 아주머니는 빠리에서 나를 '알아주는' 유일한 사람이었고 지금도 그의 모습이 가끔 떠오르면 우수 속에 있었던 짧은 기쁨의 순간을 기억한다. 이 특집주간에 로렐과 하디(Laurel and Hardy), 버스터 키-튼

(Buster Keaton) 등의 희극을 보았으며, 무성영화시대부터 유성으로 발전하면서 영화가 성장하는 모습도 보았다. 채플린이 빠질 수는 없다. 그러나 그의 영화는 뒤 끝이 개운하지 않았기 때문에 모두 보기는 했지만 공부하듯 보았다. 그 중 'The Kid' 는 대단히 재미있었다.

가끔 시중에서 자주 상영되지 않았으나 작품의 완성도와 예술성 때문에 상당히 높이 평가되는 영화들을 상영했다. 쟉끄 벡께르(Jacques Becker)가 그런 경우인데 '황금 모자' 와 '구삐 레 맹 루쥬'(Goupi les mains rouges) 등 단단한 구성을 가진 고전적인 영화를 만든 大家다. 그는 1960년대 이전 또는 그 이후의 프랑스 사회 현실을 면밀히 관찰하고 그로부터 논리적이고도 정직한 영화를 만들어 냈다. '현금에 손대지 말라' (쟝 가뱅), '르 투루' (Le trou) 등은 영원한 걸작이지만 요란하지 않다. 많은 메시지를 전해주는 프랑스 영화의 진수인 그의 작품은 씨네마떼끄 뿐만 아니라 시중 영화관에서도 꾸준히 방영된다. 이런 영화들은 진짜 영화 애호가들이 찾아다니는 작품으로서 상업성이나 대중성은 약간 결여돼 있다고 하겠다.

프랑스를 대표하는 영화는 역시 인생을 다룬 것들이다. 인생은 설탕물처럼 달콤하지만은 않다는 이야기이다. 환도 후에 우리나라에서도 상영된바 있던 J.뒤비비에(Julien duvivier)의 '무도회의 수첩' (Le carnet du bal)이나 M. 까르네(M. Carné)의 'Les enfants du paradis' (한국에서 '인생유전' 이라고 번역 상영되었는데, 이 제목은 적절하지 못하다. 여기서 빠라디(천국)는 극장의 맨 위층의 제일 값싼 자리를 가리키며 주로 연극공연이 있으면 노동자들이 차지하던 좌석으로서 이것을 해학적으로 부른 것이다. 좌석 위치가 높은 곳에 있으니까 하늘에 가깝다고 하여 천국이라 붙인 것이다. 그러니까 직역하자면 'C석의 관객들' 이 맞는다)에 출연한 배우들은 대개 연극배우 출신들이다. 장 루이 바로(Jean Louis Barrault) 등…….

'무도회의 수첩' 에서 뽈 베르렌느(Paul Verlaine)의 '센티멘털한 대화' (colloque sentimental)을 읊으면서 폐허처럼 이끼 낀 공원 벤치에 앉아 과거의 애인을 기다리는 루이 쥬베(Louis Jouvet).

> Dans le vieux parc solitaire et glacé,
> deux formes ont tout à l' heure passé.
> 인적 없고 얼어붙은 오래된 공원에,
> 두 그림자가 방금 지나갔네.

변호사가 되겠다던 그가 사기꾼이 되어 수십 년 뒤에 만나기로 했던 약속장소에서 '만남' 의 싸인으로 읊조리기로 한 이 센티멘털한, 그러나 유치하지 않은 詩, 이런 것들이 프랑스 영화의 분위기이고 특징이다. 이런 영화들에는 모두 우수(憂愁)가 깔려 있다.

우리가 환도 후에 특히 프랑스 영화를 좋아했던 이유는 아마도 전쟁으로 폐허가 된 암울한 서울 거리, 그리고 여러 가지 이유로 우리 마음이 어두웠기 때문이었을 것이다.

나는 그레타 가르보의 팬이었다. 전설적인 이 배우가 출연하면 어떤 소재를 가지고 영화를 만들더라도 그 격을 높인다. 보통 미인과 달리 동시대의 어떤 여성보다도 현대적인 분위기를 갖고 있었다. '안나 카레리나' 는 그녀를 위하여 씌어진 소설 같았다. 가르보는 진정한 사랑을 찾아 방황하는, 그러나 사랑을 얻지 못하는 비극적인 여성일 때 멋이 있다. 죤 배리모어와 같이 나온 '그랜드 호텔' 은 가르보가 출연한 영화 중의 백미다. 이 영화에는 욕심으로 뭉친 사업가, 귀족 출신

장교 같은 매너와 준수하고 인자한 외모의 도둑놈(죤 배리모어), 그리고 주책없는 신흥 중산층과 은퇴한 의사 등이 나온다. 유럽사회의 단면을 압축해 놓았는데, 여기에서 가장 인간적인 사람은 도둑놈이고, 가르보는 그를 첫눈에 알아보고 열렬히 사랑했으나 고약한 사업가가 그를 때려죽이자 또 다시 외로운 발레리나의 신세로 돌아간다는 이야기다. 이 영화는 보는 이들에게 이상한 감동을 준다. 그렇기 때문에 영화가 끝난 후 집으로 오기 위해 지하철로 곧바로 내려가기가 썩 마음에 내키지 않는다. 이럴 때에는 밤길을 걸어야 한다. 빠리의 에펠탑 근처 트로까데로(Trocadéro)에 제2의 씨네마떼끄를 개관했는데, 나는 그곳에서 이 영화를 보고 십리가 넘는 길을 걸어서 집에 온 일도 있다. 다행이 그 시절에는 동네마다 한 곳씩, 밤새도록 문을 여는 까페가 있어서, 걷다가 지치면 그곳에 들러 쉬면 되었다.

나는 갱 영화를 무척 좋아했었는데 거기에는 긴장감, 박진감이 압축 표현되어 있었기 때문이다. 이것도 미국과 프랑스 양대 산맥으로 구성되어 있는데, 전자가 기관총을 휘두르는 화끈한 폭력을 구사한다면 프랑스 갱들은 머리를 많이 쓰는 냉정한 폭력을 사용하는 특징이 있다. 금고를 털기 위하여 그들이 짜내는 방법은 가히 천재적이다. 필름이 배경음악도 없이 돌아가면서 액션이 전개되는데 Rififi 시리즈가 그러한 류다. 쟝 가뱅 주연의 영화에는 여자와 우정 그리고 의리가 있다. 아무튼 갱 영화는 비록 불법적이나 어떤 목표물을 탈취하기 위해 남자들이 정신적, 육체적 능력을 총체적으로 동원하기 때문에 관중을 긴장시키고 결과에 대한 궁금증을 유발시켜서 상영시간 내내 숨을 죽이고 보도록 한다. 이러한 면에서 프랑스 식 갱 영화는 특이한 매력을 지닌다.

프랑스인들은 미국의 뮤지컬을 매우 좋아했다. 진 켈리는 말할 것도 없고 진저 로저스와 후레드 아스테어 콤비의 영화는 단골 메뉴였고 이 밖에 시드 챠리시, 밋지 게이너 등의 영화도 자주 돌렸다. 프랑스인들은 열 번 죽었다 깨어나도 진 켈리의 몸놀림을 흉내 낼 수 없다. 재즈나 뮤지컬은 미국 문화와 프랑스 문화를 확실하게 구별지어 주는 분야다.

실로 많은 영화애호가들이 이 기관을 들락거렸다. 고다르(Jean Luc Godard)라는 젊은이는 이 씨네마떼크에 출근을 하더니 스스로 감독이 되면서 누벨 바-그라는 새로운 장르를 개발하였다. 그는 수업료 한 푼 안들이고 영화학교를 졸업한 셈이다. 나는 그처럼 매일 출근은 못했지만 미리 나오는 일주일분 프로그램을 연구하고는 웬만한 것은 모두 쫓아 다녔다.

파리의 매력은 이런 종류의 문화시설이 사방에 널려 있다는 데에 있다. 많은 경우 정부에서 실질적으로 운영하고 있다. 때문에 파리에서는 시간 보내려고 쩔쩔매는 일은 없다. 오히려 파리의 생활에 일단 젖어 들면, 마치 마약에 중독이라도 된 듯이 그곳 생활에 익숙해지고 하루하루를 시간 가는 줄도 모르고 지나게 된다. 이런 생활에 습관이 들면 10년도 좋고 20년도 좋다. 실제로 다양한 국적의 많은 사람들이 이렇게 생활하고 있다.

그러나 심심치 않은 나날을 보낼 수 있어도 이러한 삶 밑바닥에는 슬픔이 깔려 있다. 나만 그런 것도 아니지만 — 많은 젊은이들이 특별히 하는 일도 없이 이런 식의 파리 생활을 하고 있는데 — 시간은 흐르고 앞날도 불확실하기 때문에 그 삶이 즐거울 수만은 없다. 나는 신분상으로는 학생이었지만 사실상 룸펜에 더 가까웠다. 내가 두 번째 학위를 준비한 'Hautes Etudes' 는 일주일에 한 번씩, 지도교수의 세미나에 참석하면 그것으로 끝이고 다른 의무(obligation)는 없었다. 그 당시 프랑스 학제에서는 두 번째 논문을 준비하는 학생에게는 이른바 학위과정(course work)을 면제시켜 주었고 논문 작성을 바로 할 수 있도록 배려했었는데 진행된 논문 일부분을 가지고 지도교수와 상담, 검토(discussion)하면 그만이었다.

나는 이민을 생각하여 보였다. 그리하며 어느 날 파리 주재 캐나다 대사관 영사과에 가서 이민의사가 있음을 밝혔더니 영사가 몇 가지 물어본 다음 신청서류를 주었다. 그리고 얼마 지난 후 영사로부터 출두하라는 편지가 왔다. 내가 영사와 마주 앉자 젊고 씩씩한 그 사람은 "당신이 캐나다 이민을 가겠다고 하는데 현금은 얼마나 갖고 있느냐?" 하고 물었다. 나는 집에서 생활비조로 매월 받는 백 달러가 내가 갖고 있는 현금의 전부라고 하니, 그 젊은 영사는 어이없다는 듯이 "백 달러를 들고 이민을 가려고 하느냐"고 웃으며 말했다. 이어서 '지금 당장이라도 몬트리얼(Montréal) 대학교나 기타 대학교에 편지를 보내면, 당신은 소르본느대학(Sorbonne) 학위가 있으니 세미나 전담 조교(Maître de conférence)는 할 수 있을 것' 이라고 하면서 이민 비자 도장을 찍어주었다. 몇일 후 집으로 이주를 위한 서류 한 보따리가 우송되어 왔고, 나는 그것을 받아들고 또 거리를 헤매었다.

그때에 젊은 한국인들, 특히 독일에 나갔던 광부(이들 중 많은 수가 대학 출신이었다)나 간호사들에게 캐나다는 엘도라도(elddorado)였다. 그들이 캐나다 땅을 밟기 위하여 숱한 노력을 하고 있다는 소문을 나도 듣고 있었다. 그러나 나는 이민이라는 것이 자기 나라에서 살 수가 없어서 결국 이역만리로 쫓겨가는 것이라는 생각을 지울 수가 없었다. 외국 땅에서 새 생활을 개척하는 것보다는 내 나라가 훨씬 낫지 않겠는

가라는 생각이 들었다. 더군다나 나는 서울에서 태어나 한 집에서, 한 동네에서 25년을 살다가 파리로 갔고, 그곳에서 만 10년을 살았기 때문에 모국을 떠나버린다는 것이 마음에 받아들여지지 않았다.

이민은 자기가 태어난 조국에 적응하지 못해 외국에서 새 생활을 개척하는 일종의 도피처럼 생각되었었다.

나는 한동안 망설인 끝에 몬트리얼(Montréal) 행 이민 비자가 찍힌 여권을 들고 서울 행 비행기에 올랐다.

가난했던 한국

후진국 한국

내가 귀국했던 1970년의 서울은 변한 것도 있었지만 변하지 않은 것도 많았었다. 그때의 첫인상은 서울이, 한국이 영락없는 후진국이라는 것이었다.

여기서 후진국의 범주에 귀속시키는데 사용하는 여러 가지 지표를 열거할 생각은 없고 다만 내가 실생활에서 부딪치면서 보고 경험한 바를 통하여 우리나라가 처해 있던 어려웠던 시대를 되새겨 본다.

후진국, 또는 개발도상국은 쉽게 말하여 가난한 나라라는 뜻이다. 1인당(一人当) G.N.P.가 100~300$ 정도에서 맴도는 극히 가난한 나라(한국 1954년 131$, 1962년 146$, 1970년 불변가격), 주거와 식생활이 여유롭지 못한 나라, 도시생활을 하는데 필수인 인프라(사회 간접 자본 시설) — 즉 상하수도나 도로망 등, 이런 것이 모두 미비됐거나 불완전한 사회를 가리킨다. 우리의 일상생활에 빠트릴 수 없는 교통수단도 중요한 지표가 된다. 왜냐하면 직장에 출퇴근하던가 또는 볼일이 있어서 나가야 할 때, 교통수단이 불충분하면 사람들은 그 불편함을 피부로 느낀다.

내가 귀국했을 때 서울의 대중교통수단은 버스와 택시였다. 버스는 당시 수백 만 서울 시민의 발이나 마찬가지였다. 이 버스는 드럼통을 두들겨서 차체를 만들고, 엔진은 폐차된 G.M.C.(6 · 25 전쟁 때 미군이 사용하던 트럭)를 얹어 놓은 것이라고 하였는데 실제로 그러했는지는 잘 모르겠고, 아마도 투박하고 매끄럽지 못한 외형 때문에 그렇게 소문이 난 것 아닌가 생각된다. 정거장에서 버스를 타려면 당시에는 여차장이 있어서, 차장이 타는 사람의 옷자락을 움켜쥐고 끌어올리던가 또 내릴 때에는 뒤에서 밀기도 하였다. 빨리 타고 빨리 내리라는 뜻이겠다. 파리에서 사람이 남의 신체를 실수로 건드렸을 때 자동적으로 튀어나오는 빠르동(pardon-excuse)이 이곳에는 없다. 좌우간 버스가 출발할 때, 여차장이 버스의 외벽을 손바닥으로 힘차게 치며 "오라잇"을 외치는 모습에는 장차 한국을 세계 10위권의 무역국가로 만들게 하는 역동성이 존재한다. 버스가 출퇴근 시간을 빼면 쉽게 타고 내릴 수 있는 유일한 교통 수단이라면 택시는 오히려 긴장과 민첩함이 더 요구되는 교통 수단이었다. 70년대 초에는 택시를 위한 정거장이 따로 있지 않았다. 누구든지 먼저 빈 차를 발견한 사람이 손을 들어 정차를 시키면 그가 임자다. 그런데 이것이 그렇게 쉽게 진행되지 못했다. 예컨대 내가 빈 차를 먼저 발견하고 손을 들어 차가 내 앞에 섰는데 어디서인가 사람들이 총알처럼 뛰어들어 먼저 문을 열고 올라타면 그 사람이 임자가 되는 세상이었다. 손을 쓸 사이도 없이 내가 세운 차가 다른 손님을 태우고 내 앞을 부르릉 떠나면 나는 택시의 뒤꽁무니만 쳐다볼 따름이었다. 줄서기라든가 노약자 우선권(priority)을 인정한다든가, 그러한 것이 서울 거리에는 없었다. 이것이 당시 인정사정 없는 생존경쟁이 지배하던 서울 생활의 한 모습이라고 할 수 있다. 나는 이런 방법에 습관이 전혀 되어 있지를 않아서 주로 버스를 이용했는데 앉아서 가는 것과 서서 가는 것은 하늘과 땅만큼이나 차이가 있었다. 왜냐하면 그때는 도로사정이 나빠서 버스가 흔들리는데다, 만원인 차에 더 많은 사람을 태우는 방편으로 가끔 운전기사가 차를 좌우로 한 번씩 흔들어 공간을 만들었기 때문이다. 나는 바야흐로 역동적인 서울의 생활에 편입되는 과정에 있었다.

서울을 후진국의 도시처럼 보이게 하는 것은 건물과 주택 사정이다. 우리나라는 1950년 6월 김일성이 밀어붙인 인민군에 의하여 전 국토가 초토화되다시피 하였다. 전쟁에 의한 포화와 폭격, 그리고 패주하는 인민군에 의한 방화 등으로 파괴된 건물 중 비군사부문인 가옥과 교육시설의 40% 이상, 공업시설도 40% 이상이 잿더미로 변했다. 아름답던 서울은 폐허가 되어버렸던 것이다. 전쟁이 끝나고 환도한 서울 시민에 이어, 전국적으로 전쟁의 피해를 입은 상태에서(대구, 부산지역을 중심한 일부지역 제외) 살 길을 찾아 서울로 몰려든 사람들, 이 사람들이 살 곳을 마련하기 위해 임시로 지은 이른바 '하꼬방' 또는 산동네의 판자촌, 이런 것들이 서울을 여느 후진국의 수도와 비슷한 모습을 갖도록 하였다. 남미나 아프리카 등 후진국에서 볼 수 있는 빈민촌이 식민경제와 '저개발의 개발'(développement du sous-développement)에 의한다면, 서울의 난민촌은 북한에 들어선 김일성의 공산정권과 그를 피해

온 38 이북 사람들, 그리고 그에 이은 남침 및 서울의 파괴에 직접적인 원인이 있다. 한반도에서 공산주의 정권은 있어서는 안 될 정권이었다. 이 정권이 남한에 안겨준 것은 살인과 파괴뿐이다.

특히 4대문 안의 아담하던 중세형 아시아적인 도시, 동네마다 특색과 성격이 있던 500년 역사의 이 고도(古都)는 완전히 누더기가 되어 버렸다. 서울을 세 곳에서 에워싸고 있는 산 중턱에는 난민촌이 들어섰고 심지어는 공동묘지 자리에도 망자를 밀어내고 사람이 집을 짓고 사는 사태가 발생하였다. 나는 어느 날, 안양에 볼일이 있어서 가는 길에 왼쪽의 가파른 산, 규모가 꽤 큰 산에, 허리에서부터 아래까지 꽉 들어선 판잣집을 보고 몸에 전율을 느낀 적이 있었다. 카메라가 있으면 사진이라도 찍고 싶은 충동을 느꼈었다. 만일 그 모습을 찍는 현장이 목격되었더라면 간첩으로 오인받았을지도 모르겠다.

서울의 빈민촌은 참으로 보기에도 끔찍하게 여기저기 널려 있었다. 그 높은 산동네에 연탄을 지고 배달을 하는 일꾼들의 다부진 체격과 종아리에 튀어나온 알통 — 이것을 TV에서 본 일이 있었는데 이른바 서민들의 삶의 애환을 미루어 짐작할 수 있었다. 김진홍 목사가 쓴 글을 읽었는데, 빈민촌을 하나 맡아서 주민과 같이 삶을 꾸려 나가면서 생기는 이야기들, 죽게 된 아주머니를 등에 업고 병원을 갔으나 선금이 없다고 번번이 쫓겨나서 받아줄 곳을 찾아 헤매다가 자기 등에 업힌 채 운명을 했다는 어떤 아주머니에 관한 이야기, 이런 것들은 나를 화나게 하였다. 왜냐하면 프랑스 병원은 중환자가 들어오면 무조건 입원시켜서 치료를 해놓고 본다. 퇴원할 때 계산서가 나온다. 프랑스인들은 모두 의료보험 혜택을 입기 때문에 문제가 있을 수 없다. 그러나 의료보험이 안 되는 외국인의 경우 퇴원 수속을 할 때, 돈이 없다고 하면, 이미 준비되어 있는 서류 — 즉 '나는 돈이 없어서 진료비를 지불할 수 없습니다.' 라는 문구가 적힌 서류에 싸인을 하면, 무료로 치료를 받고 퇴원이 되었고, 이런 상황에 처해 있던 한국인을 내가 직접 통역하여 퇴원시켜 준 경험도 있었다.

서울 주변의 산이란 산은 온통 판잣집으로 더덕더덕 누벼져 있었는데, 시내 중심가에는 고층빌딩이 자리를 잡기 시작했다. 교과서에 나오는 '가난의 바다 속에 풍요의 섬' 이라는 증상이 서울 한복판에서 나타나기 시작했다.

원래 서울은 계획된 도시였다. 경복궁, 창경궁을 북에 놓고 종로와 을지로가 동대문 쪽에서 서쪽으로 흐르도록 설계된 도시이다. 전체적인 흐름이 동에서 서남으로 방향을 잡고 있다. 중간에 흐르는 청계천의 개울물도 그 방향으로 흘렀고, 청개천에 군대군데 놓여 있던 다리는, 기하학적인 장방향의 도시계획은 아니더라도 서울의 종과 횡을 연결하는 다리들이었다.

청계천 변에는 중인들, 그 중 거상들은 꽤 큰 집을 짓고 살았다. 그리고 종로의 북쪽에는 주택가가, 남산 밑에도 주택가가 형성되었고, 혜화동과 그 밖의 돈암동 등은 지방에서 여유 있는 부자들이 서울에 와서 자리를 잡고 살던 주택가이다. 종로4가~5가에 자리 잡은 배오개장 — 동대문 시장은 중심부에 자리 잡은 유통시장으로서 모든 지역 주민이 불편을 느끼지 않도록 적당한 거리에 위치한 대규모 시장이다.

이러한 서울이 남침으로 파괴되고 이어서 군사정권에 의한 건설의 열기가 불면서 짜임새 있고 매력 있던 서울은 무모한 난개발의 표적이 된다. 그리고 이 난개발은 가히 '역 발상' 적이었다. 예컨대 종로에서 을지로를 가로질러 퇴계로까지 이어지는 세운상가, 진양아파트 등은 동에서 서로 흐르는 움직임을 거역하고 차단한 반(反) 자연적 건물이었다. 낙원시장 자리에 들어앉은 거대한 아파트도 주변의 한옥들의 존재를 무시하는 무모한 건물이었다. H중학교를 헐어 버리고 그곳에 들어앉은 회사건물은 창덕궁과 창경궁을 압도하면서 주변의 주택가 위에 군림한다. '이제 내가 서울을 정복했다'는 것을 암시하는 거대한 괴물이다. 파리 시내의 신축 건물이 여러 가지 면에서 까다로운 규제를 받기 때문에 파리 외곽(La Défense)으로 나갔다면, 서울에서는 이제 부(富)를 획득한 사람들이 시내(市內)의 옛 건물자리 또는 옛 건물을 헐어 버리고 대형 고층건물을 지어나갔다. 서울시 전체는 건설현장이 되고 말았다. 그러나 주변을 둘러싸고 있는 빈민촌은 철거와 그에 저항하는 서민들의 전쟁터가 될 뿐, 계획적인 개선책은 마련되지 않은 가운데 서민들은 수도 서울에 산다는 것 한 가지, 그로부터 불안정하지만 소득을 얻을 수 있다는 것, 그리고 특히 향학열이 높은 우리 국민에게 기회의 땅이라는 것, 그것이 전부였다. 이제 사람들은 이 후진국의 한복판에서 각자 능력껏 기량을 발휘하여 성공하기 위한 무한 경쟁의 시대로 들어간다.

한국이 가난할 수밖에 없던 진짜 이유

내가 직장 생활을 하면서 가장 불편하였던 것 중의 하나는 점심식사 문제였다. 우리나라에서는 아침을 든든히 먹는다. 점심식사는 마음에 점을 하나 찍는다는(點心) 식으로 간단히 먹는다. 대개는 자장면이나 설렁탕, 그리고 칼국수 등이 주요 메뉴이다. 그런데 프랑스 사람들은 아침에는 커피나 까페올레(café au lait)에 크르와쌍 한두 개, 또는 따르띤느(바게뜨에 버터를 바른) 한 조각이 전부이다. 대신 그들은 점심을 든든하게 먹는다. 그들은 이것을 '갖추어진 식사'(repas complet)라고 한다. 웬만한 기업체에는 직영 식당(cantine)이 있어서 직장인들도 점심에 나올 메뉴를 상상하며 열심히 일한다. 초 · 중 · 고등학교에도 식당(cantine)이 있고 이 깡띤의 관리는 가히 병적이라고 할 정도로 엄격하다. 학생들에게 영양을 골고루 섭취하도록 관(官)이 직접 운영한다. 파리 시내 학생의 왕래가 많은 곳에는 반드시 대학식당이 자리하고 있고, 내가 있던 기숙사의 식당은 시내의 웬만한 중간급 레스토랑보다 더 알찬(complet) 식사를 제공하였다. 전채와 메인 디쉬, 치즈, 디저트 등을 일주일 단위로 매일 바꿔가며 제공하는 프랑스인들의 음식에 대한 사랑은 참으로 유별나다. 이들은 주식을 곡물에서 육류와 유제품으로 바꾼지 오래되었고 빵과 감자는 보조식품으로 전락했다. 그렇지만 빵이 갖는 상징적인 의미는 여전히 존재한다.

그들은 아직도 동네마다 빵집(Boulangerie Pâtisserie)이 있어서, 이곳에서 직접 구운 빵을 매일 사다가 식사와 같이 한다. M. 빠뇰(M. Pagnol) 원작, 레이뮈(Raimu) 주연의 '빵집 아주머니(La femme du boulanger)' 라는 영화는 동네 빵집이 차지하는 중요성을 참으로 재미있게 이야기하고 있다. 마을에 흘러들어온 젊은이와 눈이 맞아 빵집 주인아주머니가 가출을 하자 주인은 빵 굽기를 중단하며 데모를 하고, 빵집이 문을 닫으니 온 동네 사람들이 나서서 부인을 찾아주려고 법석을 떠는 이야기이다. 결국 부인을 찾아서 집으로 데려다주고, 빵집 주인은 돌아온 부인에게 일장 연설을 한 뒤 다시 빵을 굽는 대단히 프랑스적인 코미디이다. 프랑스인들은 이러한 식습관을 결사적으로 유지하려고 한다. 예컨대 맥도널드 같은 인스턴트식품이 파리에 진출했을 때, 학부모는 물론, 보통 사람들까지, 그것이 프랑스 국민의 건강을 해칠 수 있다고 걱정하였다. 진지한 정치, 경제, 사회 문제만 다루는 '르 · 몽드' 신문에서 1면을 전부 할애하여, 인스턴트식품이 일으킬 수 있는 국민 건강 폐해를 그들 특유의 논술을 통하여 본격적으로 고발한 것을 80년대에 읽은 기억도 있다.

나도 10년간 이러한 식생활에 적응되었기 때문에 점심시간에 동료들과 자장면 — 비록 앞에 '삼선'이 붙었지만 — 같은 것을 달랑 한 그릇 먹으면, 그저 불편하기만 하였다. 밀가루 음식 대신 밥을 먹으면 좀 든든하였다. 따라서 나는 밥이 들어간 '설렁탕', '곰탕'으로 주로 점심을 때웠다. 그러던 어느 날 정부는 무미일(無米日)을 일방적으로 선포하였다. 주중(週中) 하루(수요일?)는 쌀로 만든 음식이 금지된다는 것이다. 당시 진명여고 국어교사였던 조연희(趙連姬) 선생님으로부터 들은 이야기인데, 중, 고등학생들 도시락도 잡곡을 섞도록 지시가 내렸고, 관할 교육 감독기관에서 점심시간에, 학교 교실을 급습하여 학생들 도시락을 검사하였다고 한다. 이런 것이 지금 팔자 고친 '민주화 투사' 들이 고발하는 군사독재의 일면이 아니겠는가.

쌀은 확실히 한국 사람들의 주식이고, 이 역시 프랑스의 빵처럼 상징적인 의미도 갖는다. 즉 쌀은 한국인의 생명과 같은 식량이고, 이것이 없으면 곧 아사(餓死)를 의미한다.그렇기 때문에 수년 전 WTO협상 때 우리나라 협상 대표들은 첫째도 'rice', 둘째도 'rice', 셋째도 'rice'를 외치며 회의 처음부터 끝날 때까지 외국 쌀의 한국시장 침입을 막기 위하여 혼신의 힘을 다한 것을 우리는 알고 있다. 그 당시 인솔단장이던 농림장관은 건실한 애국자처럼 보였다. 쌀이 이렇게 우리에게 중요한 것은 비록 밥 한 그릇을 김치 한 가지만 곁들여서 먹는다 하더라도 한 끼 식사가 되었고 든든했기 때문이다. 한국과 일본, 중국의 중남부와 동남아시아, 인도 등 인구 밀집지역에서 주민이 모두 쌀을 주식으로 삼고 있다는 사실은 쌀이 영양학적, 과학적 근거와 별도로 그것 하나로 주식이 될 수 있다는 경험에 의한다.

이 지역은 제한된 경지 면적에 비하여 높은 인구 밀도 때문에 목축업 등, 넓은 초지를 필요로 하는 농업은 할 수 없었고, 대신 많은 인력을 투입하되 열량이 훨씬 높은 쌀농사를 할 수밖에 없었던 것이다. 이것은 필연의 결과로써 이렇게 하여 수억, 수십억이 쌀을 주식으로 삼은 것이다. 쌀은 이런 점에서 이상적인 작물이었고 인구 과밀지역에서 모두가 쌀농사를 짓게 된 것이다. 그런데, 쌀이 부족하게 되면 곧 기근으로 연결되었고, 우리나라는 거의 예외 없이 매년 '보릿고개'를 경험한 것으로 알고 있다.

특히 1970년의 쌀 지급량은 53.1%밖에 되지 않았고 이러한 쌀 부족 현상은 74년까지 계속된다. 내가 귀국하였을 때는 주식물인 쌀이 상당히 부족하던 때였다. 정부가 나서서 문제를 해결한다고 쌀 소비를 억제하는 정책을 내놓은 것인데, 그 방법이 적절하지가 못하다고 생각되었다.

군사정권 시절에는 어려운 문제가 대두되면 대학교수들을 많이 동원하였다. 쌀이 부족하였기 때문에 이 문제를 해결하기 위하여 영양학자가 동원되었다. 그 '연구' 결과를 발표하였는데, 이 '연구'가 참으로 맹랑하였다. 이에 따르면 밀가루가 쌀보다 영양소가 월등히 풍부하다는 것이다. 쌀이 갖지 못한 영양소기 담뿍 담겨 있다는 것이다. 그렇기 때문에 쌀 대신 밀가루를 먹는 것이 몸에 훨씬 좋다는 이론이다. 정부는 이 '과학적' 학설을 뒷받침하여 주려는 듯 뉴스 시간 전후

하여 광고를 내보내었는데, 그것은 식탁에 큼직한 빵이 한 개 덩그마니 놓여 있고 옆에 국 한 그릇이 있는 홍보물이었다.

이 식탁은 나에게는 참으로 허전하게 보였고, 우리나라의 식량 부족 사태의 심각성을 깨닫게 해주었다. 빵이라는 것은 버터, 치즈와 같이 먹을 때 끼니로써의 역할을 할 수 있는 것이지 멀건 국물에 빵 한 덩어리 먹으면 곧 허기지게 마련이다. E. 졸라(Emile Zola)의 제르미날(Germinal)이란 소설에서는 매일 아침 출근하는 광부들의 모습을 묘사하는데, 여기에서 항상 문제가 되는 것은 버터와 치즈가 충분히 빵에 끼워 넣어졌는가였다. 급여를 받기 전 돈이 떨어져서 치즈를 넣지 못하고 맨 빵을 들고 나가는 광부의 딱한 모습을 바라보는 아내의 근심 걱정이 묘사되어 있다. 빵은 고단백 유제품을 동반할 때 훌륭한 식품이 될 수 있다. 그러나 맨 빵 하나만으로는 쌀밥을 대체할 수 없다. 물론 아주 먹을 것이 없는 것보다는 낫지만 우리가 수천 년 주식으로 삼았던 쌀은 '과학적 분석'의 데이터에서 밀가루보다 영양가가 낮을지 모르나, 누가 무어라 해도 지금까지도 쌀과 김치는 한국인의 주식이다. 밥상에 그득히 차있는 반찬들도 모두 밥 한 그릇을 맛있게 먹을 수 있도록 도와주는 음식이다.

보다 근본적인 문제는 한국이 어찌하여 수백 수천년 동안 넉넉한 식량은 생산해 내지 못하였는지 그 이유를 한 번 따져보는 데 있을 것이다.

보릿고개, 25%의 함정

산업화가 되기 전 대부분의 활동인구는 농업에 종사한다. 우리나라도 60년대 초까지 총 노동인구의 65% 이상이 농업에 종사하였다. 그런데 우리나라는 자연조건이 풍요롭지가 못하다. 국토의 70%가 산지(山地)이고 평지는 산맥과 산맥 사이의 계곡에 조각조각 마련되고 있다. 경작 가능 면적은 22.7%고 인구 밀도는 1975년 평방㎞당 351.2명으로 한국은 세계에서 인구밀도가 매우 높은 나라 중 하나이다. 평야다운 평야라야 호남평야, 김해평야 등 바닷가에 위치한 것 등이 전부이다.

나는 대학에서 '한국경제론' 강의를 하면서 우리나라가 가난할 수밖에 없는 근본적 이유는 가구당 경작 면적이 너무 비좁기 때문이라고 하면서 다음 같은 국제 비교를 학생들에게 일러주었다. 즉 1978년 한국의 가구당 평균 경작 면적은 농가 70% 이상이 0.5~1ha(프랑스 17.2ha, 미국 118.4ha) 미만이라고 하였다. 학생들은 상대적으로 우리나라 농가가 좁은 땅을 농사짓고 있다는 것을 어림짐작하였을 것이다.

그런데 최근에 출판된 오원철 씨('박정희는 어떻게 경제 강국을 만들었나')의 설명은 보다 현실감이 있다. 그에 따르면 '농민 1인당 경작면적은 논 246평, 밭 177평, 도합 423평'이라고 한다. 여기에 가구당 식구(食口, 밥을 먹는 입의 數)는 5~6명, 봄이 되면 식량이 떨어지고, 그리하여 어린 딸자식을 식모나 좀 형편이 나은 친척 집으로 보낸다고 하였다(상기서). 모든 사람이 비슷한 처지이니 식량을 빌려 올 수도 없다. 보리가 수확될 때까지 농민들은 참으로 어려운 시기를 견뎌야 한다. 초근목피로 연명한다. 우리가 고등학교 다닐 때 학생들이 가장 많이 읽던 책 가운데 하나는 펄벅의 '대지'(大地)였는데 이 책에는 중국의 농민들이 가뭄을 이겨내는 처절한 싸움이 묘사되어 있다. 먹을 것이 너무 없어서 진흙을 끓여서 스-프 대신 마셨다는 이야기가 기억에 남는다.

우리나라의 농촌도 별로 나을 것이 없었다. 농민은 만성적인 보릿고개에 시달려서 삶의 의욕을 상실하였고 스스로를 '엽전' 또는 '와라지(짚신)' 으로 비하했었다. 한국 사람이 역사 이래 식량을 넉넉히 먹을 수 있었던 때는 태평양 전쟁에서 일본을 굴복시키고 한반도를 해방시키면서 해방군 미군이 무제한 공급해준 식량을 무상 배급 받았던 때가 아닌가 싶다. 그리고 공산군의 침략이 있을 때, 피 점령지역이던 곳에 뿌려진 미국의 원조물자를 먹던 때가 아닌가 싶다. 눈만 뜨면 미국 욕을 해대는 북조선의 김일성 민족은 아직까지 미국의 쌀을 얻어먹고 있다.

이상과 같은 구조적인 식량 부족 상태에서 흉년까지 들면 문제는 그야말로 대참사가(catastrophique) 된다. 흉년은 이미 부족한 식량 생산을 대폭 감축시키기 때문에 흉년이 들었을 때의 가난한 농촌의 삶은 말로 표현할 수가 없다. 정약용은 그의 산문집에서 처절한 농민의 상황을 기술하고 있다. 아낙네가 자식을 낳지 않으려고 가위로 외음부를 잘라내는 이야기를 읽은 적이 있다. 도둑도 가져갈 것이 없어서 밥솥을 떼어간다고 하였다. 삼국사기에도 흉년이 들면 '사람이 사람을 먹었다' 고 기술하고 있다. 지금 우리 민족이 살고 있는 북조선에서도 이와 같은 흉흉한 소문이 돌고 남반부에까지 전해지고 있다. 그들은 김일성, 김정일 찬가를 드높이 부르며 굶어 죽어가고 있다. 좌우간 한국의 농촌은 구조적으로 가난하도록 되어 있고 거기에다 기후변화에 따른 흉년까지 겹치면 문자 그대로 사람들은 아사 직전까지 갔다가 돌아온다. 물론 이 흉년은 우리나라 농촌에만 국한된 것이 아니다. 기후변화에 따라 어느 나라에서도 흉년은 일어날 수 있다.

구약성서에서는 고대 이집트에서 있었던 흉년을 기록하고 있다. '7년간의 풍년(vaches grasses - 살찐 암소), 7년간의 흉년(vaches maigres - 뼈만 남은 암소)' 이 교차하는 경기 변동을 잘 관리한 요셉

(Joseph)의 이야기가 그것이다.

농업이 주요 산업이던 모든 나라는 이 흉년에서 예외일 수는 없다. 흉년이 들면 평년 수확의 25~30%가 감소된다고 한다. 즉 25%의 함정에서 벗어나려면 농업의 생산성을 대폭 향상시키고 소출량을 늘려서 평년작보다 25~50%의 잉여생산물을 생산할 수 있도록 '농업 혁명'을 성취하여야 한다.

네델란드는 이러한 식량 부족의 족쇄에서 벗어나기 위하여 16세기부터 조직적이고 과감한 녹색 혁명을 추진한다. 당시 네델란드는 유럽에서 인구밀도가 가장 높았기 때문에 농산물 생산 증가가 절대적으로 필요하였던 듯하다. 그로부터 전통적으로 이어오던 윤작제(輪作制)의 개선, 신(新)작물(사탕무, 옥수수, 당근, 감자 등)의 도입재배, 농기구 개량, 품종 개량을 위한 연구, 경지 면적의 확장, 간척사업의 확대, 견인력이 50% 가량 더 높은 말(馬)을 소 대신 투입하는 등, 대대적인 농업 개혁을 추진하는데, 이러한 일련의 조치는 꾸준히 진행되어 17~18세기에는 영국으로 전파되고 그 후 이 개혁은 전 유럽과 미국으로 확산된다. 이렇게 하여 1840년과 1900년 사이 농업 생산의 증가는 다음과 같이 된다(Bairoch 계산). 러시아 – 30%, 오스트리아 – 45%, 벨기에, 이태리 – 50%, 스웨덴 – 75%, 스위스 – 90%, 독일 – 190%, 유럽 전체 평균 증가율 – 75%.

이상은 유럽이 19세기 후반부터 식량난에서 해방되며(전체적으로 볼 때) '25%의 함정'에서 벗어나고 있음을 보여주는 통계수치이다.

그런데 우리나라는 1970년대 초반까지도 식량 총생산이 소비를 따르지 못하여 보릿고개는 계속되었고 거기에 덧붙여서 흉년이라도 들면 25~30% 또는 그 이상의 감산이 생겨서 사람이 굶어죽는 일도 생겼던 것이다. 이러한 흉년이 지속되어 계속적으로 25% 이상의 수확 감축이 생길 때, 이것은 국민 다수를 굶어죽게 할 수 있고 심지어는 하나의 문명을 멸망시킬 수도 있다고 한다.

다시 요약하면 '25%의 함정' 을 벗어날 때 만성적인 보릿고개도, 급성적인 식량 부족도 이겨낼 수 있다는 것이고 그러기 위해서는 농업이 충분한 잉여 생산물을 생산할 수 있는 농업으로 탈바꿈하여야 한다는 것이다.

우리나라는 오랜 세월, 식량 기근을 겪다가 1977년에 와서야 식량 자급을 달성하였다. 그때부터 쌀의 중요성은 줄어들어 더 이상 귀한 식품은 되지 못한다. 오히려 아동들이 밥과 김치 대신 햄버거와 피자(pizza)를 선호하여 비만아가 되는 것을 걱정하는 세상이 되었다. 그러니까 한국은 60년대 초부터 10여년 만에 기아문제를 해결한 셈이다. 일차적인 가난의 문제를 해결하고, 더 나아가 '25%의 함정' 에서 헤어나지 못하고 '고난의 행군' 을(그러나 힘찬 구호를 외치며) 하고 있는 북조선의 '우리 민족' 에게 쌀과 연탄을 보태주는 형편이 되었다.

내가 귀국하여 겪었던 70년대는 이렇게 기아와의 전쟁을 격렬히 치르던 때였다. 그 시절이 '잘 살아보세' 라는 새마을 노래가 방방곡곡에 울려 퍼진 때이기도 하다.

달라진 서울

서울은 우선 그 규모로 볼 때, 세계 유수의 메갈로폴(Mégalopole) 가운데 하나이다. 서울과 수도권에만 2,300만 명이 산다. 대부분 이들은 아파트에 살며 차를 가지고 있다. 실내에는 과거 한국의 아낙네들을 짓눌렀던 가사 노동으로부터 그들을 해방시켜주는 온갖 기계와 장치가 완벽히 구비되어 있다. 한국의 가정주부는 유럽이나 미국의 가정주부 못지않게 여가를 즐길 수 있게 되었다. 오히려 그들보다도 더 바쁜 사교 모임과 스포츠를 즐긴다.

한국 사람들은 되도록이면 큰 차 — 그것도 검은색을 선호한다. 비록 운전기사 없는 오너드라이버라도 이런 차를 몰고 다녀야 어디 가서 '명함' 이라도 낼 수 있고 괄시도 받지 않는다고 생각한다. 물론 지금은 차 색깔이 밝고 다양해졌다. 서울은 승용차로 꽉 메워져 있다.

해외여행은 이웃집 나들이 드나들 듯한다. 신혼부부에서 할머니, 할아버지까지, 그리고 골프채를 든 '사장님', 학생에 이르기까지, 이제는 너나 할 것 없이 해외여행을 즐긴다. 비록 고추장과 라면봉지를 싸들고 다니는 한이 있더라도 해외여행은 누구라도 마음만 먹으면 다닐 수 있는 레저가 되었다. 60년대 일본인들의 깃발 부대가 전 세계를 누볐다면 지금은 한국인들이 그들의 뒤를 바짝 따르고 있다. 파리의 유명 백화점에도 한국말하는 점원이 배치되어 있다.

많은 한국인들은 자신이 중산층이라고 생각하며, 상류사회에 진입하기 위한 준비를 한다고 생각하거나, 실제로 상류사회에 속한다고 생각한다.

30여 년 전에는 영화에서만 볼 수 있었던, 이러한 선진국형(型) 생활양식이 우리에게도 갑자기 기적처럼 다가왔다. 서울의 강남에는 뉴욕의 맨하탄을 빰치는 높고 깨끗한 고층건물이 즐비하다. 이러한 풍경은 서울에만 국한된 것이 아니다. 전국 어디에서도, 중소 도시에도 비슷한 모습을 볼 수가 있다. 심지어는 논, 밭 한가운데에도 아파트가 들어서 있다.

아파트는 한국에서는 웰빙의 상징일 뿐 아니라 주민들의 재산 수준을 나타낸다. 파리에서 많은 시민이 월세 아파트에서 생활한다면, 한국에서는 수도권에 자리한 아파트를 반드시 소유하여야 하는 재산으로 생각하는 이들도 많다. 그리하여 어디에 얼마짜리 아파트에 살고 있는가가 곧 사회적 신분의 차이를 말해주는 기준으로 간주되기도 한다. 한국의 일부 아파트 가격은 부르봉 왕가의 후손인 파리 백작(Comte de Paris)이 살고 있는 가장 비싼 동네 쌩 루이 섬(île St. Louis)이나 학생과 지식인의 본거지인 5구, 6구, 부르주아들이 모여 사는 16구나 엘리제궁

이 있고 고급 패션거리가 이웃하고 있는 8구보다도 훨씬 비싸다. 다시 말하여 많은 서울시민은 빠리지엥보다 부자라는 뜻이다.

백화점에 즐비하게 진열되어 있는 세계의 최고급 명품 그리고 넘쳐흐르는 상품들, 이것이 우리나라의 부(富)를 표현해주고도 남는다. 사람들은 길을 걷거나 버스, 전철, 기차 등 대중교통을 이용할 때에도 어디서나 휴대폰을 꺼내든다.

지하철이 거미줄처럼 교통망을 이루고 좌석버스가 쏜살같이 다닐 수 있는 편한 세상이 되었다. 한국은 OECD 멤버이자 세계에서 국내총생산(GDP-일정기간 국내에서 생산한 재화와 용역의 총계)은 11위이고 1인당 GDP는 2006년에 1만3천8백$을 넘었다(부분적으로 환율 덕분에). 수출 역시 세계 10위를 다투는 경제대국이 되었다.

이것도 민주와 민족 그리고 반미투쟁의 기치를 높이든 투사들(노동은 해보지 않고 투쟁만 전공한)과 그의 리-더가 '깽판' 쳐서 한국경제를 뒷걸음질치게 만들었음에도 불구하고 남은 결과이다.

실제로 파리를 찾는 한국 사람들은 시내를 휙 둘러보고는 한국이 프랑스보다 더 잘 산다고 간단히 결론 내린다. 비록 서울의 거리를 걸을 때 하수구에서 독한 냄새가 철을 가리지 않고 뿜어나오지만, 그들의 눈에 비친 파리는 초라하기만 하다. 그렇게도 서울에서 유명한 '센느강' 은 한강에 비하면 규모가 개천 정도밖에 되지 않고, 집은 7층 이상이 없이, 때가 끼어 우중충하고, 자동차라야 우리나라 옛날의 티코나 현재의 마티즈 정도의 크기가 전부이고 이런 '꼬마 다꾸시' 들이 거리를 질주하고 있으니, 큰 것을 좋아하는 사람들에게 가소롭기만 하다.

한국 사람들은 이제 우리도 잘 살게 되었다고 가슴을 펴고, 말 많고 영어도 못하는 프랑스 사람들을 우습게 본다.

프랑스에서는 60년대 후반, 정확히 68년 데모 이후 일차 교육 개혁이 있었고, 미떼랑의 사회당이 집권한 후, 교육의 '개혁'이 가속도를 내면서, 프랑스의 고등학교에서도 실용언어인 영어를 많이 선택한다고 들었다. 물론 독일어는 가장 많이 선택하는 외국어다. 1960년대까지도 프랑스는 고등학생들에게 고전인 라틴어와 희랍어를 가르쳤다. 모국어(프랑스어)를 철저히 가르치면서, 학생들은 고전을 열심히 공부하였던 것이다.

이렇게 대입자격고사(Baccalauréat)를 통과해도 일부 학생만 영어를 아는데, Bac.를 통과하지 못한 프랑스인들은 두말할 필요없이 영어를 전혀 몰랐고, 배울 필요도 없었다. 파리를 떠나 지방으로 가면 더욱 그러하였다. 영어를 잘해야 사회적으로 성공할 수 있는 한국의 경우와 사정이 다른데도 한국의 관광객들은 당연히 프랑스인들도 한국사람처럼 영어를 잘할 것이라고 믿고 있으며, 그들이 영어를 알면서도 안 한다고 생각한다. 미국에 대한 열등감 때문에 영어를 쓰지 않는다는 사람도 있다. 그런데 프랑스인들은 전문직종에 종사하는 소수 인텔리를 제외하면 진짜로 영어를 아주 모르거나 잘 모른다. 80년대 영어가 세계 공용어가 되다시피 하며서 지금 젊은 세대는 대부분 영어를 할 줄 안다고 생각한다. 그렇더라도 카페나 레스토랑의 웨이터(garçon)나 기타 동네상점의 주인들(관광지 예외) 즉 한국인들이 접할 수 있는 프랑스인의 대부분은 영어에 서툴다. 이제 그들은 선진국 한국의 관광객들을 위해서라도 영어를 배워야 한다. 왜냐하면 프랑스를 관광하고 온 사람들은 거의 예외 없이 나에게 "왜 프랑스인은 영어를 안 하는가"라고 항의조로 물으니…….

남한은 이처럼 한 세대(30년)만에 가난을 떨쳐버리고 세계에서 경제적으로 주목받는 나라가 되었다. 그런데 우리의 걱정은 '좀 먹고 살만 하니까 밥그릇 깨빡친다' 는 속된 말이 실제로 일어나는 것이 아닌가 하는 것이다. 우리는 이런 속된 말이 속된 말로 끝나기를 바랄 뿐이다.

심상필의 反자서전

다시 찾은 시간

초판인쇄 2011년 5월 25일
초판발행 2011년 6월 1일

지은이 심상필
발행인 서정환
편집인 백시종
주 간 채문수
편집장 김정례
편집차장 박명숙
편 집 권은경·김미림
펴낸곳 도서출판 계간문예

출판등록 2005년 3월 9일 제300-2005-34호
주 소 서울시 종로구 익선동 30-6
운현신화타워 207호
E-mail qmyes@naver.com
전 화 ☎ 02) 3675-5633

값 10,000원

ISBN 978-89-6554-024-3 (03810)